*Bernard Lentéric a ....ur,
boxeur, conseiller ....ns,
maintenant écrivai.. ...in
sera fait.* La Gagne *et* La Nuit des enfants rois — *ses deux premiers best-sellers — seront bientôt des films et* Voyante *un show
à Broadway.*

Face à face, deux hommes.
Tout les oppose.
L'un, Benedict Sarkissian : machine à jouer d'une fascinante
efficacité. Entraîné par son grand-père, le Roi Hov, patriarche
arménien, qui a décidé d'en faire le plus grand joueur de poker
de son temps.
L'autre, Alex Van Heeren, banquier : membre de l'aristocratie
financière depuis des générations. L'arrogance, la morgue et la
suffisance des privilégiés. Quatre milliards de dollars sur la
table, avec son invincible orgueil, son écrasante volonté de puissance.
C'est le commencement d'un duel qui va durer des mois. Sans
répit. Une singulière partie de poker : elle se jouera avec et sans
cartes. Un impitoyable exercice de volonté, de maîtrise de soi,
une morale sans morale, un bras de fer psychologique où tous
les coups sont permis. Et joués.
Deux volontés s'affrontent dans un combat dont l'enjeu secret
est une femme : Jamaïca.
Le vaincu sera plus que brisé : il sera détruit, pulvérisé, broyé.

BERNARD LENTERIC

La Gagne

OLIVIER ORBAN

PROLOGUE

TIRAGE AU SORT

1

Aux abattoirs de San Francisco, pour parvenir à la petite pièce aux murs garnis de carrelage blanc, il fallait traverser la totalité des bâtiments. Ils le firent, cette nuit de janvier. Il allait être minuit.

Ils entrèrent dans les locaux de stabulation, qui étaient vides de tout animal vivant. Ça n'avait rien de surprenant à une heure pareille. L'air restait encore empli de l'odeur des bêtes qu'on y avait parquées. Dans les salles suivantes, l'odeur persista, peut-être un peu plus pharmaceutique — là où avaient lieu les contrôles sanitaires — puis elle disparut. A sa place, une autre odeur monta, fade, froide, en suspension immobile :

« L'abattage, on y a travaillé, Maxie et moi, même qu'on a commencé par là », expliqua le premier des deux bouchers.

Et de mimer les gestes, avec l'autre boucher son amant dans le rôle du bœuf : geste du pistolet apposé sur le front de la bête, celui du couteau à double tranchant enfoncé d'un seul mouvement entre le crâne et la première vertèbre.

« On en tuait même à la masse, pour le plaisir. »

Ils traversèrent la salle où l'on vidait les bêtes

de leur sang, celle où on les décapitait, où on les éventrait pour retirer les viscères, celle enfin où on les dépeçait :

« On a été dépeceurs, Maxie et moi. D'abord à l'abattage, ensuite à la chaudière. »

Tandis qu'ils avançaient encore, l'odeur devint âcre, piquant la gorge, à vomir :

« Ça pue, hein ? »

Au début, Maxie n'arrivait pas à tenir, il vomissait tout le temps ;

« Hein, Maxie ? »

Les deux bouchers se sourirent affectueusement ; leurs gros doigts chargés de bagues se touchèrent, dans un geste de tendresse.

La température se mit à augmenter.

« On approche de la chaudière, ça va puer de plus en plus ; forcément, hein, Maxie ? »

La puanteur s'épaissit en effet, dans la chaleur montante et surtout dans le grondement du brasier, qui n'était plus qu'à quelques mètres :

« On vous avait prévenu : ça pue drôlement, il faut avoir le cœur drôlement accroché pour tenir, on commence à blêmir, hein ? Ils blêmissent, t'as vu, Maxie ? »

On se servait de la chaudière pour incinérer les viscères et les viandes infectées. La vue de cette tripaille fit une première fois vomir Sol Abramowicz.

« On vous avait bien dit que vous ne tiendriez pas, vous pouvez encore vous dégonfler. Facile. Vous nous rendez simplement le fric et vous vous tirez. On se sera pas vus. »

Deux cent soixante-dix dollars au total : c'était la somme gagnée cinq jours plus tôt aux deux mastodontes par Sol et son compagnon à la chevalière. Sol avait rabattu le couple de pédés aux allures de leveurs de fonte, il avait organisé cette première partie à laquelle, outre son compagnon et lui-même, avaient également participé trois joueurs venus de Mission Street. Sol, excité et tendu comme toujours, possédait un véritable don pour jauger un joueur au premier coup d'œil : « Merde, ces deux tantes sont des poires idéales ! » Pronostic vérifié : même les types de Mission Street étaient repartis avec cent cinquante dollars et quelque, perdus par les bouchers. Ils avaient demandé leur revanche, mais cette fois sur leur terrain : ils avaient un coin à eux, et chauffé. Hurlant de rire : « Bien chauffé ! » Les joueurs de Mission Street avaient refusé le défi, que Sol avait relevé, entraînant le garçon à la chevalière, qui avait un an de moins que lui, dix-sept ans.

Ils débouchèrent face à la double porte en fonte de l'énorme chaudière. Le premier des bouchers ouvrit l'une des portes.

« Démonstration », annonça-t-il.

Il déversa sur le ciment du sol le contenu d'un grand seau de plastique, saisit une pelle carrée et racla des amas répugnants de tripes glaireuses et ensanglantées, qui puaient atrocement. Le premier des bouchers fixait Sol, Sol uniquement, ayant bien compris que, des deux garçons, c'était celui-là qui était le plus susceptible de craquer. Le tranchant de la pelle grinça sur le ciment, tandis qu'il établissait un tas bien régulier.

« Maxie ? »

L'autre colosse tatoué prit la pelle, et d'un seul mouvement cueillit le tas, l'enfourna droit dans le brasier. L'odeur des chairs grillées devint plus forte, dans une brutale recrudescence de flammes jaune orangé.

Silence.

« Bon, dit le garçon à la chevalière d'une voix étonnamment lointaine et indifférente. Et après ? »

Le premier des bouchers sourit, quoique continuant à fixer Sol. Il sourit même largement, apparemment ravi de voir ses espoirs s'affirmer.

« Après, on joue, mon pote. »

2

La petite pièce était à cinq mètres de là, jouxtant la chaudière ; le carrelage blanc rappelait sa destination première : salle de douche. Pour tout mobilier, outre un grand réfrigérateur, une table ronde et huit chaises. Un cinquième homme s'y trouvait déjà installé, manipulant distraitement un jeu de cartes. Ayant nettement dépassé la trentaine, il était très blond, extraordinairement pâle, en fait livide ; il avait une façon particulière de manipuler les cartes, quelque chose de visqueux dans les doigts ; ses lèvres distendues étaient rouge écarlate, ses yeux clairs au point d'en paraître blancs, presque un regard d'aveugle quand ses paupières se soulevaient.

Le premier des bouchers :

« On devait être cinq. Lui, c'est Hacek, il vient de Chicago. Il y a de la bière au frigo ; qui veut une bière ? »

Ils commencèrent à jouer presque aussitôt, et

il devint clair que Sol Abramowicz n'était pas, était de moins en moins, au fil des minutes, dans son état normal. Sol Abramowicz avait un visage frémissant et maigre, l'un de ces visages tendus qui semblent toujours se présenter de profil, couronné d'une auréole de cheveux extrêmement bouclés attirant la lumière ; il tint à peu près les deux premières heures puis commit coup sur coup trois erreurs, juste après avoir vomi la bière trop glacée qu'il avait voulu boire. Revenu à la table, il parut recouvrer son jeu habituel, intuitif, fulgurant, mais ce n'était que l'ultime sursaut avant l'effondrement. Il avait des mains fines, délicates, quasi féminines ; ces mains marquèrent une première fois une hésitation, n'allèrent à ce moment-là pas plus loin. Mais quelques minutes plus tard revint son tour de donner et il n'y eut pas, autour de la table, un seul homme pour douter qu'il allait tenter une folie. Il la tenta, peu de temps après avoir vomi pour la troisième fois ; cette fois, ses doigts n'hésitèrent pas ; le geste de la tricherie fut souple et vif, mais il fut distinct et indubitable. Après avoir distribué une carte à chacun des joueurs, il se servit à son tour. Deux de ses doigts, très vite, allèrent chercher une carte au-dessous du paquet, la dernière. La carte se souleva de quelques millimètres, animée d'une vie autonome, électrique, et retomba lentement comme une feuille morte. Les choses alors se déroulèrent très vite : une poigne énorme lui crocha le poignet, une autre le saisit au collet, le souleva, l'arracha à sa chaise. Le premier sang jaillit quand le rasoir que Sol avait sorti ouvrit un léger sillon sur le torse de Maxie. Relâché, Sol courut à la porte, fut repris sur le seuil, frappé une première fois.

Il tomba, se releva, repartit. Dix mètres plus loin, on le frappa encore, avec des « han » de bûcheron, à la volée. Il pesait au plus cinquante kilos, et chacun de ses deux adversaires en faisait aisément le double. Lui broyant le poignet, ils lui arrachèrent son rasoir, avec lequel il était encore parvenu à leur taillader les jambes. Fous de rage, les mastodontes alternèrent coups de pied et coups de poing, s'étonnant même qu'il fût encore capable de bouger et de ramper.

Et, sans s'en rendre compte, de ramper vers la chaudière.

A la table ronde, dans la pièce carrelée de blanc, ils étaient deux à n'avoir pas encore bougé, à n'avoir pas esquissé le moindre geste. Les paupières blanches se soulevèrent, découvrant le regard d'aveugle :

« Et après, c'est à toi qu'ils s'en prendront. »

Il y avait quelque chose de singulier dans le visage du garçon à la chevalière : à ce degré-là, ce n'était même plus de l'impassibilité ; son visage était celui de quelqu'un qui rêve, qui est absent. Ses grands yeux bleu sombre se fermèrent un instant.

« Je n'ai rien fait. »

Hacek sourit, continuant à le fixer de son regard d'aveugle, à la fois ironique et méprisant.

« Je n'ai rien fait », répéta le garçon.

Dans le même temps il se leva, s'arrachant à la stupeur qui l'avait paralysé jusque-là. Il alla à la porte en marchant puis se mit à courir. Dehors, il ramassa la pelle carrée, et frappa. Se serait-il servi du tranchant qu'il aurait sans doute décapité Maxie, en train de s'acharner sur le corps brisé de Sol Abramowicz ; mais l'acier, dans un formidable coup sourd, atteignit l'arrière du crâne. Maxie tomba à genoux, presque inconscient, levant ses deux énormes bras bourrelés de muscles là où la pelle l'avait atteint, mais n'achevant pas son geste et demeurant ainsi, dans la position d'un soldat qui accepte de se rendre, toujours à genoux.

Le garçon voulut relever la pelle et frapper à nouveau. Il n'en eut pas le temps : le premier des coups qu'il reçut le toucha au côté gauche. Plus que la douleur, il éprouva la sensation que quelque chose venait de s'enfoncer dans sa poitrine, s'y installait, peut-être crevant la plèvre. Il fut projeté, roula ; quelqu'un hurla :

« Maxie ! »

D'autres coups arrivèrent, au ventre, à la cuisse, à l'épaule.

« Maxie ! »

Le garçon réussit néanmoins à se dresser. Il tenait encore la pelle ; il la fit tournoyer, bloquant net l'élan du boucher. Il s'appuya à un mur :

« Je n'ai rien fait, dit-il de sa voix lointaine, la même expression absente sur le visage.

— Maxie, contourne-le ! »

Le garçon recula. Maxie s'était redressé et avançait, essuyant de sa paume le sang qui coulait de sa nuque :

« On va les foutre tous les deux dans la chaudière, voilà ce qu'on va faire... »

Le garçon trébucha et tomba ; il lâcha la pelle, prit un coup de genou qui le fit tournoyer mais le sauva. Il put se couler entre les deux colosses. Il fila vers la seule porte qui lui parût ouverte, prit du champ, se retourna :

« Je n'ai rien fait. »

Hacek sortit de la petite pièce, s'accota au chambranle, dans l'attitude de quelqu'un qui se veut uniquement observateur.

« On y va, Maxie, dit le premier des bouchers. Et pas la peine de courir, j'ai tout fermé derrière nous en venant. L'ira pas loin, la petite pute. »

Le garçon pénétra dans une première salle, où l'on distinguait encore quelques lignes ; mais au-delà, après une autre porte, l'obscurité se fit totale. Il dut ralentir, n'y voyant plus rien, dans un air qui fraîchissait.

« Fait comme un rat, la petite pute ! »

Les pas des bouchers se rapprochaient. Les doigts étendus du garçon rencontrèrent quelque chose de froid, qui tinta doucement : une esse, un croc de boucher...

« Maxie ?

— A ta droite.

— Ne t'écarte pas, ma chatte.

... D'autres esses, une chaîne pendant du plafond : le garçon se coula, s'aplatit, la douleur irradiant ses côtes enfoncées et son épaule démise.

— Allume, Maxie. »

Le garçon identifia un pilier de métal à gros boulons. Il le contourna, y trouva un abri à la seconde où la lumière revint.

« Tu le vois, Maxie ?

— Non.

— Va aux portes du fond, vérifie qu'elles sont fermées.

— Tu les as fermées toi-même, t'as dit. »

Avec une douceur patiente :

« Vérifie quand même, ma poule... »

Le pilier formait un X d'acier, à angles droits ; il offrait donc quatre recoins profonds ; le garçon passa de l'un à l'autre à mesure que ses poursuivants approchaient, gardant toujours le pilier entre eux et lui.

« Il ne peut pas être loin ; on va l'avoir, Maxie. Il t'a fait mal ?

— Très mal. Je vais le foutre dans la chaudière, cette ordure. »

Les deux hommes passèrent, allant vers le fond de la salle. Le garçon, au contraire, recula, revenant sur ses pas, vers la chaudière, utilisant toujours l'abri des piliers alignés, se glissant de l'un à l'autre.

« On va l'avoir, Maxie. Je te le promets. On va lui faire payer ce qu'il a fait à ta pauvre tête. »

Sur la droite du garçon, des portes à grosses serrures brillantes, une vingtaine au total, par où on amenait les bêtes dépecées. « Chambres froides. » Il guetta l'instant où les piliers lui offraient l'abri maximum, ouvrit l'une des portes. Un feu rouge se mit à clignoter, à trois mètres en l'air. Le garçon pénétra dans la chambre froide, se trouva face aux quartiers de viande congelée qui pendaient ; de son seul bras valide, il poussa, provoquant des balancements en chaîne. Dans la seconde suivante, il ressortit, se jeta à nouveau dans un recoin du pilier.

« Maxie ! La lampe rouge ! »

Bruit de course : les deux bouchers surgirent.

« Et il serait entré ?

— Ça bouge encore, là-dedans... »

Un temps.

« Il suffit de refermer la porte, on ne peut pas ouvrir de l'intérieur. C'est ça qu'on va faire, Maxie. Ferme cette putain de porte, on se les gèle. »

Dans le dos du garçon, soudain, l'indéfinissa-

ble sensation d'une présence, d'un regard. Il se
retourna et découvrit Hacek qui le fixait.

3

« La petite pute a trouvé malin de se cacher
dans les chambres froides, dit le premier des bouchers. Et on va pas aller l'y chercher. Faut des
trucs spéciaux, c'est vachement grand. »

Hacek fixait toujours le garçon à la chevalière.
Il demanda :

« Et combien de temps peut-il survivre à l'intérieur ?

— Il avait juste un blouson : il va geler vivant
en dix minutes.

— Et vous allez l'y laisser ?

— Un dans la chaudière : pas de traces ; l'autre
gelé. Si ça se trouve, on le découvrira pas avant
des jours ; et, nous autres, ça fait des mois
qu'on travaille plus ici. Pourquoi on se casserait
la tête ?

— Mais vous êtes sûr qu'il est à l'intérieur ? »
demanda Hacek.

Silence. Le garçon ferma les yeux, appuya sa
nuque contre l'acier, se rencogna encore davantage, ses yeux bleus regardant dans le vide. Sous
l'effet de la douleur, il haletait sans bruit.

« Et il serait où ? »

Hacek sourit. Un temps.

« Je m'en vais », dit-il.

Il approcha le garçon jusqu'à le toucher. Son

horrible bouche flasque, lippue, sanglante, cracha et le crachat atteignit le garçon au visage. « Tricheur », dit-il à voix basse, son regard brûlant d'un mépris féroce.

Il s'éloigna d'un pas tranquille.

« Va lui ouvrir, Maxie. »

Une demi-minute passa. Maxie revint.

« Hacek la limace. Bordel, ce type me fout la trouille, je te jure.

— On le verra plus. On va quitter cette ville. »

Les deux hommes repartirent vers la chaudière. Benedict Sarkissian — c'était le nom du garçon — se laissa aller au sol, haletant toujours sous l'effet de la douleur, avec cette extraordinaire absence d'expression. Avant de s'évanouir, il se rappela le geste interdit de Sol et la démesure de la punition.

Une voiture de police le ramassa deux heures plus tard. On l'hospitalisa à Vermont Avenue et quand, à son réveil, on l'interrogea, il dit qu'il avait été attaqué par des inconnus, dans un endroit inconnu, pour des raisons inconnues. Et y avait-il quelqu'un qui pouvait répondre de lui ?

Il dit oui.

Le Roi, dit-il.

PREMIÈRE DONNE

CARTE ISOLEE

1

SEPT ans plus tard, à New York, dans Manhattan « downtown », près de Wall Street, il y avait au total quatre-vingt-huit barres aux dimensions sud-africaines, c'est-à-dire de quatre cent trente onces, soit treize kilos et trente-sept grammes l'une. Ça représentait, tout compris, un million cinq cent cinquante et mille quatre cent quarante dollars.

Les deux dernières barres étaient encore sur le chariot.

« Ensemble », dit Benedict Sarkissian.

Ochoa acquiesça, paupières baissées sur son visage d'Indien. Les deux hommes se courbèrent d'un même mouvement, soulevèrent les deux dernières barres, les portèrent, les déposèrent à l'intérieur de la chambre forte.

« Quatre - vingt - sept et quatre - vingt - huit », annonça Wainwright, cochant deux cases sur son carnet à souches. Wainwright était un grand type blond avec une tendance à la calvitie.

« Et maintenant, on se tire », dit-il.

Il donna l'exemple de la retraite. Il alla jusqu'à la première grille, attendit le passage de Sarkissian et d'Ochoa, sortit lui-même, déclencha la fermeture électronique. Les trois hommes parcoururent un couloir de béton et d'acier puis une deuxième grille. « Identification », dit par le micro mural la voix de l'un des gardes. Chacun des trois hommes s'annonça, vint se présenter devant le museau de la caméra. La grille s'entrouvrit sur une pièce ronde bardée d'autres caméras. Benedict Sarkissian contrôla et pointa chacune des indications portées sur un registre, précisant le jour et l'heure, le nombre et le numéro des barres, le code du fondeur et le titre. Il signa. Ochoa vérifia de même et contresigna. Wainwright vérifia et contresigna. « Identification », répéta le micro. Cette fois, ils apposèrent leurs cartes personnelles dans un rectangle prévu à cet effet : la lourde porte blindée pivota sur un sas. « Identification. » Deuxième porte blindée, sur laquelle les cartes opérèrent à nouveau.

Ils sortirent tous les trois de la salle des coffres.

« On a fini vachement tôt, dit Wainwright. Qu'est-ce qui vous a pris, tous les deux ?

— Ben a le feu aux fesses, dit Ochoa.

— T'as le feu aux fesses, Ben ? »

Un ascenseur. Ils débarquèrent au premier sous-sol, où était la salle des coffres clients. Une pendule y indiquait trois heures et quelques minutes.

« Bon Dieu, Ben, dit Wainwright, vous n'allez pas vous tirer maintenant ? Ça vous ferait partir presque une heure et demie avant l'heure.

— On a fini, oui ou merde ? dit Ochoa. On a fini, on se casse. Logique ! »

Ils saluèrent les gardes des coffres clients, gagnèrent par une série de portes un ensemble de petites pièces ; de là, droit vers les vestiaires. Sarkissian et Ochoa commencèrent sur-le-champ à se changer, ôtant leurs chemises jaunes et brunes à la poche brodée du sigle de la banque et les pantalons assortis.

« Mais j'ai même pas donné mon accord ! protesta Wainwright.

— Simple oubli, lui dit Ochoa. On t'a reproché quelque chose, Ben et moi ? Tu vois bien. »

Il rejoignit Ben sous la douche. Assez petit, épaules puissantes, cheveu noir et court, finement moustachu, Ochoa venait de la vallée de la Napa, près de San Francisco ; il était à New York depuis l'âge de quatorze ans, à la banque depuis cinq ans ; il avait vingt-trois ans, exactement l'âge de Benedict Sarkissian ; les deux hommes s'étaient connus dans l'autobus les amenant de Californie à la côte Est.

A trois heures vingt, ils sortirent de l'établissement financier. Ils marchèrent dans Broadway, ayant dépassé Fulton Street, remontant vers le haut Manhattan. Ochoa engloutissait sa troisième saucisse. Il parla la bouche pleine :

« Tu dois l'appeler à quelle heure ?

— Vers quatre heures.

— Une saucisse ?

— Non.

— Nerveux ?

— Non. »

Ils traversèrent en courant l'amorce de la rampe du pont de Brooklyn.

« Je suis sûr que tu es nerveux », insista Ochoa.

Ben se mit à rire, haussa les épaules, retrouva trois secondes son visage immobile, se remit à rire.

Ben Sarkissian mesurait un mètre soixante-dix-huit ; il pesait au plus soixante-dix kilos ; ses cheveux étaient noirs, avec une raie sur le côté gauche. Une mèche lui retombait légèrement sur la tempe droite ; ses yeux étaient d'un bleu très sombre, le bleu profond d'un océan. Mais ce n'était pas le plus caractérisque en lui ; le plus caractéristique était sa façon de marcher, d'exécuter n'importe quel geste et de sembler constamment immobile : il était en fait capable de demeurer parfaitement immobile, bras allongés le long du corps, mains au repos et, ainsi, de paraître naturel. Il portait à l'annulaire de la main gauche une bague faite d'une très grosse azurite de l'exacte couleur de ses yeux, sur monture d'acier. Son visage n'était pas véritablement impassible ; c'était plutôt l'air de quelqu'un qui pense à autre chose, qui est ailleurs ; on lui parlait, il répondait, peut-être même en souriant, mais en même temps regardait ailleurs. Ça pouvait irriter. Quelques-uns en étaient irrités : ils le trouvaient théâtral. Et les femmes. Avoir tout contre soi ce type maigre et beau faisant l'amour assez longtemps pour qu'on pût jouir, puis ouvrir les yeux et découvrir ce visage distrait, à mille kilomètres de là. Leurs réactions allaient de la fureur à l'humiliation, quelques-unes relevaient le défi, inventant d'extravagantes caresses. Il souriait avec gentillesse, disant : « J'ai aimé. » Pas plus.

Il dut former le numéro de son interlocuteur à six reprises, un peu après quatre heures. Mais, une fois la communication établie, elle fut brève. Il raccrocha, revint dans la salle du bar où Ochoa l'attendait.

Silence.

« D'accord, salaud, dit Ochoa, je te pose la question.

— C'est pour ce soir dix heures. »

2

A quatre heures vingt-cinq, juste avant la fermeture des caisses, il retira les vingt mille dollars qu'il avait sur son compte.

« Je ne vous savais pas si riche, remarqua en riant Linda Persico, la caissière.

— Surprise », dit Benedict Sarkissian en souriant.

Il prit les deux enveloppes qu'il avait demandées à la jeune femme et que celle-ci lui tendait. Il en souleva les rabats et, méthodiquement, y disposa les billets de mille dollars, répartis en deux liasses identiques. Il opérait sans hâte et il y avait quelque chose de fascinant dans les mouvements lents et précis de ses doigts.

« Le compte y est ?

— Merci, Linda. »

Il retrouva Ochoa dans le hall. Le petit Chicano trapu dansait sur place et s'exclama :

« Il ne t'arrive jamais de te grouiller ?

— L'important est d'arriver.

— Tout juste vingt mille ?

— Tout juste. »

Ochoa secoua la tête.

« T'es cinglé, Ben. »

Ben plaçait les enveloppes dans les poches intérieures de son blouson de cuir noir, une à gauche, une à droite.

« Pour une idée à la con, c'est vraiment une idée à la con », dit encore Ochoa.

Ils sortirent à nouveau de la banque.

« Et, si ça se trouve, on ne s'apercevra de rien. Qui imaginerait un truc pareil ? »

Ils prirent le métro dans Fulton, changèrent une fois à Brooklyn, descendant à la station d'Independent, tout au bout de Clinton Street, restèrent là un moment, avec cet air des gens qui hésitent à se séparer.

« Je pourrais t'accompagner, ce soir.

— Inutile.

— Au moins jusqu'à l'entrée de l'immeuble. Imagine qu'on te braque.

— Merci quand même.

— Et tu prends l'avion de demain pour San Francisco ?

— Celui de sept heures.

— Je voudrais quand même savoir comment ça ce sera passé. Appelle-moi.

— A cinq heures du matin ?

— N'importe quelle heure. Juste pour me dire comment ça s'est passé. Merde, je vais pas attendre ton retour de vacances !

— Promis. Embrasse Maria. »

Ochoa balançait ses lourdes épaules :

« C'est quand même une idée de dingue.

— Tu l'as déjà dit », répondit Ben.

Ben avait un appartement, un vrai, pas une simple chambre, à deux pas de Clinton Street. Il l'avait loué vide et l'avait laissé vide ; on n'y trouvait rien d'autre qu'un lit et une chaise, trois penderies dont une seule servait, contenant un autre jeans, trois ou quatre tee-shirts blancs, un peu de linge de corps, un chandail à col roulé et un costume neuf, encore enveloppé dans sa housse de plastique. Ni radio ni télévision ; aucun livre ou magazine ; comme valises, un grand sac de cuir et une mallette noire, qui semblait neuve. Seule la salle de bain semblait habitée, avec la pile de serviettes épaisses et moelleuses, et sa collection de lotions d'après-rasage, de savonnettes et de shampooings divers.

Sur les murs, rien. Surmontant le lit était punaisée avec soin une photographie jaunie, de quarante centimètres sur cinquante, aux bords dentelés, qu'on avait dû rouler et dérouler très souvent, et qui représentait le mont Ararat, vu du côté de l'Arménie Turque.

Entré dans l'appartement, il esquissa le geste d'ôter son blouson, puis se ravisa. Il ressortit, alla à pied jusqu'à l'Institut polytechnique de Livingston Street, toujours à Brooklyn, où il arriva vers six heures. Il suivit un couloir du sous-sol jusqu'au moment où il identifia la voix de la jeune femme ; elle disait : « ... les maladies dégénératives du cœur et des vaisseaux... » Il s'approcha avec sa façon étrange, un peu dansante, de se déplacer. Il ouvrit la porte au moment où la jeune femme prononçait le mot « hyperphagie ». Elle se tut brusquement, surprise, et le regarda, imitée par les dix ou douze personnes qui l'écoutaient. Il ne bougea pas, debout dans l'encadrement, les bras le long du corps.

Elle dut descendre de sa chaise, venir à lui, le repousser doucement, refermer la porte de manière qu'ils soient seuls dans le couloir.

« Qu'est-ce qui te prend, bon sang ?

— Désolé.

— Tu parles ! »

Elle le dévisagea, l'air agacé. C'était une grande jeune femme blonde d'environ trente ans, les cheveux coupés court, les épaules larges, avec de grandes mains aux ongles ras. Pas laide, pas extraordinairement jolie : l'air sain, sportif ; on l'imaginait en maillot plutôt que nue. Il ne bougeait toujours pas. Elle leva une de ses mains aux doigts carrés et lui caressa la joue.

« Ben.

— Tu en as pour longtemps ?

— Jusqu'à six heures trente. »

Il détourna la tête, l'air absent. Elle s'approcha de lui et l'embrassa sur les lèvres.

« Tout de même pas maintenant, Ben ? »

Il sourit.

« Maintenant. »

Elle lui mordilla la lèvre inférieure :

« Et tu crois que je vais accourir comme ça, comme une chienne en chaleur, en laissant tomber mon cours du soir ? Tu crois ça ? Mais pour qui te prends-tu ? »

De ses doigts, elle lui effleura le bas-ventre. En réalité elle criait en chuchotant, jetant des coups d'œils nerveux dans le couloir puis sur la porte entrebâillée derrière elle, de l'autre côté de laquelle les amateurs de diététique et de cures d'amaigrissement attendaient qu'elle voulût bien leur revenir.

« Et il faudrait que je parte tout de suite, hein ? Tu sais que je dois récupérer ma fille à sept heures chez Lizzie ? »

Il lui tourna lentement le dos et se dirigea vers la sortie.

« J'arrive », dit-elle avec précipitation.

Elle rentra dans sa classe, y cueillit un sac de sport, bredouilla quelque chose de totalement indistinct à l'intention de l'assistance et ressortit comme si elle craignait d'être poursuivie.

D'abord, il lui fit l'amour avec une douceur patiente, précise et tendre, jusqu'à ce qu'elle commence à haleter, puis geindre et, enfin, crier. Il s'allongea alors sur le dos, un bras au-dessus de sa tête, ses yeux bleu sombre fixant le vide, son visage maigre toujours aussi paisible et rêveur.

Encore essoufflée, elle demanda :

« A moi, maintenant ? »

Il acquiesça d'un signe des paupières.

Au cours des trente minutes qui suivirent, elle ne se préoccupa que de lui, le massant de ses grandes mains musclées de sportive, ciselant les muscles longs et minces, caressant et léchant sa peau. Elle le reçut dans sa bouche, sans que la main qu'il avait placée au-dessus de sa tête marquât la moindre crispation.

Malgré l'apparente indifférence de Ben, les yeux de la jeune femme riaient.

Elle gagna la salle de bain, revint dans la chambre où il n'avait toujours pas bougé.

« C'était ce que tu voulais ?

— Mmm. »

Elle reboutonnait son chemisier. Elle se pencha et embrassa le sexe au repos.

« Et Lizzie qui m'attend ! »

Elle consulta sa montre ; sept heures quinze. Elle enfila sa jupe, puis intriguée, demanda :

« Je me trompe ou ça n'était pas tout à fait comme les autres fois ?

— Comprends pas.

— Tu comprends très bien. »

Il s'étira.

« Pas tout à fait.

— Une soirée spéciale à venir. »

Il fixait le plafond.

« Un adversaire spécial. »

Elle s'assit sur le lit, l'embrassa à nouveau au même endroit, s'attardait.

« Non, dit-il. S'il te plaît. »

Elle passa son index carré sur tout le corps nu, de l'extrémité du pied jusqu'au milieu du front, marquant un bref temps d'arrêt sur sa bouche.

« Si tu as l'occasion de repasser, un de ces jours ?

— A six heures et demie. »

Elle s'en alla, sans qu'il bougeât la tête, continuant sa méditation. Se levant enfin, il passa à son tour dans la salle de bain, lava soigneusement la baignoire, effaçant toute trace du passage de la jeune femme. Ensuite, il prit une douche, puis un bain mousseux et encore une douche, prenant à sa toilette le soin le plus extrême, lentement, méthodiquement. Dès son entrée dans la salle de bain, il avait voilé le miroir à l'aide d'une serviette et à aucun moment n'ôta celle-ci même pour se raser et se recoiffer.

Il s'habilla avec la même extraordinaire méticulosité. Il n'enfila que des vêtements neufs, les sortant à mesure de l'emballage fait par le vendeur. Il revêtit une chemise blanche, une cravate de laine tricotée noire, un costume gris fer ; il chaussa des mocassins en chevreau également noir.

De la penderie, il retira la mallette, l'ouvrit, en

sortit une montre de gousset en argent, certainement ancienne, légèrement cabossée. Il la plaça
dans la poche à briquet de son veston. Il disposa
dans la mallette les deux enveloppes contenant
chacune dix mille dollars.

A huit heures quarante-cinq, il s'installa dans
le taxi qu'il avait commandé par téléphone.

3

Il se fit conduire dans une steak-house de la
52° Rue Est, y dîna sans hâte d'une côte de bœuf
accompagnée de café sans sucre. A sa sortie, après
qu'il se fut brossé les dents et lavé les mains dans
les toilettes du restaurant, le taxi qui l'avait
amené de Brooklyn le récupéra.

« Et on va où maintenant ? interrogea le chauffeur.

— Un tour de Central Park.

— J'adore. »

Ils revinrent par la Cinquième Avenue, à trois
minutes de dix heures.

« Et maintenant à l'entrée de la 89°, entre ici
et Madison. »

Le chauffeur obéit. Il vint s'immobiliser aux
abords d'un immeuble à l'entrée prolongée par
un dais majestueux où veillait un portier. Le taxi
arrêta son compteur.

« Vous êtes pressé ? demanda Benedict Sarkissian, en train de contempler ses doigts largement écartés.

— Rien du tout. Je me régale ; j'y passerais la nuit. »

Il fit repartir son compteur. Trois ou quatre minutes supplémentaires s'écoulèrent.

« Quel pied ! » dit le chauffeur.

Il examinait dans le rétroviseur son client qui ne bougeait pas, une vraie statue, longues mains maigres posées à plat sur les cuisses, avec cette mallette à ses côtés, le regard perdu. « Un tueur ? » Le compteur marquait dix-sept dollars et soixante-quinze *cents* quand Benedict se décida enfin à bouger. Il était dix heures et sept minutes.

Ben Sarkissian traversa la 86ᵉ Rue, marcha sur une quarantaine de mètres, se fit annoncer par le portier. Celui-ci vérifia par un téléphone intérieur que le visiteur était attendu.

« Quatrième étage droite », dit le portier.

La porte palière s'ouvrit dès l'arrivée de l'ascenseur.

« J'étais ennuyé, s'exclama O'Keefe. Vous m'aviez bien dit que vous habitiez Brooklyn, mais sans autre précision ; on n'a pas réussi à me trouver votre numéro de téléphone.

— La partie est annulée ?

— Simplement retardée. Entrez, on a le temps de prendre un verre. On ne joue pas ici mais à l'étage au-dessus. Champagne ou whisky ?

— Rien, merci. »

O'Keefe était un Américano-Irlandais. Il s'occupait de pétrole vénézuélien et pesait une dizaine de millions de dollars. Il avait l'air tellement irlandais qu'il en paraissait déguisé. Son œil bleu-vert, pensif, scruta Ben Sarkissian.

« Prêt comme jamais, hein ?

— Voilà », répondit Ben, lui rendant son sourire.

O'Keefe alla se servir à boire, ajouta de la glace. Il contempla l'alcool d'un air perplexe. Il dit :

« On s'est rencontrés il y a environ trois ans. Par hasard, je dirais. Sauf si c'est vous qui avez personnellement provoqué ce brouillard empêchant notre avion de quitter San Francisco. Je ne sais plus trop comment, on s'est retrouvés à six ou sept autour d'une table et vous m'avez piqué quinze cents dollars en deux heures. Et avec l'air de vous en foutre en plus. Sûr que vous ne voulez rien boire ?

— Certain. »

O' Keefe trempa ses lèvres dans le whisky.

« Jamais vu ça. Jamais. Je joue au poker depuis l'âge de dix ans, j'ai même dû jouer avant ; j'en ai quarante-six, calculez vous-même.Je n'ai jamais été un crack ; je me défends, c'est tout. J'ai pris du fric et on m'en a pris. La différence, c'est que maintenant je peux me payer mes pertes. Mais jamais personne ne m'a fusillé comme vous l'avez fait cette fois-là à San Francisco. Bon Dieu, Ben, asseyez-vous ! Vous me rendez nerveux à rester comme ça, debout sans bouger. Vous m'entendez ?

— Distinctement, dit Benedict en souriant. Et nous jouons à quelle heure ?

— Dix heures et demie. Lammers a demandé un report d'une demi-heure. Tous les autres étaient d'accord, sauf vous, puisque je n'ai pas pu vous toucher. Je peux finir ce que j'étais en train de dire ? Ben, je n'avais jamais vu un type jouer au poker comme vous. Je vous ai d'abord pris pour un pro qui ne faisait pas du tout son âge. Mais non, vous ne jouiez pas vraiment comme

33

un pro. C'était autre chose. C'est pour ça que j'ai voulu vous revoir à New York, pour ça que nous avons rejoué ensemble, je ne sais plus combien de fois...

— Neuf.

— D'accord. C'est pour ça : parce que je voulais savoir. Et je sais. »

O'Keefe but, reprit :

« C'est comme quand on jette un coup d'œil en passant sur un green, sur un court, sur un stade quelconque et que l'on repère au passage un type en train de jouer au golf, au tennis, au basket, en train de courir ou de sauter en longueur. Et si vous êtes passionné de golf, de tennis, de basket ou d'athlétisme, d'un seul coup vous avez un frisson dans le dos. Parce que vous avez reconnu la Classe, avec un grand C. Le frisson que j'ai ressenti la première fois que j'ai vu Jack Nicklaus évaluer un fairway. C'est ça que j'ai ressenti, Ben. Devant vous. »

O'Keefe vida son verre, consulta sa montre, alla vers l'une des fenêtres d'où l'on apercevait un morceau de Central Park.

Un temps.

O'Keefe demanda, dos tourné :

« Vous travaillez toujours à Wall Street ?

— Dans la même banque.

— Malgré tout le fric que vous pourriez vous faire rien qu'en jouant aux cartes ?

— Oui.

— Ben, poursuivit O'Keefe, voici une heure, en pensant à vous, j'ai eu une idée bizarre : je me suis demandé si vous aimiez vraiment ça... »

Silence.

« Je veux dire : jouer au poker. »

Silence. O'Keefe se retourna. Ben n'avait absolument pas bougé de l'endroit où il s'était arrêté sitôt après être entré. O'Keefe se mit à rire. Il repartit se servir à boire.

« Autre question, dit-il. Qu'est-ce qu'il y a entre Alex Van Heeren et vous ?

— Rien.

— Il vous a déjà vu ?

— Jamais. »

Le tintement de la glace dans le verre.

« Vous avez quelque chose contre lui, personnellement ?

— Rien.

— Mais vous avez insisté pour que j'organise une partie où vous seriez à la même table, vous et lui. Adroitement, remarquez bien : il y en a pas mal qui se seraient laissé prendre à votre façon de faire. En réalité, je suis à peu près sûr que vous m'avez parlé de Van Heeren, pour la première fois, il y a trois ans. Trois ans, Ben, trois ans que vous êtes sur sa piste. Qu'est-ce que vous êtes, un chasseur de scalp ? »

Il rencontra l'insondable regard bleu sombre.

« Vous n'allez pas me faire une grosse connerie, hein ? Rien que du poker, ce soir ?

— Rien que du poker. »

4

« J'ai dix ou douze millions de dollars, dit O'Keefe. Je ne suis pas tout à fait à la rue. Mais si demain Alex Van Heeren décidait d'avoir ma peau, financièrement, je me retrouverais en caleçon. Ben, n'y allez pas trop fort ce soir, s'il vous plaît. »

Dans la 89ᵉ Rue, une voiture avec chauffeur apparut, vint stopper devant l'entrée de l'immeuble. Il était dix heures vingt-cinq.

« Williamson, annonça O'Keefe. Un peu en avance, comme toujours. Banque et compagnie d'assurances. A l'aise, en général. Mais il est surtout ici ce soir parce qu'il a besoin de Van Heeren pour ses affaires. Et en se couchant au poker, il pense pouvoir obtenir quelques crédits. Parce que Van Heeren, c'est ça : le poker bras de fer. Ou vous cassez tout de suite ou bien il vous pourchasse jusqu'à ce qu'il vous vide de votre sang. Certains ont essayé de lui tenir tête, juste par amour-propre. Le massacre ! Il les a massacrés, et pas seulement au poker. Il a les moyens : quatre milliards de dollars, ça aide. Il serait né cinquante ans plus tôt, il aurait sans doute bâti la fortune de la famille, un autre Pierpont-Morgan. Mais il est né trop tard : il avait déjà ses deux milliards de dollars dans son berceau, le pauvre ange. Il a bien fallu qu'il se fasse les dents ailleurs. »

Téléphone. O'Keefe décrocha.

«Qu'ils montent tous directement au cinquième.

— Ben, normalement, un Van Heeren ne devrait pas mettre les pieds chez un O'Keefe, même un O'Keefe avec douze millions de dollars. Un Van Heeren n'adresse même pas la parole à un O'Keefe. Mais il y a le poker. Pour certains, ce sont les danseuses, les estampes japonaises ou les petits garçons. Van Heeren, c'est le poker. Il y joue remarquablement bien, en plus, ce salaud. Remarquablement. C'est même le meilleur joueur que j'aie jamais vu, vous excepté. Vous, Ben. Pourquoi croyez-vous que j'ai pris le risque de vous placer face à face ? Par saint Eamon de Valera, je meurs d'impatience de savoir ce que ça va donner, lui contre vous. »

Dix heures trente exactement. Une deuxième voiture surgit dans la rue, vint à son tour s'arrêter devant l'immeuble.

« Lammers, dit O'Keefe. Compagnies d'aviation, containers, porte-containers, j'en passe. Prend régulièrement la pâtée devant Van Heeren, croit que la chance finira par tourner, pauvre bille ! Ben, Lammers m'a aidé à faire accepter par Van Heeren votre présence ce soir, tout comme il m'a permis, il y a six ou sept ans, d'avoir le droit de perdre mon fric en leur céleste compagnie. Et vous savez pourquoi un Williamson, un Lammers, un Hume qui va venir, un Van Heeren, acceptent pour une soirée de poser leur auguste cul à côté de vos miches ordinaires ? Parce que je leur ai dit la seule chose qui pouvait les convaincre : je leur ai dit que vous étiez une espèce de monstre, une curiosité à voir, catégorie Barnum. Il y a cent ans environ, dans les hôtels rupins de Londres, pour divertir les honorables milords amoureux de sport, on faisait venir des boxeurs irlandais, à qui on donnait deux pounds pour qu'ils se massacrent. A poings nus. Une boucherie ! Deux O'Keefe sont morts comme ça. Ce soir, vous êtes le boxeur irlandais de service. Quand Van Heeren m'a demandé votre nom et que j'ai répondu Sarkissian, il a remarqué : « Un « Arménien ? Et pourquoi pas un nègre, pendant

37

« que vous y êtes ? » Mais Van Heeren a accepté de venir. Et il est même là... »

Une troisième et une quatrième voiture s'engagèrent dans la 89ᵉ Rue. Les gardes du corps furent les premiers à mettre pied à terre. Puis apparut une haute et puissante silhouette saluée par le portier.

« Van Heeren Alexandre Wendell. Banques, banques, banques, banques. Et j'en oublie. Quand il ne possède pas tout, c'est qu'il est actionnaire majoritaire. Par saint John Fitzgerald Kennedy, Ben, j'espère que vous allez lui foutre un pied au cul. Je l'espère et je le crains. »

Cinquième voiture.

« Hume, en retard comme toujours ; et il ne le fait même pas exprès. Il possède quelques rues à Boston et à Philadelphie, et des paquets d'actions à entretenir une chaudière pendant des semaines. Venez, Ben, on change d'étage. Vous allez voir que j'ai bien fait les choses : un fabuleux buffet danois, avec de vraies Danoises qu'on peut tartiner partout. Allons-y. »

O'Keefe ouvrit un faux buffet, qui dévoila un escalier.

« Au fait, vous comptez lui prendre combien, à Alex Van Heeren ? »

Ben haussa les épaules, s'engagea dans l'escalier.

« Un milliard de dollars... Environ. »

Ils débouchèrent sur un palier, où arrivaient des voix d'hommes et des roucoulements féminins.

« En plusieurs fois », ajouta Ben.

Le tirage au sort des places à la table se fit selon le système des paires : dans un paquet neuf, Dennis O'Keefe sélectionna une paire d'as, une paire de rois, une de dames, puis de valets, de dix, de neuf enfin, puisqu'il y avait six joueurs. Il sépara ensuite ces paires, faisant deux paquets de six cartes, les cartes d'un seul de ces paquets étant couvertes. Il plaça ensuite les cartes découvertes à raison d'une par chaise, l'as devant une chaise, le roi devant la suivante et ainsi de suite. Chacun des joueurs tira ensuite une des cartes couvertes et s'assit à la place indiquée par la carte découverte faisant la paire.

La partie qui se tint ce vendredi 7 juin dans la 89ᵉ Rue de Manhattan, New York, se déroula de façon tout à fait classique : elle dura quatre heures de jeu réel, réparties en deux périodes de deux heures chacune, séparées par une pause qu'on fixa à une heure, et au cours de laquelle on revint au buffet danois et aux six filles prêtes à toute éventualité.

Cette partie-là fut la première jouée par Benedict Sarkissian face à des joueurs capables de relances de cent mille dollars et plus.

Elle constitua néanmoins le début en quelque sorte officiel de l'étonnante carrière du garçon à la chevalière venu de San Francisco. Ce fut la première fois que Ben Sarkissian accomplit la série de gestes qui allaient par la suite le caractériser : tout d'abord, s'agissant du tirage au sort des places, Sarkissian tira le roi de carreau, hasard qui, lors des parties suivantes, devait se reproduire pratiquement une fois sur deux.

Sa place une fois déterminée, Sarkissian s'y installa, disposant sa chaise avec soin et mesurant discrètement la distance entre son abdomen et le rebord de la table, distance qu'il vérifia en interposant la largeur de sa paume.

Il avait posé la mallette debout sur le sol, contre le pied avant gauche de sa chaise.

De la poche intérieure de son veston, il retira la vieille montre de gousset en argent, gravée au dos des initiales HTS. Il la remonta et, quelques secondes avant la première donne, en mit les aiguilles à zéro heure zéro minute ; puis il la posa devant lui, légèrement sur sa droite.

Il fit ensuite tourner la chevalière, la replaçant dans l'axe du doigt, puis, doigts écartés, appuya ses paumes sur le tapis de la table durant quelques secondes, un peu comme ce geste qu'ont, par exemple, les joueurs de tennis de table.

« Nous jouerons donc quatre heures. »

Et enfin, le regard bleu sombre, lointain, décrivit un cercle lent, autour de la table, passant successivement sur les visages et sur les mains sans paraître les voir.

Cette partie-là connut deux moments très particuliers.

Le premier de ces moments se situa lorsque, interrogé par Lammers sur son activité ordinaire, Ben Sarkissian répondit de sa voix indifférente, ses yeux fixant pensivement un point situé juste au-dessus de la tête de Van Heeren :

40

« Je suis employé à la banque de M. Van Heeren, à l'agence centrale de Williams Street. Je pousse des chariots dans la salle des coffres. Pendant quelque temps, avant qu'on m'attribue ce poste de confiance, je balayais les couloirs, évidemment pas ceux de la direction générale, qui sont réservés à des balayeurs expérimentés. »

Un silence.

« Ce qui explique sans doute que M. Van Heeren et moi n'ayons pas encore eu l'occasion de nous rencontrer. »

Le deuxième moment eut lieu à trois heures quarante-cinq du matin, à quelques secondes près, le samedi 8 juin.

La main de Ben Sarkissian s'allongea et reprit la montre de gousset.

« Nous avons joué quatre heures, dit-il de sa voix calme et mélodieuse. Et j'ai perdu exactement vingt mille dollars. »

Il souriait, l'air rêveur de quelqu'un pensant à tout à fait autre chose. Coudes proches de son torse, il se tenait très droit, ses longs doigts posés à plat sur le bord du tapis.

« Et c'est vous, vous seul, qui les avez gagnés, monsieur Van Heeren. »

Il fut debout sans paraître avoir bougé. Se baissant, il souleva la mallette, la plaça sur la table, l'ouvrit et en retira les deux enveloppes contenant chacune dix mille dollars, qu'il poussa avec douceur devant Van Heeren.

« Voulez-vous vérifier que le compte y est, s'il vous plaît ? »

Chacun des cinq hommes assis à la même table

que Benedict Sarkissian, cette nuit-là, avait maintes fois vu gagner et perdre ; eux-mêmes avaient, en une soirée, gagné ou perdu bien plus de vingt mille dollars. Ça ne pouvait donc pas être l'importance de la somme, pour eux minime. Ce n'était pas davantage le fait que cet argent eût été perdu par un garçon jeune, pour qui vingt mille dollars représentaient à n'en pas douter un capital important. Pas de sentiment.

Ce qui, dans leur esprit, marqua le caractère exceptionnel de cette partie fut leur certitude que Benedict avait joué dans un seul but : perdre au bénéfice exclusif de Van Heeren sans qu'à aucun moment l'on eût pu prouver son intention.

Bien évidemment, il ne s'était pas agi de tricherie, d'une quelconque et grotesque manipulation.

C'était pire. Au moins du point de vue de Van Heeren et de l'atteinte formidable portée à son ego. Pour perdre vingt mille dollars exactement, les perdre de façon que ce fût seulement lui qui les gagnât, pour les perdre en exactement quatre heures de temps, le dernier dollar à la dernière minute, il fallait que Sarkissian eût percé au jour le jeu du banquier, pratiquement à chaque donne, devinant les moments où Van Heeren pouvait l'emporter et ceux où il devait perdre.

Cela revenait à dire que Sarkissian avait contrôlé chaque seconde de la partie, chacune des deux cents donnes successives. Et c'était une constatation vexante même pour un O'Keefe, qui ne mettait pourtant pas son amour-propre sur la table. Mais cela signifiait aussi que Ben aurait tout aussi bien pu gagner, contre n'importe lequel de ses adversaires, gagner à volonté.

« Je suis complètement cinglé, pensa O'Keefe. Rien de tout cela n'est arrivé. Le gamin s'est tout simplement fait lessiver. Pourquoi chercher plus loin ? La vérité vraie est que cette espèce de loup maigre venu de Californie, émergeant des brumes de la Golden Gate, est tout à fait déconcertant, avec son diable de sourire gentil, presque timide, et son air d'être dans les nuages, son air de ne pas être là. Sa foutue nonchalance indifférente — courtoise en plus, et ça n'arrange rien, on ne peut même pas le haïr — finirait par briser les nerfs de n'importe qui. Ça, c'est la vérité. Pour le reste... »

« Il faut vraiment que je m'en aille », dit Benedict Sarkissian avec douceur.

O'Keefe quitta la table à son tour. Entre le jeune Sarkissian et lui, il y avait plus de vingt ans d'écart, presque un quart de siècle ; O'Keefe n'avait pas fait ses douze millions de dollars en donnant dans la tendresse ; il était encore capable de tuer, au propre et au figuré. Or il était ému, d'un coup. Il l'était, qu'il le voulût ou non. Peut-être par ce qu'il y avait de maladroit, de théâtral, d'excessif chez le jeune Sarkissian.

« Je vous raccompagne, dit O'Keefe. Mais vous n'avez rien bu, rien mangé. Et mon fabuleux buffet danois ? Et mes Danoises ? Vous n'aimez pas les blondes ?

— Un peu d'eau », dit Ben.

Ils gagnèrent le hall, quittant l'immense salon-terrasse où avait eu lieu la partie.

« Plate ou gazeuse ?

— Plate, s'il vous plaît. »

Une fille emplit un verre.

« Et si ça se trouve, pensa encore O'Keefe, il

aura piqué ces vingt sacs à la banque Van Heeren ! Ça serait le bouquet ! » O'Keefe faillit éclater de rire. Il sortit sur le palier, appela l'ascenseur, décrocha le téléphone intérieur le mettant en communication avec le portier :

« Je vais vous demander un taxi.

— Merci. »

Sarkissian vida son verre. L'ascenseur s'ouvrit en silence. O'Keefe reposa le récepteur de téléphone, demanda :

« Besoin d'argent ? »

Le regard bleu sombre l'effleura.

« Non, dit doucement Ben Sarkissian. Merci quand même. »

Un temps.

« Appelez-moi un de ces jours. Dans pas longtemps. Faites-le, s'il vous plaît.

— Je serai absent de New York pendant dix jours. J'ai des vacances à prendre. Je pars pour San Francisco par le premier avion, dans trois heures. Mais dès mon retour...

— Faites-le. »

L'ascenseur s'éclaira.

« A bientôt.

— A bientôt. »

O'Keefe eut une dernière vision du visage maigre, avec les yeux bleus regardant dans le vide. Les portes glissèrent, l'ascenseur se referma et se mit en marche. O'Keefe repartit, prenant au passage la taille de l'une des filles avec qui il comptait finir la nuit.

Il revint dans le salon et vit deux choses.

D'abord, le visage glacé par la fureur, une fureur véhémente mais néanmoins contrôlée, d'Alex Van Heeren, qui était demeuré seul assis à la table, enveloppé dans le nuage de son cigare. Alors que Lammers, Williamson et Hume s'étaient levés, peut-être même écartés, comme on s'écarte de quelque chose qui risque d'exploser.

Ensuite les enveloppes.

On les avait retournées ; elles n'étaient plus telles que Sarkissian les avait posées. Et l'inscription que portait chacune des deux enveloppes, cette inscription était désormais visible : « Avec les compliments de la Banque Van Heeren. »

Dans la seconde qui suivit, O'Keefe fut envahi par une gigantesque jubilation, par un irrépressible fou rire, par une excitation sauvage : « Par tous les saints de la Sainte Irlande, ce petit Arménien pourri vient de se payer le grand Van Heeren, en beauté, en pleine gueule ! A présent, j'en ai la certitude. »

Il en aurait hurlé de rire. Il préféra enfouir son nez dans les seins de la Danoise.

« Mais ça finira mal. »

6

« Je suis le Roi Hov, dit le Roi Hov. Le Roi Hov lui-même. Ça devrait vous sauter aux yeux, mon brave.

— J'en ai strictement rien à foutre, répondit le conducteur.

— Pas de manières entre nous, dit le Roi. Appelez-moi simplement Sire. Et depuis combien de temps officiez-vous sur cet engin vénérable ?

— Trois mois, dit le conducteur du cable-car. Votre ticket, grand-père.

— Je m'en souviens avec une netteté qui personnellement me laisse pantois, dit le Roi Hov. C'était le 27 avril 1920, à dix heures trente-quatre du matin. L'homme avait à peu près quarante-sept ans, neuf mois et peut-être sept ou huit jours. La partie avant droite de ce même engin où nous sommes — exactement le même, je reconnais ses yeux — lui a tranché le cou, la tête d'un côté, le corps de l'autre.

— Tout ce que je veux, répéta avec patience le conducteur du cable-car de San Francisco, c'est votre ticket. Pas les informations.

— Et malgré ça, dit le Roi Hov, le croiriez-vous ? ce type a quand même voulu monter à bord, ici même, à cette place où je suis. On lui a interdit l'accès, évidemment. Il n'avait plus sa tête. Sa tête roulait. Enfin, elle a commencé par rouler ; ensuite, elle a rebondi, elle a descendu California Street, tout au long, le croiriez-vous ; elle a traversé Chinatown comme une bombe et a assommé le sous-directeur par intérim de la Wells Fargo, qui sortait précisément de son bureau...

— Pas de ticket, pas de voyage », dit fermement le conducteur du cable-car de San Francisco dans Powell Street le samedi 8 juin quelques minutes avant midi.

Le Roi Hov descendit. Le cable-car repartit sans lui, tintant, brimbalant, archaïque.

« Et le croiriez-vous, dit le Roi Hov au véhicule déjà loin, sans ce sous-directeur par intérim qui en a fait une jaunisse, elle aurait à coup sûr franchi d'un bond San Francisco Bay. Quelle histoire incroyable ! »

Il était donc dans Powell Street, à la hauteur d'Union Square. Il consacra quelques minutes à discuter de politique internationale avec deux hippies, sur un banc, et monta dans le cable-car suivant. Le conducteur avait soixante ans.

« Figure-toi que le cocher de la précédente diligence m'a réclamé un ticket.

— Quel culot ! dit le conducteur. Et à part ça, quoi de neuf ?

— La nouvelle de ma mort ne serait pas pour me surprendre », répondit le Roi d'une voix sépulcrale.

Il débarqua à l'angle de Vallejo Street, descendit cette même rue, traversa Columbus Avenue et, un peu plus loin, sur les premières pentes de Telegraph Hill, entra d'abord dans Varennes Street, puis dans une boutique obscure. Une poussière épaisse était soigneusement disposée sur les tables vitrées contenant des monnaies anciennes.

Le Roi entra dans une deuxième pièce, celle-là meublée de coffres contenant probablement d'autres monnaies anciennes, puis pénétra dans une troisième salle ; là, quelqu'un était assis dans un fauteuil d'osier, devant un vieux poêle à charbon. Sur le poêle une bouilloire sifflait et crachait avec fureur.

« J'arrive à temps, dit le Roi. A quelques secondes près, la bouilloire eût explosé, suscitant sans doute quelque cataclysme. Tu prendras du thé ?

— Bonjour grand-père, dit Ben. Pas de thé. »

7

On franchissait la Porte d'Or, on débarquait sur la Marin Peninsula de l'autre côté de la baie, on passait le tunnel routier, et l'on ressortait en plein soleil, à Sausalito. La petite maison de bois du Roi se trouvait à Sausalito, sur les dernières hauteurs, au-dessus du complexe de la Village Fair. Elle ne comportait que deux pièces, prolongées par une terrasse, un balcon plutôt, que cherchait sournoisement à envahir une végétation de jardin japonais.

« Mais il va falloir que je choisisse, dit le Roi. Varennes Street ou ici. Ici, sans doute. A présent que Dracula est mort et que je n'ai plus à racketter les gens de Fisherman's Wharf [1] pour des têtes de poissons à lui destinées... Sans Dracula et ses miaulements imbéciles, l'intérêt du ferry n'est plus le même. Vieillirais-je ? Je m'interroge, perplexe. »

Le Roi avait soixante-quatorze ans et une grande barbe blanche. Ce n'était pas qu'il fût si grand, mais il paraissait immense : il était tout en buste, en tête et en cheveux. Assis, on lui aurait donné deux mètres. Fatigué par l'ascension des volées de marches successives qui, depuis Bridgeway Boulevard, les avaient conduits sur la hauteur, il s'assit et grandit formidablement. Son œil rond et fixe de gerfaut fixa son petit-fils :

« Est-ce que tu ne m'as pas écrit pour Noël ?

1. Port de pêche de San Francisco.

48

— Si.

— Bon Noël, dit le Roi. Et bonne année, pendant que nous y sommes. Du thé ?

— Pas de thé. »

La rambarde du balcon était de bois d'ébène, comme la très longue table au centre de la pièce. Ben dit :

« Je travaille toujours dans cette banque, à pousser des chariots en compagnie d'Ochoa, celui de la vallée de la Napa. Je dors toujours à Brooklyn, dans cet appartement de Clinton Street. Je ne suis pas marié, je n'ai aucune liaison qui m'attache ou me retienne de quelque façon. Je pourrais partir demain, quitter mon emploi actuel, quitter tout. Je ne laisserais rien derrière moi.

— Sauf moi.

— Sauf toi. »

Le Roi Hov avait des mains puissantes de géant, des mains presque monstrueuses. L'une de ses mains, agissant comme d'elle-même, alla prendre une longue-vue de cuivre rouge sur une étagère. Le Roi regarda dans la lunette. Par le balcon ouvert sur San Francisco Bay, on découvrait Alcatraz, un morceau de la Golden Gate et la verrue pointue de la Transamerica, en ville. Mais le Roi suivit un superbe ketch à coque noire qui, venant du Pacifique, était en train d'embouquer la Baie.

« Et voilà que l'on pleure sur soi-même, dit-il. Voilà qu'on s'apitoie sur Benedict. »

Ben sourit, distrait. Il suivit la direction indiquée par la longue-vue et, se retournant, découvrit à son tour le ketch.

« Pas à ce point, dit-il.

— Mais si.

— D'accord. »

Sous l'effet d'un vent venu de l'océan, le ketch avançait à une vitesse prodigieuse ; ses voiles n'étaient pas blanches mais bistre, barrées à leur pointe d'un double trait orange et noir.

« Il appartient à un avocat de San Francisco, Jubal Wynn. Tu le connais. »

Ben secoua la tête.

« Tu le connais », répéta le Roi.

Ben passa sur le balcon, alla s'accouder d'abord à la rambarde puis, comprenant aussitôt qu'il coupait la vue de son grand-père, il se déplaça vers l'un des angles du balcon et s'assit aux trois quarts sur la main courante, indifférent aux douze mètres de vide sous lui.

« J'approche. J'ai beaucoup progressé. Il y a deux mois, j'ai joué contre un homme de Chicago à qui j'aurais pu prendre trente ou quarante mille dollars si je l'avais voulu. Il était mentalement prêt à les perdre. Je me suis retiré juste à temps de la partie. Il y a eu aussi ces deux types du Bronx, à qui j'aurais pu soutirer autant. Et d'autres, beaucoup d'autres. »

La monstrueuse main du Roi referma la longue-vue, la replaça sur l'étagère, vint sur le plateau épais de la table de bois noir, qui provenait d'un clipper ayant fait la course du thé ; les gros doigts spatulés parurent étreindre le bois comme pour s'y enfoncer.

« Ecoutez-moi ce jeune con ! dit le Roi. Ecoutez-le. Il est heureux. Il s'est retiré à temps d'une partie tout comme on se retire du ventre d'une femme avant d'éjaculer. Et il est fier de lui ! »

Ben secoua la tête, souriant encore :

« Non.

— Ecoutez-le. Il s'est sacrifié ; il aurait préféré

prendre ces quarante mille dollars à cet homme de Chicago, en prendre autant ou plus à d'autres, à tous ces autres petits bonshommes ridicules. Mais non, il a scrupuleusement suivi les consignes de son vieux fou de grand-père, qui l'a mille fois instruit de ce qu'il devait faire. »

Le ketch vira soudain de bord, lof pour lof, et mit le cap sur l'Embarcadero. La main du Roi rampait sur la table comme une bête.

« Benedict ?

— Oui, grand-père.

— Ce n'est pas Sol qui aurait pleuré sur lui-même. »

Tout se passa alors comme si le brutal changement de cap du ketch eût marqué la fin du jour. Avec une surprenante rapidité, la brume envahit la baie et la nuit se mit à descendre. Le Roi enfonça son menton dans sa poitrine.

« Si j'avais simplement voulu faire de toi un joueur professionnel, Benedict, tout aurait été différent. Et bien plus facile pour nous deux. Tu aurais sans aucun doute gagné ces quarante mille dollars, tu aurais gagné bien plus encore. Rien ne t'empêche de le faire. Rien. Tu peux le faire, partir, devenir maquereau, gigolo, tu peux gagner beaucoup d'argent. Il te suffit de t'en aller d'ici et de laisser le Roi Hov sortir de ta mémoire. »

Ben assura son assiette sur l'étroite rambarde, vint en équilibre, ses pieds ne touchant plus le parquet, sa main et son bras pendant dans le vide.

« J'ai faim, dit-il. Je n'ai pas déjeuné. »

Les yeux de gerfaut étaient sur lui, le fixant avec une incroyable intensité.

« Approche, Benedict. »

Sur la table noire, l'énorme main étala trois Aigles d'Or, des pièces de vingt dollars qui avaient cent ans pour le moins ; elle les fit glisser avec une étonnante douceur, sans le moindre tintement.

« Tu veux essayer encore, Benedict ? »

Le Roi alluma une lampe de marine en cuivre qui dessina un cercle de lumière. Dans ce cercle, les longues mains de Ben Sarkissian apparurent, se posèrent à plat.

« Tu n'y es jamais arrivé, Benedict. Et personne n'y est jamais arrivé, sauf Sol Abramowicz une fois, dix jours avant sa mort. Mais Sol n'était pas... tout à fait humain. Allez donc comprendre les insondables mystères de la nature humaine : je suis là, espérant que mon petit-fils unique va réussir et, dans le même temps, appréhendant qu'il réussisse, Dieu sait pourquoi. Je suis Hov-hannès Tigranne Sarkissian, le Roi Hov soi-même, né natif d'Arménie, ayant survécu par miracle aux efforts successifs du sultan Abdul Hamid le Rouge et de Talaat l'Egorgeur, qui voulurent l'occire au temps de sa jeunesse. Je suis le Roi Hov, et moi-même je ne me comprends pas. Essaie, mon fils. A quoi bon attendre ? De cette seconde, je ne bouge plus, je ne respire plus, je te regarde... »

Il avait ôté ses propres mains de la table, de laquelle il s'était un peu écarté. De sorte que, dans le cercle dessiné par la lampe, il n'y eut plus que les trois pièces d'or et les mains de Ben, dont le reste du corps était dans l'ombre.

« Maintenant, dit le Roi. Maintenant et pas quand toi tu seras prêt. On ne choisit pas son moment. »

Une des mains de Ben bougea en un mouvement continu. Elle alla capter la première pièce et se retira, la laissant en équilibre sur sa tranche.

« Tu as réussi celle-là, c'est entendu, dit le Roi Hov, mais qui ne le ferait pas ? Tu rateras la deuxième. Je t'avais promis de me taire ? C'est vrai. Et je parle. Mais tu ne dois pas m'entendre, quoi que je dise. Qu'est-ce que tu crois ? On essaiera tout pour te troubler, pour ébranler la confiance que tu as en toi, pour étouffer ton instinct de mort. Tu ne fumes pas ? On te soufflera au visage, des heures durant, la fumée des cigares les plus nauséabonds, on rotera des relents d'alcool, de bouffe, on tapotera la table, on agitera nerveusement une jambe, on reniflera, on se curera le nez, on répétera tel tic à l'infini, on te parlera, on cherchera à déceler le plus secret de tes points faibles, on te traitera d'Arménien, de métèque, on s'en prendra à toi de toutes les façons, que même moi je ne peux pas imaginer. Et tu seras, tu es peut-être déjà indestructible. Prends cette deuxième pièce et mets-la en place. Sol l'a fait. Sol était meilleur que tu ne le seras jamais. Prends-la ! »

Les deux mains de Ben bougèrent d'un mouvement étonnamment synchrone. Leurs index s'allongèrent, saisirent et soulevèrent l'Aigle d'Or, le déposèrent sans le moindre heurt, avec une précision hallucinante, sur sa propre tranche et sur la tranche de la première pièce, non pas dans l'alignement de celle-ci mais en formant une croix parfaite. Elles se retirèrent, réintégrèrent l'ombre. Et rien ne tomba.

« Seulement voilà, dit le Roi Hov, il reste la troisième. Sol, lui, avait réussi ; et s'il n'avait pas été tué, il l'aurait fait et refait d'innombrables fois. Mais tu ne vaudras jamais Sol. Qu'attends-tu, Benedict ? Tu sais bien que tu ne peux pas. »

Et cette fois, au moment où les mains réapparues transportaient la troisième pièce, le Roi ne se contenta pas de parler : il hurla, à la seconde même où les tranches également disposées en croix de la deuxième et de la troisième pièces allaient entrer en contact.

Le Roi hurla et se tut, son regard d'oiseau de proie, sous les épais sourcils neigeux, se refusant à abandonner les trois pièces à présent juchées l'une sur l'autre, la première et la troisième parfaitement en ligne, à la merci du moindre souffle d'air mais dans un équilibre absolu.

Le Roi ferma les yeux.

« J'ai faim », dit Ben, impassible.

8

Il passa les journées suivantes parmi les séquoias du mont Tamalpaïs, courant chaque matin sur une vingtaine de kilomètres entre les grands arbres de soixante-quinze mètres de haut et de vingt-deux siècles d'âge. L'après-midi, il traversait la baie par le ferry et gagnait la boutique de Varennes. Avec le Roi, il y jouait d'interminables parties de dames, perdant partie après partie, ce qui faisait enrager le Roi, convaincu qu'il perdait exprès.

Non sans raison.

Il devait reprendre son travail à la banque le deuxième jeudi suivant son arrivée, qui avait eu lieu le samedi 8 juin. La veille de son départ, ils allèrent, le Roi et lui, dîner au début de Bridgeway Boulevard, d'un repas de poisson servi par un jeune Noir ondulant comme la vraie folle qu'il était. Ils burent même un peu de vin, ce qui n'était pas dans leurs habitudes. Pour le café, ils regagnèrent le balcon. Le Roi était particulièrement exigeant en matière de café ; il ne le buvait que fait par lui-même, mélangeant l'eau — pas n'importe quelle eau —, le café — pas n'importe quel café, un café unique acheté uniquement chez un unique Chinois de Chinatown en qui il avait à peu près confiance —, le sucre enfin. En bref, c'était un café turc, mais, sur la chaise électrique, le Roi l'eût férocement nié.

« Je t'ai déjà parlé de O'Keefe, dit Ben. C'est par lui que j'y suis arrivé, et ça m'a pris trois ans. »

Il raconta dans le détail la soirée dans le duplex de la 89e Rue, décrivant chaque donne, capable de réciter les cartes montrées par chaque joueur, les calculs statistiques lui ayant permis d'évaluer les cartes cachées, se souvenant de chaque relance, de chaque tic.

« Van Heeren s'écarte très légèrement de la table, à un moment. »

Le Roi lui avait fait tirer sur le balcon un grand fauteuil-paon en rotin, dans lequel il se tenait très droit. Sous les sourcils, le regard était plus perçant que jamais.

« Et tu te crois capable de dominer cet homme à chaque fois ?

— Oui.

— Tu dis qu'il est très bon.

« — Il l'est.

— Mais tu es meilleur que lui.

— Oui. »

Un temps.

« Va me chercher le dossier, Benedict. »

Ben revint avec une grande boîte en carton, la posa sur les genoux du Roi, qui l'ouvrit : il y avait là des centaines de coupures de presse, soigneusement découpées, certaines jaunies par le temps, toutes ayant trait au même homme, Alexandre Wendell Van Heeren. Le Roi montra une photo parue dans *Time-Magazine* :

« Il a changé ?

— Très peu.

— Il a toujours cette façon de regarder les gens ?

— La même.

— Tu as peur de lui ? »

Ben sourit :

« Non. »

Les yeux de gerfaut le brûlèrent :

« Attention, Benedict. Tu es ton seul ennemi. »

Un silence.

« Va me chercher un verre d'eau. »

Ben s'éloigna, réapparut avec deux verres et un thermos. Ils se mirent à boire en silence, alternant les gorgées de café et celles d'eau glacée, contemplant la nuit sur la baie et les lumières de San Francisco.

« Tue-le, Benedict. Ecrase-le, ce Turc. »

Ben fit délicatement couler une seule gouttelette d'eau dans la paume de sa main gauche puis, les yeux dans le vague, il joua nonchalamment à la faire rouler d'un bord à l'autre de cette paume.

« Tu m'as entendu, Benedict ?

— Oui, grand-père.

— Tu vas le tuer.

— J'ai déjà commencé », dit Ben de sa voix lointaine.

DEUXIÈME DONNE

SIMPLE PAIRE

1

A NEW YORK, le samedi qui suivit son retour,
Ochoa l'invita à dîner. Ochoa était marié à Maria,
qui venait du Nouveau-Mexique, de Taos, et avait
dans les veines du sang d'Indien Pueblo. Les
Indiens Pueblos ne sont pas des Apaches et ont,
paraît-il, toujours été pacifiques, conciliants et
absolument pas querelleurs. Maria Ochoa était la
seule Indienne Pueblo à n'être ni pacifique ni
conciliante, et elle était querelleuse en diable ;
elle était explosive. A plusieurs reprises, elle avait
tenté de casser la gueule à Ochoa. Sans succès.
Quoique pas très grand, Ochoa pesait quatre-
vingt-cinq kilos, alors qu'elle-même, pour un
mètre cinquante-cinq, en faisait tout au plus
quarante-cinq. Le match était inégal.

Le samedi soir, elle leur fit la cuisine, en l'espèce des *habichuelas rojas con bacalao*, autrement
dit de la morue aux haricots rouges. Elle ne savait
d'ailleurs rien faire d'autre. Ils dînèrent tous
trois et, comme il n'était que huit heures et demie
et qu'il régnait sur New York une chaleur gluante,
ils décidèrent d'aller se baigner. Négligeant Coney
Island, ils optèrent pour Rockaway. Et ce fut en

route, sur Flatbush Avenue, que Maria constata qu'ils étaient suivis.

« J'en suis sûre. C'est la voiture bleue, avec deux mecs à bord.

— Squaw Langue-de-Vipère avoir visions hallucinatoires », dit Ochoa, qui avait un verre dans le nez.

Mais son regard dans le rétroviseur alla chercher celui de Ben.

« Squaw Langue Câline avoir l'œil particulièrement scrutateur », répliqua Maria.

Avant son mariage, elle travaillait comme modèle nu dans les écoles de peinture. Elle avait énergiquement refusé de n'y plus aller sous prétexte qu'elle était mariée à un Chicano pourri. Elle avait rétorqué au Chicano pourri : « Qu'est-ce que ça peut bien faire qu'on regarde, tant qu'on touche pas ? » « Nom de Dieu, avec mes ancêtres espagnols, je suis censé être d'une jalousie féroce. D'ailleurs, je suis d'une jalousie féroce. Ça me rend dingue de penser à tous ces types qui se rincent l'œil sur ma femme à poil ! »

Elle lui avait exécuté un bras d'honneur pour toute réponse.

La voiture bleue était encore derrière eux au croisement du Périphérique, et franchit également le pont à péage à l'entrée de Jamaïca Bay. Mais elle disparut quand Ochoa gara son véhicule dans le Jacob Riis Park. Ils purent se baigner tranquilles, et nus tous les trois. « Mais voyons, Ben est un copain », expliqua Maria. Ils regagnèrent ensuite le centre de Brooklyn. Les Ochoa habitaient de l'autre côté du Jardin Botanique. Ils déposèrent Ben chez lui et rentrèrent. Ils étaient sous la douche à se battre quand le téléphone sonna. C'était Ben, qui leur demandait de venir.

Ils pénétrèrent sans difficulté dans l'appartement, la porte en était entrebâillée. Ils trouvèrent Ben allongé à plat ventre sur le lit, n'ayant même pas eu la force de remettre le récepteur en place. Mais conscient, ses yeux grands ouverts et capable de parler :

« Ni médecin, ni police. »

Le plus impressionnant était les débris de tee-shirt mélangés à la chair et au sang sur son dos, certains morceaux littéralement incrustés dans les sillons que le fouet avait creusés sur les omoplates, mettant en un point l'os à nu.

« Ni médecin ni police », répéta Ben.

Ochoa partit à la recherche d'un drugstore ouvert, en rapporta, au hasard, de l'alcool, de l'eau oxygénée, de l'éther, de la gaze et du coton en quantités phénoménales. Il repartit presque immédiatement tandis que Maria, s'aidant d'une pince à épiler et de coton-tiges, s'employait à nettoyer les plaies, extrayant tout ce qu'elle apercevait de corps étrangers. Ochoa revint vers deux heures trente du matin, cette fois avec de la morphine en injections et quatre comprimés de palfium.

« Pas question, dit Ben.

— Fais pas le con, j'ai dépensé une fortune.

— Je te rembourserai.

— Connard ! »

Ruisselant de sueur, Ben avait dans le regard cette fixité d'une bête qui souffre le martyre, incapable de gémir ou de se plaindre. Il accepta tout de même de l'aspirine et réussit à dormir un peu.

En se réveillant, il raconta.

Les deux hommes l'attendaient dans l'escalier, l'un et l'autre armés de pistolets équipés de silencieux. A aucun moment ils n'avaient ouvert la bouche, intimant leurs ordres par signes. Ils l'avaient fait entrer dans son propre appartement, l'avaient contraint à s'allonger par terre, bras et jambes en croix. Ils lui avaient enfoncé une savonnette dans la bouche, lui avaient lié les poignets et les chevilles avec du fil électrique dont ils avaient apporté un rouleau, le maintenant écartelé, couché sur le ventre. Ils avaient pris le temps de fouiller l'appartement puis s'étaient occupés de lui. Dix coups chacun, se relayant entre chaque coup et lui faisant glisser sur le visage le fouet lesté de plomb pour qu'il comprît bien avec quoi ils le frappaient. Ils l'avaient ensuite détaché, remplaçant le fil électrique par des bandes déchirées d'une serviette, suffisamment lâches pour qu'il pût se libérer seul. Et ils s'en étaient allés, toujours muets.

Chez Ochoa, le rapport allonge-poids n'était pas le bon : il avait des bras trop courts pour sa catégorie ; sur un ring, il n'aurait pratiquement jamais réussi à toucher son adversaire. Mais ses poings auraient fait exploser n'importe quelle mâchoire. Il mit à profit une absence de Maria qui, ayant constaté comme prévu que le réfrigérateur était vide, s'en était allée chercher quelques provisions. Il frappa le battant d'une porte et le bois craqua.

« Et tu ne vas rien faire ?

— Pas pour l'instant.

— Ces deux salauds ont été envoyés par Van Heeren. »

Ben se taisait.

« Ne me dis pas le contraire, Ben. Je vais tuer cet enfoiré de Park Avenue, qui envoie ses tueurs te massacrer parce que tu l'as ridiculisé au poker ! »

Il frappa à nouveau la porte, dont le panneau se fendit.

« Du calme. Ne casse pas ma maison, s'il te plaît. »

Ben réussit à se hisser sur les coudes. Il fit glisser ses jambes, se mit debout.

« Où vas-tu ?

— Je peux marcher. »

Il voulut aller lui-même se chercher un verre d'eau à la cuisine. Il le but.

« La partie commence à peine », dit-il.

Ochoa et sa femme se relayèrent à son chevet protestant avec la dernière énergie, quand il décida de se lever, de sortir et même d'aller jusqu'à Manhattan, jusqu'à Williams Street, dès le lendemain matin.

« Tes plaies se rouvriront. Se rouvrir ? Elles sont même pas fermées d'ailleurs ! »

Ils auraient tout aussi bien pu s'adresser à la baignoire. Le lundi matin, il se leva quand même, enfila son habituel tee-shirt blanc sur un cataplasme de pansements, et par-dessus le tout mit son blouson de cuir, en dépit de la chaleur. D'abord blême et chancelant, il retrouva peu à peu des couleurs. Ochoa lui servait de garde du corps dans le métro et s'interposait chaque fois que quelqu'un s'approchait de Ben. Ochoa avait ressorti d'un air farouche le vieux couteau à cran d'arrêt de ses premières années à New York.

Ils partirent même plus tôt qu'à l'habitude, si bien qu'ils furent à huit heures trente du matin à l'entrée officielle de la banque, que seuls franchissaient les seigneurs de la direction générale. Ce n'était un secret pour personne qu'Alexandre Van Heeren, quand il était à New York, mettait un point d'honneur à toujours arriver un quart d'heure avant ses propres employés. Ce lundi-là, il ne dérogea pas à ses habitudes ; la longue voiture noire avec gardes du corps le débarqua à huit heures quarante sur le trottoir. Les gardes du corps repérèrent au premier coup d'œil le type en blouson de cuir noir, aux mains cachées dans les poches, le visage très pâle. C'était leur travail de remarquer ce genre de choses ; ils se déployèrent.

« Non, leur dit Van Heeren. Ça va. »

Il était de la même taille que Benedict Sarkissian, s'il pesait vingt bons kilos de plus. Leur face à face silencieux dura quelques secondes, ce qui était déjà beaucoup. Alex Van Heeren était un homme d'environ cinquante ans, puissant, blond-roux, avec les yeux les plus clairs et les plus glacés qu'on pût trouver à la bourse de New York ; il avait été plusieurs fois cité parmi les hommes les mieux habillés du monde ; ses collections étaient célèbres ; il avait refusé le poste de secrétaire au Trésor ; il avait dirigé la World Bank ; il avait été président du New York Stock Exchange. Il dévisagea Sarkissian, soutint son regard puis passa, strictement impassible, en route vers son ascenseur personnel.

Ochoa se rapprocha.
« Et alors ? T'as gagné quoi ?
— A lui de relancer. »

2

Il n'y eut pas une relance mais plusieurs.
Et elles furent toutes peu banales.

Pendant quelques jours, rien ne parut bouger sinon cette information rapportée par Linda Persico la caissière. Elle dit à Ben et Ochoa :
« Ce qui m'a mis la puce à l'oreille, c'est que ce soit cette garce d'Eve Morrison elle-même descendue des hauteurs de la direction générale, qui ait pris la peine de poser les questions. »
Eve Morrison avait demandé une enquête complète sur Benedict Sarkissian en tant que client de la banque, sur la façon dont les vingt mille dollars étaient arrivés sur son compte, et comment ce compte évoluait.
On avait aussi opéré des recherches sur Benedict Sarkissian en tant qu'employé de la banque : comment il avait été embauché, à quelle date, ce qu'il faisait, combien il gagnait et s'il était ou non un employé modèle.

Une semaine passa encore, et ce fut Eve Morrison en personne qui se manifesta, sous la forme d'une espèce de chose en tailleur bleu, sensuelle comme une perceuse électrique. Elle parlait avec l'accent de la Nouvelle-Angleterre. Elle dit qu'il s'agissait d'une enquête, d'une étude de marché, rien que de très banal, qu'il n'était pas obligé de répondre, et qu'il pouvait même, s'il le voulait, s'en aller. Il rétorqua avec son air habituel d'indifférence rêveuse qu'il ne voyait aucun inconvénient à répondre.

« Vous gagnez cent quatre-vingt-dix-sept dollars par semaine, dit-elle. Et vous êtes chez nous depuis exactement quatorze mois. Et, depuis quatorze mois, en fait depuis soixante-deux semaines, vous avez chaque semaine prélevé cinquante dollars sur les cent quatre-vingt-dix-sept dollars de votre salaire. Exact ?

— Exact.

— Soit trois mille cent dollars. Et, le jour où vous avez commencé à travailler chez nous, vous avez ouvert un compte courant à notre agence ici même, sur lequel vous avez versé six mille trois cent quarante dollars. Exact ?

— Exact.

— A ce versement initial, vous en avez ajouté d'autres, chaque lundi matin, d'importance variable, le moins important d'entre eux étant de soixante-dix-neuf dollars, le plus élevé de deux cent cinquante-six, et leur moyenne générale s'établissant à cent soixante-trois dollars et quatre-vingt-sept *cents* ; je cite de mémoire et je peux me tromper, mais ça m'étonnerait. Exact ?

— Probablement, dit Ben les yeux aux plafond.

— Vous aviez donc sur ce compte, il y a trois semaines, la somme de vingt mille dollars. Exactement. Pas vingt mille et sept dollars trente-

68

quatre *cents*, pas dix-neuf mille neuf cent quatre-vingt-dix-neuf. Vingt mille juste. Au *cent* près. Et vous avez cessé tout versement quand vous avez atteint ce chiffre.

— Vraiment ? dit Ben.

— Alors vous avez brusquement liquidé ce compte. »

Un temps.

« Monsieur Sarkissian, y aurait-il eu, dans la qualité du service quelque chose qui vous aurait déplu ? »

Benedict Sarkissian, ayant abandonné la contemplation du plafond, considérait à présent par la fenêtre du bureau d'Eve Morrison la façade de l'immense bâtiment de la Federal Reserve Bank. Un long moment, il parut n'avoir pas entendu la question. Il demanda enfin :

« Vous m'avez bien dit que je pouvais partir si j'en avais envie ?

— Exact », dit Eve Morrison.

Il s'en alla.

La deuxième relance d'Alexandre Van Heeren prit le visage d'un homme qui avait à peu près trente-cinq ans : un avocat attaché à l'un des plus gros cabinets d'affaires de Manhattan. Il avait derrière ses lunettes à monture d'écaille un regard vif, aigu et surtout, il jouait remarquablement au poker, attaquant superbement, se défendant avec une imperturbable efficacité. Il s'appelait Schopee.

Il était l'un des six hommes que Neville Lammers réunit le 5 juillet au soir dans son appartement de Brooklyn Heights, de l'autre côté d'East River, avec une vue admirable sur Manhattan illuminé. Les participants à la partie, outre cet avocat appelé Schopee et Lammers lui-même, furent Williamson et O'Keefe, Benedict Sarkissian et un sixième, un médecin.

Dès les premières donnes, il apparut clairement que ce médecin-là n'était qu'un joueur ordinaire ; en quelque sorte, il faisait le compte, à la façon dont on fait le quatrième au bridge. De Lammers et de Williamson, tout comme d'O'Keefe, Ben Sarkissian savait ce qu'il pouvait attendre : aucune surprise de la part des deux premiers, qui jouaient comme ils devaient pratiquer le golf, pour passer la soirée et rien de plus ; Dennis O'Keefe était plus imprévisible, plus porté au bluff. Il était capable de le préparer avec patience, se lançant dans de trop fortes relances, ou prétendues telles, à l'image des bluffeurs maladroits, par un de ces raisonnements au deuxième, voire au troisième degré, dans lesquels son imagination celte se donnait libre cours ; mais il manquait de rigueur. Un moment arrivait toujours où il pataugeait, à tant vouloir embrouiller les pistes.

L'avocat nommé Schopee était d'une tout autre classe. Il se trouvait dans la partie à seule fin de jauger exactement le jeune San franciscain, la chose devint rapidement évidente. Du reste, il ne s'en cachait pas.

Tout avait commencé cinq jours plus tôt par un coup de téléphone de Lammers, presque à l'aube. Lammers, dit-il, avait craint de ne pouvoir joindre Ben autrement, sachant qu'il travaillait, et avait écarté toute objection :

« Ce n'est pas une question d'argent, Sarkossian... »

— Sarkissian...

— Sarkossian, ce n'est pas une question d'argent. Vous n'en avez pas ? Combien voulez-vous ? Je vous en prêterai. J'ai tout simplement envie de jouer avec vous et je suis prêt à payer pour ça, tout comme je paierais pour un parcours avec Arnold Palmer. Mon chauffeur viendra vous chercher, disons à neuf heures trente. Après tout, nous habitons tous les deux Brooklyn... »

Un piège qu'on n'avait même pas pris la peine de cacher.

La première heure de jeu, l'avocat Schopee n'intervint pas ou peu. Le hasard du tirage au sort des places les avait installés côte à côte, Ben et lui, et à plusieurs reprises l'avocat reçut un jeu qui aurait satisfait les plus difficiles. Or il passa, refusant toute relance, parfois même sans prendre la peine d'identifier ses cartes couvertes. Il parla, par contre, parla de San Francisco, qu'il semblait fort bien connaître et, s'agissant de poker, cita des noms de joueurs. Il dit à Ben :

« Vous êtes de là-bas, n'est-ce pas ? dans ce cas, vous avez sûrement dû rencontrer... »

Et d'énumérer des noms. Ben secouait la tête : non, aucun de ces noms ne lui était familier. Non, il n'avait pas joué dans ce cercle de Pacific Avenue, pas non plus à Oakland, pas davantage à Bernal Heigths, non il ne connaissait aucun de ces endroits. Schopee :

« Ce sont pourtant des hauts lieux du poker à San Francisco.

— C'est tout à fait possible », répondit Ben.

Après cette première heure, Schopee entra véritablement dans la partie. Il débuta par deux erreurs, qu'il commit sans aucun doute volontairement, ne relançant pas avec ce qui était assurément la meilleure main de la table, puis, le coup suivant, relançant au contraire Ben, qui à l'évidence avait un brelan supérieur au sien.

Le vrai combat s'engagea alors, Lammers et Williamson se retirant aussitôt, non pas de la table, où ils demeurèrent, mais d'un duel où ils n'avaient rien à faire. O'Keefe, clignant de l'œil avec malice, continua à jouer normalement, par de brusques flambées qui pouvaient signifier n'importe quoi. Le médecin, lui, ne vit et ne devina rien.

On joua comme convenu quatre heures, de dix heures à deux heures trente du matin, avec une courte pause à minuit. Trente et un mille dollars changèrent de main. Lammers en perdit quinze cents, Williamson deux mille, le médecin à peu près mille.

O'Keefe pour sa part empocha quatre mille dollars.

« Je vous dois donc vingt-quatre mille neuf cents dollars », dit Schopee à Ben.

Il avait l'argent en liquide sur lui et détacha vingt et un mille dollars d'une liasse comprenant environ cinquante billets de mille.

« Et vous êtes capable de jouer ainsi à chaque fois ?

— Essayez, dit Ben distraitement.

— Vous avez le jeu le plus déconcertant que j'aie jamais vu. Impressionnant. »

O'Keefe insista pour raccompagner Ben, qui reçut, des trois autres perdants, les deux mille cent dollars qu'il leur avait gagnés.

Dehors, l'Irlandais remarqua :

« Combien au total ? Vingt-neuf mille ? Vingt-sept. Est-ce que je peux dire que je suis impressionné, une fois de plus ? Vous avez massacré ce

Schopee. Et ce n'est pourtant pas n'importe qui.

— Personne n'est n'importe qui », dit Ben.

L'Irlandais conduisit lentement. Sur l'appuie-tête de son siège, Ben Sarkissian semblait dormir. O'Keefe lui lança un coup d'œil :

« Vous avez compris qu'il ne jouait pas en son nom, bien entendu. Question stupide. Ben, vous avez déchaîné Van Heeren. Je ne plaisante pas. Vous vous êtes engagé dans une drôle de partie. J'ai vu la tête de Van Heeren l'autre soir, après votre départ. Il ne vous lâchera plus. Avec Schopee, il vous a sondé, il a voulu savoir s'il n'avait pas eu la berlue, il a vérifié que vous étiez bien un super joueur. D'en avoir la confirmation ne le calmera pas pour autant. Au contraire. Dieu sait ce qu'il va faire, à présent. Par saint Sean Connery, la guerre est déclarée. J'espère que je ne suis pas en première ligne... »

3

La relance suivante prit à nouveau la forme sèche, anguleuse, aseptisée et glaciale, d'Eve Morrison.

« Vous avez effectué ce matin, sur votre compte courant, deux versements en espèces, l'un de vingt-quatre mille neuf cents dollars, l'autre de deux mille cent. Vingt-sept mille dollars en tout, mais en deux versements distincts, à une minute d'intervalle. C'est original. Vingt-sept mille dollars ! Vous devenez un client important. »

Ben mit poliment sa main devant sa bouche et bâilla :

« On m'a dit que vous vouliez me voir ? »

Elle acquiesça.

« En effet. Vous travaillez à la salle des coffres depuis maintenant dix mois, après quatre mois au service entretien. La qualité de votre travail a attiré l'attention de vos supérieurs hiérarchiques. Ils vous proposent une promotion immédiate ; vous êtes affecté désormais au quarante-deuxième étage, celui de la présidence, en qualité de responsable de la sécurité. Vous serez en civil et armé.

— Je ne peux malheureusement pas accepter, dit Ben.

— Votre salaire actuel est de cent quatre-vingt-dix-sept dollars par semaine. Il sera porté, dans votre nouveau poste, à deux cent quarante-cinq.

— Je regrette infiniment, répéta Ben.

— Deux cent quarante-cinq n'étant qu'un palier, un réajustement sera opéré après trois mois.

— Il ne s'agit pas d'argent mais d'amitié. »

Elle le dévisagea et demanda :

« Quelqu'un en particulier ?

— Francisco Narvaez Ochoa, mon coéquipier.

— Vous préférez ne pas être séparés ; c'est ça ?

— Voilà. »

Silence. La femme au tailleur bleu se leva, fit à pas lents le tour de son bureau, alla scruter quelques instants la façade de la Federal Reserve Bank, revint s'asseoir, le visage impassible. Ce fut le seul mouvement par lequel elle démontra qu'elle était, peut-être, révulsée par la rage.

« Vous commencez demain, dit-elle. Tous les deux. »

74

La partie de poker organisée par Neville Lammers avait eu lieu le vendredi 5 juillet, la seconde entrevue avec Eve Morrison le lundi 8. Le mardi 9, Ochoa découvrit avec intérêt que son nouveau travail consistait à ne rien faire. Il apprit aussi que ce poste avait été tout spécialement créé pour lui : on lui demandait *grosso modo* de veiller à la sécurité de l'espace existant entre le quarante et unième étage, sur lequel s'exerçait encore la surveillance des services normaux de sécurité de l'immeuble, et le quarante-deuxième. Le quarante-deuxième étage et les suivants étaient réservés à la direction générale et au président lui-même.

« Sur qui toi, Benedict Sarkissian de San Francisco, tu es chargé de veiller ?

— Je veille, dit Ben. Je scrute à tout va. »

Il avait pris ses quartiers dans un bureau du quarante-deuxième. Parfaitement rectangulaire jusque-là, l'immeuble de la banque y changeait de forme : il affectait la silhouette d'un L majuscule et dans le rectangle ainsi créé entre les deux branches de ce L, on avait créé un jardin et déposé une piscine, tous deux strictement réservés à la présidence.

« En tout cas, pour toi, dit Ochoa, on n'a pas eu besoin de créer un poste, il existait déjà. Mais le type qui l'occupait avant toi a été nommé à la succursale de Tôkyô, sans doute parce que nous n'avons pas d'agence sur la Lune. »

Le bureau qu'on avait affecté à Benedict Sarkissian se trouvait dans cette partie du jambage du L réservée à Van Heeren ; en quelque sorte, il en marquait la frontière ; on ne pouvait pénétrer dans les huit pièces réservées au Président qu'en passant devant sa porte vitrée, à moins d'user de l'ascenseur spécial qui, du rez-de-chaussée, débouchait directement dans l'appartement privé.

« Votre travail, expliqua Eve Morrison, est d'assurer la sécurité personnelle du président. Soixante-deux personnes, en comptant le personnel de service et moi-même, sont autorisées à accéder librement à cet étage ; huit d'entre elles seulement, dont moi, sont habilitées à pénétrer dans l'appartement privé. Pour chacune de ces soixante-deux personnes, des dossiers vous diront tout. Avez-vous une expérience des armes à feu ?

— Militaire.

— En tout état de cause, à compter d'aujourd'hui, vous vous rendrez chaque jour ouvrable, de une heure à deux heures de l'après-midi à ce centre de la 34e Rue. Voici l'adresse ; on vous y attend. Votre instructeur s'appelle Frank Maggio. Il vous conseillera sur le choix de votre arme. Vous n'aurez rien à payer. Des questions ?

— Où est M. Van Heeren ?

— Absent dix jours. »

Alex Van Heeren rentra effectivement le 19 juillet d'un voyage en Europe. Il gagna directement son bureau par l'ascenseur spécial, de sorte que Ben Sarkissian ne le vit pas arriver et sut simplement qu'il se trouvait là par un incessant défilé, deux heures et demie durant, de visages qu'à chaque fois il identifia. Une grande partie de la matinée s'écoula ainsi.

On était à une vingtaine de minutes de midi quand l'intercom grésilla.

« Sarkissian, dit Ben.

— Dans mon bureau », dit la voix de Van Heeren.

4

Ce n'était pas seulement un bureau ; la pièce était réellement immense : des portes ouvertes montraient une bibliothèque, deux chambres à coucher, deux salles de bain, une petite salle de conférence et une salle de culture physique. De grandes baies vitrées coulissantes à ras du sol donnaient de plain-pied sur le jardin et la piscine. L'architecte avait dégagé un axe prenant en enfilade le canyon des immeubles et des tours jumelles du World Trade Center et une vue sur la baie de New York, où se joignent Hudson et East River.

« Vous êtes déjà entré ici ?

— Non, monsieur.

— Faites un tour. »

Ben décrivit un arc de cercle lent autour de la pièce, tandis que Van Heeren se tenait renversé légèrement dans son fauteuil de cuir à haut dossier, accoudé et mains jointes. Ben visita ensuite la bibliothèque, les chambres, les salles de bain, la salle de conférences et celle de gymnastique.

« Le jardin aussi ?

— Puisque vous êtes chargé de ma sécurité. »

Nouvelle déambulation. Il effectua un tour complet de la piscine, dont l'eau était rigoureusement immobile, abritée d'un vent éventuel par des massifs de fleurs et d'arbustes en gradins successifs, que des jardiniers déménageaient ou réimplantaient au gré des saisons. De la pointe de l'index, il vérifia la température de l'eau : chauffée.

Il revint dans le bureau.

« Vous pensez avoir tout vu ?

— Oui.

— Quel livre se trouvait sur ma table de nuit ?

— Il y en avait deux. Couverture verte en cuir : *La Montagne magique* de Thomas Mann ; couverture blanche en cuir : *Feuilles d'herbe* de Walter Whitman.

— Vous les avez lus ?

— Non. »

Silence. Van Heeren n'avait toujours pas bougé.

« Vous êtes armé ? »

Ben écarta le pan gauche de son veston, révélant la présence du Smith & Wesson special police dans son holster de cuir.

« Vous savez vous en servir ?

— Oui. On m'entraîne. »

Nouveau silence.

« Posez cette arme, je vous prie. Sur mon bureau. »

Ben s'exécuta.

« A présent, ôtez votre veston et votre chemise. »

Les regards des deux hommes restèrent un très court moment accrochés l'un à l'autre, puis les yeux de Ben se portèrent sur la piscine, qu'ils contemplèrent d'un air vague. Il se mit torse nu.

« Tournez-vous. Je veux voir votre dos. »

Un temps.

« Vous pouvez vous retourner. »

Un temps.

« Vous pouvez vous rhabiller. »

L'arme se trouvait toujours sur le bureau, le canon tourné vers Van Heeren.

« Vous avez un très beau corps, dit Van Heeren sans la moindre intonation dans sa voix. Maigre, bronzé, musclé. Quel sport pratiquez-vous ?

— Je cours.

— En compétition ?

— Non.

— Vous pouvez reprendre votre arme. »

Ben remit le 38 dans son étui. Il demanda :

« Autre chose, monsieur ? »

Ne recevant pas de réponse, il tourna les talons. A la seconde où il allait atteindre la porte :

« Sarkissian. »

Il ne se retourna pas vraiment, à peine à demi, en fait face au jardin, ayant le banquier sur sa droite.

« Pourquoi moi, Sarkissian ? Il est évident que vous ne m'avez pas défié par hasard. Pourquoi moi ? Parce que, de tous les joueurs de poker des Etats-Unis, voire du monde, je suis probablement le plus riche ?

— C'est déjà une bonne raison, dit Ben de sa voix indifférente.

— C'est cet O'Keefe qui essaie de vous mettre dans mes jambes ?

— Il n'y est pour rien.

— C'est lui qui vous a aidé.

— Il n'a été qu'un moyen. »

Silence.

« Et vous espérez aller où ?

— Relance sans limite », dit Ben.

De nouveau le silence.

« Métèque, dit Van Heeren d'une voix tranquille. Vous puez le métèque ! »

Tout à côté de la porte, il y avait une toile d'Utrillo — Ben ne savait pas qui était Utrillo, mais il lisait la signature — un Utrillo accroché à la boiserie en lambris du mur. Ben rectifia délicatement l'alignement du tableau et semblant lui parler :

« S'il estime ne pas avoir une promesse de jeu suffisante, compte tenu des relances, un joueur a toujours le droit de se retirer de la partie. En perdant ce qu'il a déjà misé. »

Utrillo ne répondit rien.

Ben Sarkissian referma la porte derrière lui sans bruit.

5

Il passa un week-end complet avec O'Keefe, O'Keefe père, mère et fils. L'épouse d'O'Keefe était française, le fils parlait l'anglais avec l'accent français et vice versa. Les O'Keefe avaient un grand voilier mouillé dans Flushing Bay.

« Ben, dit O'Keefe entre deux coups de soleil, Alexandre Van Heeren m'a fait le grand honneur de me téléphoner, lui-même de sa propre voix, tenant le récepteur dans sa propre main. Il voulait savoir où, quand, comment, pourquoi, par qui on s'était connus. Par saint Patrick Mac Nee et son chapeau melon, sur le moment, c'est vrai, j'ai eu un trou de mémoire. J'avais la tête ailleurs. Il a cru que je le faisais exprès. Il a raccroché. Après, j'ai préféré le rappeler et ça m'a pris des heures pour le joindre. Je lui ai tout raconté, l'affaire du brouillard à San Francisco, comment je t'ai connu, offert un job, que tu as refusé. Ben ?

— Oui ?

— Il y a quelque chose d'anormal chez Van Heeren. Tu savais ça ?

— Oui. Quelqu'un me l'avait dit.

— Quelqu'un que je connais ?

— Un roi. »

O'Keefe le considéra avec surprise.

« Ça va la tête ?

— Très bien. »

Une femme leur apporta des boissons fraîches ; elle posa les verres glacés sur leur abdomen nu. Ils firent un bond.

« Ben ?

— Oui ?

— Pourquoi Van Heeren, entre tous ? »

Silence. Ben ne bougeait pas, allongé sur le dos, offrant son visage au soleil. Et puis les yeux s'ouvrirent, se tournèrent très lentement, plus rêveurs que jamais : la tourelle d'un char d'assaut, telle fut l'image qui inexplicablement se forma alors dans l'esprit de Dennis O'Keefe. Et Ben eut cette réponse qui laissa l'autre un long moment sans voix :

« Disons que je suis comme un missile, programmé pour un objectif précis, un objectif unique. On va nager ? »

La relance suivante d'Alex Van Heeren intervint un vendredi, le 24 juillet.

A un peu plus de quatre heures de l'après-midi.

« Vous pouvez refuser, dit Eve Morrison. Il se trouve simplement que M. Van Heeren, partant en voyage, aura un besoin urgent de ces documents et qu'il faut les lui porter. Dès qu'ils seront prêts. »

Elle se tenait debout sur le seuil du bureau de Ben, mains croisées sur l'abdomen, comme les gouvernantes inquiétantes dans les films d'épouvante.

« C'est-à-dire demain, dit-elle. Demain en fin de matinée. »

La porte ouverte du bureau de Ben, en dépit de la présence de Morrison sur son seuil, dégageait une vue parfaite sur le large couloir. Dans ce couloir, une femme apparut, spectaculaire. Elle avait sans doute plus de trente ans ; elle était grande, mince, avec les allures d'un mannequin ; cheveux châtains et yeux violets, remarquablement habillée.

« Je n'ai rien sur cette femme dans mes fiches », dit Ben.

Eve Morrison se retourna et identifia la nouvelle venue en un centième de seconde.

« Vous ne la voyez pas. C'est un ordre. »

La femme progressait dans le couloir, ses cuisses longues moulées par sa jupe en alternance, ses seins dansant librement ; elle avançait en fixant Ben assis face à elle, avec la sereine majesté d'un vaisseau de haut bord. Il y avait une évidente lueur narquoise au fond de ses yeux violets, comme si...

« Deux dactylos travailleront avec moi cette nuit à mettre les documents en forme », disait Eve Morrison.

... comme si elle connaissait Benedict Sarkissian et savait tout de lui. Et trouvait tout cela fort drôle.

« Les documents seront prêts à neuf heures trente demain matin. »

Ayant jusqu'au dernier moment soutenu le regard de Ben, la jeune femme passa et tourna à droite, vers la porte personnelle de Van Heeren.

« Qui est-ce ? demanda Ben.

— J'ignore de qui vous voulez parler, dit Eve Morrison avec froideur. Pourrez-vous être ici demain matin à neuf heures trente ? »

Elle évoqua des questions d'heures supplémentaires, de prime spéciale, de frais évidemment remboursés.

« Neuf heures et demie, Sarkissian ? »

Ben acquiesça.

« Je vous donnerai par écrit toutes indications utiles. En principe, vous devriez pouvoir regagner New York dans la soirée. Toutefois...

— Où dois-je aller ?

— ... toutefois il est possible que M. Van Heeren juge utile de vous garder. J'ai prévu une telle éventualité ; votre souper, votre coucher seront assurés sur place. Et votre prime en sera majorée.

— Où dois-je aller ? »

De la femme aux yeux violets, il avait guetté

les pas ; il l'avait entendue s'arrêter devant la lourde porte en chêne de l'appartement de Van Heeren qui ne pouvait être ouverte, quand Van Heeren s'y trouvait, que de l'intérieur. Elle avait sonné : « Mais oui Alex, c'est moi, Calliope », les mots s'accompagnant d'un agréable rire de gorge amusé. Et la porte s'était aussitôt ouverte et refermée.

Ben regarda Eve Morrison, qui déposait devant lui une envelope.

« Note de frais détaillée à votre retour. Voici cinq cents dollars d'avance.

— Où dois-je aller ?

— Cape Cod, Massachusetts. Hyannis Port. »

7

Le samedi matin, il s'était présenté, à neuf heures trente exactement, dans l'immeuble désert à l'exception des gardes. Il était monté directement au quarante-troisième étage, où Eve Morrison l'attendait en compagnie de deux dactylos aux yeux cernés ;

« Vous êtes à l'heure.

— Toujours. »

Elle lui avait remis une envelope cachetée et une mallette dont le cuir extérieur s'était révélé doublé d'acier ; la fermeture en était à combinaison et une chaînette de métal permettait de la relier au poignet de qui la portait.

« Prenez également votre arme.

84

« — Mon permis n'est valable que pour l'Etat de New York.

— Non. Le nécessaire a été fait. »

Il était ressorti de la banque, à nouveau salué par les gardes l'ayant suivi tout au long de son passage sur leurs écrans de contrôle. Dans Williams Street, une voiture l'attendait, avec chauffeur, et on l'avait ramené à Brooklyn, d'où il était venu, mais cette fois à l'aéroport de Flushing, où un avion biréacteur privé avait pris le relais, par un temps d'une totale limpidité. Il avait survolé Long Island et son détroit, vu défiler sur sa gauche le Connecticut, le Rhode Island et le Massachusetts ; l'île de Martha's Vineyard était sortie de la mer et le bizarre crochet de Cape Cod était apparu. On avait atterri sur l'aéroport de Barnstable. Une nouvelle voiture avec chauffeur l'avait fait pénétrer dans une propriété couvrant vraisemblablement quelques dizaines d'hectares, soigneusement gardée. Il était à l'intérieur d'une énorme et luxueuse résidence dont l'atmosphère, les bruits indiquaient qu'elle était pour l'heure occupée par un groupe important de personnes ; on l'avait fait monter au premier étage, introduit dans une bibliothèque.

« Veuillez vous asseoir, s'il vous plaît. Désirez-vous boire quelque chose ? »

Mais il avait déjà pris un petit déjeuner dans l'avion ; on l'avait laissé seul.

Elle était alors entrée.

« Je lui ressemble, n'est-ce pas ?

— Les yeux, dit Ben. Surtout. »

Vingt-deux, vingt-trois ans, les yeux très clairs

et très acérés, le nez et la bouche de son père, son front, ce pli dédaigneux, hautain, de la bouche, cette lèvre inférieure d'une rare sensualité. Tout sauf le corps, évidemment. Elle avait un corps dru, ferme, très bronzé en dépit de sa blondeur ; sa peau surtout était admirable. Nu-pieds, elle portait un short blanc à même la peau et un tee-shirt bleu marine sur lequel étaient inscrites en rouge les quatre lettres MONA.

« Mon nom. »

Entre son père et elle, c'était la ressemblance entre Jane et Henry Fonda, peut-être plus hallucinante encore, plus ambiguë.

« Marié ?

— Non.

— Pédé ?

— Je m'en serais aperçu », dit-il avec nonchalance.

La mallette encore reliée à son poignet par la chaînette d'acier, il avait négligé le fauteuil qu'on lui avait proposé et s'appuyait au plateau d'une lourde table.

« Une maîtresse ?

— Quelques-unes. »

Elle se pencha, s'allongea par-dessus le plateau de la table qui les séparait, souleva la manche de son blouson de toile noire pour voir à quoi aboutissait la chaînette, écarta un pan de ce même blouson pour constater la présence du 38.

« Armé.

— A tous points de vue », dit-il.

Van Heeren entra dans la pièce, pantalon blanc et blazer bleu marine frappé d'un écusson de club nautique.

« Mona, laisse-nous.

« — Oui, père chéri », dit-elle.

Elle vint tout près de Ben, ayant contourné la table ; elle se pencha sur lui, le huma, se redressa.

« Laisse-nous. »

Le ton de Van Heeren était calme. Elle hocha la tête et s'en alla, ses fesses rondes étroitement serrées dans le short blanc.

« Merci d'être venu durant votre jour de congé. »

Ben se détacha de la table, il souleva la mallette, tendit son poignet droit. A l'aide d'une petite clef, Van Heeren le libéra, saisissant entre ses doigts, une seconde ou deux, le poignet de Ben.

« Je ne sais pas le temps qu'il me faudra pour examiner tous ces documents. Que vous a dit Morrison ?

— Que j'aurais à attendre. Peut-être jusqu'à demain. »

Van Heeren acquiesça. De tout autre que lui, on aurait pensé qu'il était mal à son aise, ou qu'il hésitait à poursuivre. Il dit enfin :

« Vous aurez sûrement à attendre, jusqu'à la fin de l'après-midi au moins, peut-être plus tard, peut-être même jusqu'à demain. »

Il examina pour la première fois Ben, qui portait, outre un jeans et des chaussures de basket, un tee-shirt blanc et son blouson de toile noire. Le regard pâle du banquier s'arrêta une seconde sur la chevalière, remonta enfin jusqu'au visage :

« Vous jouez au tennis ?

— Non.

— Au golf ?

— Non. »

Même pas sarcastique :

« Mais vous savez nager ?

— Oui.

— Il y a deux piscines dans la propriété. Je vous prierai de vous abstenir d'utiliser celle qui se trouve devant la maison. J'ai des invités. Par contre, l'autre bassin est à votre disposition. Oliver, qui vous a amené jusqu'ici, vous montrera le chemin. »

Ce que Van Heeren avait appelé l'autre piscine était un bassin ovale, curieusement garni en son centre d'un îlot minuscule lui-même piqueté d'arbustes nains. Le bassin se trouvait au fond d'une espèce de cratère, de sorte que l'eau était à cinq ou six mètres au-dessous du niveau général de la propriété.

« C'est une piscine que M. Van Heeren avait fait construire pour les enfants, quand ils étaient plus jeunes. Ils pouvaient y faire tout le bruit qu'ils voulaient sans gêner. Vous trouverez des maillots et des serviettes dans ces cabines.

— Merci », dit Ben.

Il attendit le départ du maître d'hôtel, se retrouva seul dans un silence total ; il faisait très chaud au fond de cet amphithéâtre abrité du vent. Dans une des cabines, il trouva plusieurs maillots neufs à sa taille et en enfila un ; quand il ressortit, elle était sur un matelas de plage au bord du bassin, les seins nus ; ses jambes étaient l'une sur l'autre, le talon gauche appuyé sur les orteils du pied droit, la nuque dans ses paumes entrecroisées.

Marchant le long de la piscine, il alla s'asseoir

près d'un petit plongeoir, trempa ses pieds dans l'eau. Vingt-deux degrés environ.

« Faim ?

— J'y pense.

— C'est prévu. »

Elle ramassa une petite boîte rectangulaire, près d'elle et pressa un bouton : une table roulante sortit d'un petit hangar et, avançant sans bruit sur la mosaïque, vint s'immobiliser à portée de main.

« Il y a même un réfrigérateur. Du champagne ?

— Non merci. »

Il examinait le mur de pierres de taille face à lui, haut de quatre mètres, qu'escaladait par endroits une grande vague violette de clématites. Sans paraître avoir bougé, il fut debout, refit en sens inverse le chemin qu'il venait de faire, tout au bord de l'eau. La piscine était entre le mur et lui, et donc entre le mur et Mona. Et Mona avait choisi de prendre place dans l'axe médian du bassin.

« Pourquoi n'ôtez-vous pas ce maillot ? dit-elle. Je voudrais vous voir nu. Je suis venue pour ça. »

Arrivé à la hauteur de la jeune fille, il s'immobilisa, regardant toujours le mur d'un œil pensif.

« Personne ne viendra nous déranger, dit-elle. Oliver a reçu des ordres. »

Il repartit.

« Si vous ôtez votre short », dit-il d'une voix indifférente.

Il marcha, fit le tour du bassin, revint près du petit plongeoir.

« Vous avez un pas de danseur. Et votre ventre est musclé et plat. »

Elle rit.

« Pas plat partout. »

Ben remarqua trois orifices minuscules dans le mur, en grande partie dissimulés par le rideau de clématites. Mais pas assez pour cacher l'œil rond et noir de trois caméras.

« Votre maillot, Ben. »

Il s'étira et dit d'une voix très claire, souriant : « Suivi. »

Il tourna le dos aux caméras et ôta son maillot, se tint immobile quelques secondes puis plongea. Le bassin faisait trente mètres dans sa plus grande longueur : il le parcourut deux fois en nageant sous l'eau, sans revenir à la surface. Elle se leva et vint se pencher pour le regarder nager. Elle haletait, se mordant la lèvre inférieure, jetant rapidement un coup d'œil, de temps à autre, en direction du mur en pierres de taille. Ses yeux étaient plus clairs encore.

Il resurgit enfin à l'air libre, soufflant au ras de l'eau en une puissante expiration ; ses longs cils noirs semblant d'un coup enduits de rimmel et éclairant le bleu sombre de ses yeux.

Il aurait pu nager vers le milieu du bassin. Au lieu de cela, il préféra se hisser hors de l'eau et marcher dans le soleil, son corps bronzé brillant de gouttelettes d'eau, apparemment indifférent à son sexe dressé. Mona s'agita soudain, ouvrit le petit réfrigérateur, en sortit une bouteille de champagne, qu'elle déboucha avec une surprenante virtuosité, emplit deux flûtes et lui en tendit une.

« Le champagne promis. »

Sa voix tremblait un peu. Il prit la coupe, y trempa ses lèvres ; elle but à son tour.

« Cul sec. »

Elle jeta la coupe derrière elle.

« Rhabillez-vous, maintenant. J'ai vu ce que je voulais voir. »

La claque la renversa, littéralement. Elle réagit avec une ahurissante promptitude, roula sur le côté droit, ruant des deux jambes, trouva sous sa main le pied de la flûte en cristal brisée, voulut s'en servir pour lui lacérer le ventre. Il dut s'écarter précipitamment, dans une attitude de matador esquivant la corne, mais en trois pas il la rejoignit. Elle courait le long de la piscine. Il la crocha par une cheville, la fit tomber et bouler comme un lapin dans la terre meuble sous une haie de troènes. Une branche entailla le front de la jeune fille ; la vue même du sang le fit hésiter. Elle mit cette hésitation à profit pour s'enfuir. Il la rattrapa de nouveau, la saisit cette fois à bras-le-corps, seul moyen d'échapper à ses ongles, la ramena sur le matelas, l'y aplatit, sur le ventre, la maintenant écrasée de sa main gauche, et de la droite arrachant le short de toile blanche. Elle se débattait furieusement, et pourtant sa voix parut extraordinairement calme quand elle dit :

« Il n'aurait pas dû se contenter de vous faire fouetter... »

Il tira sur les derniers lambeaux de toile, la mit tout à fait nue, la retourna face à lui.

« Il aurait dû vous faire châtrer. »

Ils luttèrent férocement, en silence, tandis qu'il essayait de lui placer les bras en croix. Il sourit :

« Mais il ne l'a pas fait. »

Il serra les jambes de la jeune fille entre les siennes, lui fit enfin toucher les épaules.

« Et je suis entier », dit-il encore.

Elle hoqueta, à demi asphyxiée.

Elle était à présent les bras en croix, maintenue aux poignets. Elle tenta de le mordre et y réussit à deux reprises. Elle se débattit encore.

Et soudain s'immobilisa, ses yeux clairs grands ouverts.

Quelques secondes s'écoulèrent. Elle le fixait intensément.

« Méfiez-vous, dit-elle. Je suis folle. »

Il acquiesça, haletant lui aussi, mais sans la moindre trace d'ironie dans sa voix :

« Je sais. »

Il s'écarta légèrement d'elle, comme pour s'assurer de sa docilité, mais elle ne chercha pas à user de cette liberté. Un mince sourire se dessina au contraire sur ses lèvres ; ses yeux étincelaient. Il se redressa presque complètement et, par une douce pression sur la hanche, lui demanda de pivoter sur elle-même.

Elle se trouva étendue sur le dos, exactement perpendiculaire au mur en pierres de taille, la nuque hors du matelas et la tête en arrière. Au point de voir le mur.

Et les caméras.

Il l'embrassa très doucement sur la pointe de chaque sein, puis sur sa gorge tendue. Elle dit :

« Oui. »

Il la lâcha tout à fait, se pencha sur elle, l'embrassa, à l'intérieur de chacune de ses cuisses.

« Oui, Ben. »

Elle noua ses mains autour de sa nuque, l'attira à elle, la tête toujours renversée en arrière. Fixant les caméras, il la pénétra lentement.

8

Whooper O'Keefe tira simultanément la langue et le dix de trèfle.

« Et ça, ça fait quoi ?

— Une double paire », dit Ben.

Whooper réfléchit.

« Et c'est plus fort qu'une paire ?

— A ton avis ?

— Et au-dessus, il y a le brelan. Si j'ai trois dix, j'ai un brelan. Je peux avoir un double brelan ?

— Difficile, quand le type en face t'a donné seulement cinq cartes. Ça lui donnerait des soupçons, il me semble.

— C'est juste, reconnut Whooper, qui avait neuf ans, les yeux irlandais de son père, le nez retroussé de sa mère.

— Jean-François, dit Françoise O'Keefe avec son agréable accent français, tu ennuies M. Sarkissian avec toutes tes questions. »

Dennis O'Keefe, à l'intérieur du rouf vitré téléphonait toujours. Le grand voilier baptisé *Whooper* se trouvait dans le quart sud-est de Plum Point, à l'entrée de la baie de Manhasset, dans le détroit de Long Island.

« Ben est le meilleur joueur de poker du monde, dit Whooper. C'est papa qui l'a dit. Je m'instruis.

— Il ne m'ennuie pas du tout, dit en souriant Ben. Le moment venu, je le flanquerai à la mer.

— J'ai tout compris, récita Whooper, les sourcils froncés : carte isolée, paire, double paire, brelan, quinte, couleur, full, carré, quinte flush. La quinte, c'est quand on a cinq cartes qui sont pas de la même couleur mais qui se suivent, la couleur c'est quand elles sont de la même couleur mais qu'elles se suivent pas, et la quinte flush c'est quand, en même temps, elle se suivent et sont de la même couleur. J'ai tout compris. »

Au travers de la vitre du rouf, Ben regardait Dennis O'Keefe en train de téléphoner. Il n'entendait pas ce que disait l'Irlandais qui néanmoins, croisant son regard, lui adressa un clin d'œil amical ; mais son visage était tendu.

« Presque, dit Ben à Whooper. L'ordre des combinaisons change selon le nombre de cartes. Ce que tu viens de réciter, c'est l'ordre pour cinquante-deux cartes. Si l'on joue avec quarante cartes ou moins, la couleur bat le full. »

Whooper hocha la tête, atterré. Il prit le paquet de cartes.

« On donne cinq cartes à chaque joueur, c'est ça ? Et on les cache, pour que les autres y sachent pas ce qu'on a, c'est ça ?

— Presque, dit Ben. Ça, c'est le poker fermé. Dans ce pays-ci, on joue le stud... »

Il prit le paquet des mains du garçon :

« On peut jouer de plusieurs façons. Il suffit de s'entendre au départ...

— Et toi, comment tu joues ? »

Ben posa les cartes à même le pont :

« Une pour toi, une pour moi, une pour toi, une pour moi. Celles-là, tu dois les cacher. D'accord ?

— D'accord.

— Ensuite, cinq autres cartes, pour chaque joueur, toutes découvertes. Tout le monde peut les voir.

94

— Ça fait sept cartes chacun ! protesta Whooper avec indignation.

— Oui, mais on n'a le droit d'en utiliser que cinq pour former une combinaison. Et on choisit celles qu'on veut. Clair ? »

Il mima un crochet à la mâchoire de Whooper, se leva, sourit à Françoise O'Keefe.

« On continuera tout à l'heure, Whooper. Relance minimum : cinquante millions de dollars. Et je te préviens : pas de chèque. »

Il rejoignit O'Keefe. Ensemble, les deux hommes marchèrent jusqu'à la proue. Le voilier venait de changer de cap et faisait route au nord-est, vers New Rochelle et Mamaroneck. On était le 26 juillet, un dimanche. Benedict Sarkissian était rentré de Cape Cod dans la nuit. A sept heures du matin, le téléphone avait sonné dans l'appartement sans meubles de Clinton Street, et la voix de O'Keefe : « Ben, c'est important. Prends une voiture et trouve-toi à Locust Point à dix heures trente, c'est là où East River devient le détroit de Long Island. Je serai à bord du *Whooper*. »

Ils étaient maintenant face à face.

« Ben, c'est une histoire de fous. Je suis dans le pétrole, tu le sais. J'ai fait du fric au Venezuela et j'en ai fait au Mexique. Il y a quelque temps, j'ai monté un coup avec des types des émirats du golfe Persique. Tu te fous des détails : disons qu'on était associés, eux et moi, chacun mettant de l'argent. Bon, quelque chose vient d'arriver : ils me lâchent, au pire moment. Ça veut dire que je dois trouver, très vite, quelques millions de dollars. Et voilà que ma banque, à son tour, découvre qu'elle n'a plus du tout confiance en moi.

— Van Heeren.

— Van Heeren. Je ne vais pas sauter, Ben, tout de même pas. Mais si toutes les banques commencent à me trouver antipathique, je ne vais pas tarder à avoir des emmerdements sérieux. Quand je pense que tout vient de ces vingt mille dollars que tu lui as fait gagner ! »

Un temps.

« Désolé, dit Ben.

— Et je n'arrive même pas à t'en vouloir !

— Je ne vois pas ce que je pourrais faire. Quand est-ce arrivé ?

— Ça arrive en ce moment même, ça court dans le monde. Ce salaud a des moyens extraordinaires. Mais ça a commencé vendredi. Depuis, je me débats. »

Un silence, avec seulement le chuintement suiffé de la fine étrave fendant l'eau. Et, tout à coup, Benedict Sarkissian se mit à parler. Il raconta tout, des coups de fouet jusqu'au moindre détail de ce qui s'était passé ensuite, jusqu'à la scène de la piscine. Incluse. Le voilier laissa sur sa gauche l'île Twin. Les yeux irlandais d'O'Keefe s'élargissaient.

« Et c'est ça que tu appelles « la partie ? »

Ben acquiesça.

O'Keefe hésitait, presque gêné :

« Ben, tu crois vraiment que Van Heeren se trouvait derrière ces caméras, à vous regarder ?

— Oui. »

Silence.

« Par saint Fergus Slattery ! s'exclama O'Keefe.

— Une sorte de partie de poker, dit doucement Ben en regardant la mer. Sans cartes. Juste lui et moi, au bras de fer. Il relance et je suis, à chaque fois. Ce qu'il vient de te faire : une relance. Et sa fille : une relance. Et ces coups de fouet : une relance encore. Et relance aussi, ce revolver qu'il m'a donné, en me mettant au défi de lui vider le barillet dans le ventre. Autant de relances. Que je suis. Et que je suivrai jusqu'au bout. Et je gagnerai. »

Il prononça les derniers mots, « je gagnerai », d'une voix un peu rauque, basse, qui n'était pas du tout la sienne. Pour le jeune San franciscain, O'Keefe avait à leur première rencontre éprouvé de la sympathie, presque de la fascination, tant pour l'homme que pour le joueur exceptionnel. La sympathie était au fil des mois devenue amitié, malgré la différence d'âge. Ce qu'il y avait de théâtral en Benedict Sarkissian l'avait fait sourire ; on joue souvent ces rôles, à cet âge-là ; et puis il n'était peut-être pas facile d'être arménien.

Mais les derniers mots, la voix et les yeux de Sarkissian, à cette seconde, changèrent tout de l'opinion qu'il s'était faite. C'était comme de marcher sur un sol familier, d'y trouver une trappe, de l'ouvrir et d'y découvrir un volcan monstrueux, au bord de l'éruption. Dennis O'Keefe vit ce jour-là Sarkissian tel qu'il était : une formidable et presque inhumaine machine à gagner, née ainsi ou bien préparée à cette fin, sur le point d'atteindre à son maximum d'efficacité, et animée d'une fureur de vaincre quasi démente. O'Keefe chercha désespérément comment appeler cela.

La gagne ?

TROISIÈME DONNE

DEUX PAIRES

1

ALEX VAN HEEREN ne parut pas à son bureau les trois jours suivants ; il était à Washington, en revint le jeudi. Il convoqua aussitôt Ben :

« Vous pouvez vous absenter de New York ? Nous partons à l'instant. »

On partit du vieil aéroport de La Guardia. L'appareil qui les prit était un Boeing spécialement aménagé, comportant un bureau, une salle de conférences, un salon-bar et une petite salle de cinéma. Une demi-douzaine de passagers étaient déjà à bord à l'arrivée du banquier ; il s'agissait de cadres supérieurs de l'empire Van Heeren. La procédure de décollage était encore en cours qu'ils étaient déjà en conférence. La place de Ben était à l'arrière, lui dit-on ; il s'y rendit. Aucune hôtesse. Il s'installa dans l'un des fauteuils de la salle de cinéma, sentit son parfum de chèvrefeuille avant de la voir. Il se retourna et rencontra les yeux violets. Elle dit gaiement :

« Valise Un à Valise Deux, préparez-vous au décollage.

— Benedict Sarkissian.

— Je sais. Venez vous asseoir près de moi. »

Il s'exécuta. Elle considéra la chevalière à son doigt, avec un sourire ironique. Benedict suivit son regard, sembla découvrir la bague pour la première fois, la considéra avec attention, puis la fit glisser de son doigt lentement. Elle tomba, rebondit et disparut sous un siège.

Ils atterrirent à Denver, Colorado, au début de l'après-midi, l'habituelle écharpe de brume grise, bleue, rougeâtre, coiffant les montagnes Rocheuses. Un autre avion plus petit les prit et les emmena en pleine montagne. Ils se retrouvèrent à neuf, domestiques non compris, dans une grande maison de pierre et de bois superbe à tous égards, neuf dont deux femmes seulement, la jeune femme aux yeux violets qui s'appelait Calliope Jordaan et une autre répondant sans rire au nom de Celeste Karkoblonzski, une femme d'affaires.

« Si bien que je suis la seule de mon espèce, dit Calliope. Venez. J'ai déjà assisté à des réunions de ce genre, ils en ont pour des heures. Vous hésitez ? »

Elle décrocha un téléphone :

« Alex ? Ne me cherchez pas, je serai avec le garçon qui vous accompagne. »

Elle raccrocha, sourit à Ben et dit :

« Tout est arrangé. Bon, j'ai envie de marcher dans la montagne, de respirer des arbres. »

Le temps de gagner sa chambre, d'en ressortir en jeans avec une sidérante promptitude, d'être de retour, de s'installer au volant d'une Range-Rover, de prendre la route sinueuse d'Independence Pass, au long de l'Arkansas, dans un paysage grandiose de montagnes bleues.

Elle semblait savoir à peu près tout de lui. Elle connaissait bien San Francisco, avait même habité un an près de Japantown ; elle parla d'elle-même : elle était architecte-décoratrice, et connue et riche en tant que telle. Elle n'avait jamais été mariée, ou alors une fois qui ne comptait pas, et était la maîtresse d'Alex Van Heeren depuis à peu près quatorze ans, sans qu'il y eût, entre elle et le banquier, la moindre idée de sujétion ; elle avait elle-même assez d'argent.

« Etonnez-vous, dit-elle. J'ai vraiment de l'affection pour Alex, j'ai de la tendresse et de l'amitié. Vraiment. »

Quittant l'asphalte de la route, elle engagea la voiture sur une piste forestière dont un panneau interdisait pourtant l'accès (« Nous sommes chez Alex, tout ça lui appartient ») et stoppa enfin sous de grands arbres, cathédrale de silence.

« Marchons, s'il vous plaît. »

Même en jeans, sandales et chemise à carreaux, elle avait encore en marchant sa grâce impériale.

« Il nous a parlé de vous. Nous, c'est Mona et moi. Je sais que vous avez rencontré Mona samedi, et maintenant me voilà. Je ne suis pas ici par hasard, j'ai voulu venir uniquement pour vous rencontrer. »

La pente sous les arbres s'accentua et, après un moment, elle dut souffler.

« Pourquoi Mona et moi, me direz-vous ? Il a donc l'habitude de se confier à nous deux ? La réponse est oui. Deuxième point : Mona. Elle est cliniquement folle, quoique nul ne veuille en entendre parler. Entre son père et elle, il existe une étrange complicité ; l'un est l'autre, d'une certaine façon. Ne me demandez jamais si le père et la fille ont été amants. Vous avez dû vous poser la question. Mais je ne vous répondrai pas ; et que je ne vous réponde pas ne signifie rien. Je connais la réponse, mais je la garde pour moi. »

Ils étaient repartis ; elle s'arrêta encore, haletante :

« Mon Dieu, je vieillis ! Il y a dix ans, j'aurais franchi ça en courant. »

Dans la semi-pénombre, sous les arbres, ses yeux violets semblaient briller.

« Comment vous appelle-t-on, Ben ?

— Ben.

— Il a ordonné toutes sortes d'enquêtes sur vous, ici à New York, en Indochine où vous étiez dans l'armée, en Amérique du Sud où vous êtes passé, à San Francisco bien sûr. J'ai lu tous les rapports. Il a cru un moment à quelque machination fomentée contre lui. Vous connaissez le mot « fomenter » ? Ça ne fait rien. C'est ça, souriez ! Bon, en tout cas il a cru à quelque chose de ce genre. Plus maintenant. »

Elle se tut un instant, puis reprit :

« Alex sait maintenant que vous représentez un danger pour lui. Il accepte d'être fasciné par vous, de jouer avec cette idée qu'il joue avec vous et peut à tout moment vous pulvériser dès qu'il aura envie de le faire, sitôt que vous aurez cessé de le fasciner. Il a tort. Je ne crois pas qu'il soit le maître du jeu maintenant que je vous ai rencontré. »

La pente s'adoucit.

« Bien sûr, il y a de l'homosexualité dans tout cela, dit-elle. Vous le savez, et d'ailleurs vous en jouez. »

Il sourit, distrait, de son sourire lent, rêveur,

104

tout en contemplant les taches d'un blanc acide que faisait le soleil dans la cime des arbres.

La pente s'adoucit, la forêt s'éclaira : on arrivait sur une prairie...

« Je vous imaginais un peu différent. Je vous imaginais plus... fruste. Mais en revanche — comment dire ? — moins sauvage. Vous êtes un sauvage, Benedict Sarkissian, un barbare. Et j'ai envie de vous. »

Une cabane en rondins se trouvait plantée dans la prairie, adossée à la forêt.

« Et j'espère que vous avez envie de moi », dit-elle.

La cabane ne comportait que deux pièces, l'une utilitaire, l'autre servant de chambre. Calliope s'assit sur la courtepointe de patchwork violemment coloré, ôta ses sandales, sa chemise, remua gracieusement ses hanches pour achever de se mettre nue. Elle s'allongea, regarda Benedict tendrement, gravement :

« Bienvenue au barbare. »

A aucun moment, elle ne ferma les yeux ; même soumise à de violentes estocades elle ne cessa de le dévisager, guettant en vain la moindre émotion sur son visage impassible, stupéfiée par son extraordinaire impassibilité. Elle eut pourtant à un moment comme un hoquet, une rupture dans sa respiration ; et elle attendit près d'une minute pour parler à nouveau, après qu'il se fut retiré d'elle.

« Oh ! mon Dieu, s'exclama-t-elle. C'est donc à ce point !... Ben, un jour une femme fera tomber ce masque. Je vous le souhaite. »

Et soudain, de la plus imprévisible des façons, elle se mit à pouffer, presque gagnée par un fou rire, mordant l'oreiller pour essayer de recouvrer son sérieux.

« Cela dit... »

Elle n'y tenait plus, secouée par l'hilarité.

« Cela dit, vous faites vraiment l'amour comme un sauvage. »

Nouvel accès de fou rire. Elle se calma enfin, lui prit une main, l'attira contre sa bouche, l'embrassa.

« Ben, vous avez quelques petites choses à apprendre. En tous domaines. »

Il regardait les reins de la jeune femme. De sa main libre, il en caressa les courbes. Elle ferma un instant les yeux et dit :

« Nous allons nous revoir à New York, Ben, si vous le voulez. Régulièrement. »

Il finit par sourire :

« Un professeur ?

— Mmmmm, dit-elle, les yeux toujours fermés et ayant pourtant, sur le visage, un air d'attente.

— Pour m'apprendre à me tenir à table ?

— Et connaître le sens du mot « fomenter ».

— Et protéger Van Heeren », dit-il très doucement de sa voix lointaine.

Il se pencha et lécha de la pointe de sa langue la minuscule et douce dépression au-dessus de la fesse.

« Et quand bien même ? » dit-elle d'une voix un peu rauque.

Elle tenait toujours sa main, léchant l'intérieur de sa paume. Il la caressait de son autre main, suivant de l'index le tracé du sillon.

Elle répéta :

« Quand bien même. »

Il s'allongea lentement sur elle, apposant son ventre dur entre les lobes fermes et lisses.

« C'est déjà mieux », dit-elle.

Elle prit le pouce de Ben tout entier dans sa bouche.

Ils regagnèrent New York le lendemain, par les mêmes avions. Elle habitait un duplex dont les fenêtres donnaient sur Central Park. On voyait l'Aiguille de Cléopâtre, l'obélisque de granit rose pointant entre les frondaisons. Des deux appartements d'origine, déjà très grands, Calliope en avait fait un seul, en supprimant le plafond qui les séparait, pas sur toute sa surface, mais en y découpant comme une trappe de quinze mètres sur six, au bord de laquelle on avait mis en place une balustrade sculptée. A l'étage inférieur, le bureau-atelier de Calliope, une salle à manger, l'office, des chambres pour le personnel, deux salons, dont un qu'on surplombait en se penchant au-dessus de la balustrade. En haut, outre trois chambres, une fabuleuse galerie quadrangulaire, courant autour de la balustrade, sur quatre mètres de large, uniformément. L'originalité tenait au matériau employé dans le duplex, dont tous les murs, les planchers, les plafonds étaient revêtus, lambrissés, parquetés d'ébène mat et noir, et les meubles recouverts de panthère et d'une couleur dominante : le violet. La galerie était garnie de livres, par milliers. Entre ces livres, accrochés à la même cimaise, six toiles : un Renoir, un Vlaminck, un Pissarro, un Monet, un Sisley, un Cézanne.

La seule décoration murale du bas consistait en trois ou quatre vases Ming et deux paysages sur soie de Wang-Houei. Les deux seuls tapis étaient également chinois.

Benedict Sarkissian vint pour la première fois peu après leur retour du Colorado. La porte lui fut ouverte par une jeune Noire à l'œil fripon, qui portait une robe-tunique d'un certain violet, celui des yeux de Calliope Jordaan, et sous laquelle, d'évidence, elle ne portait que sa pudeur.

Autre jeune fille noire, exactement semblable à la première.

« Il y en a trois au total. Lea, Bea, Rhea. Des Jamaïcaines. Tu as déjà goûté du champagne ?

— Une fois.

— Du foie gras ?

— Non, pas de foie gras », dit Ben.

Elle portait la même robe-tunique que ses Jamaïcaines, mais le décolleté profond de la sienne était souligné par une admirable tresse d'or fin.

« Regarde », dit-elle.

Elle pressa un bouton dans le bras d'un canapé : les fenêtres sur Central Park s'obscurcirent, quoique dehors il fît encore grand jour. L'ombre s'installa dans l'appartement. Un bouton de nouveau : les vitres s'éclairèrent.

« Pas de volets. On se contente d'obscurcir le verre, comme dans les avions. Et pas de rideaux non plus, mais de l'autre côté on ne voit qu'un miroir. »

Il leva la tête pour contempler la galerie. « Tu veux visiter ? » Il acquiesça. Ils passèrent dans la salle à manger : trois couverts y étaient dressés.

« Je ne me rappelle pas si tu fumes ou non, dit

Calliope. Sans doute parce que je ne l'ai jamais su.

— Je ne fume pas. »

Il regardait les trois couverts. Elle inclina la tête en souriant, moqueuse :

« Mais oui, bien sûr, dit-elle. C'est lui qui va venir. Qui d'autre ? Et il sait que tu es là. Je ne mens jamais, Ben. Jamais. Et, pendant que j'y suis, qu'une chose soit claire : il ne m'entretient pas, il ne m'a jamais rien donné, sinon des cadeaux qu'il m'a faits, auxquels j'ai répondu par d'autres cadeaux. Calliope Jordaan est aussi libre qu'on peut l'être. »

Il rêvait. Il sourit.

« Tu devrais épouser le Roi Hov. »

Elle lui demanda qui était le Roi, et il le lui dit.

Alex Van Heeren arriva quelques minutes plus tard, escorté jusqu'au seuil par deux de ses gardes du corps. Pénétrant dans le grand salon du bas surplombé de la galerie, il eut simplement un mouvement de tête à l'intention de Sarkissian. Il s'assit face à lui et le dévisagea :

« Quelle belle journée nous avons eue !

— Superbe, dit Ben.

— Mieux que l'année dernière à la même date.

— Oh ! nettement mieux, répondit Ben. Spectaculairement. »

Une des Jamaïcaines surgit, ses pieds nus glissant en silence sur le plancher noir. Elle portait sur un petit plateau d'or un verre-tulipe en cristal taillé à pied d'argent. Le verre contenait un peu de vin couleur d'or pâle. Elle présenta le plateau à Van Heeren, qui goûta le vin. « Oui, dit-il. Parfait. »

« Ce sera la première fois que Ben mangera du foie gras, remarqua délicatement Calliope.

— J'espère que ça vous plaira, dit Van Heeren à Ben.

— J'en suis sûr », murmura Ben.

Calliope s'était assise sur le bras d'un des canapés recouverts de panthère. Elle se leva, précéda les deux hommes dans la salle à manger, et s'assit en bout de table, face aux frondaisons de Central Park qu'illuminait le soleil couchant, Alex Van Heeren à sa droite et Benedict Sarkissian à sa gauche.

Silencieuses comme des ombres, leurs yeux d'huile noire brillant d'une lueur follement amusée, les trois Jamaïcaines prirent place aux endroits stratégiques, prêtes à assurer le service, telles des guetteurs. Calliope leva son verre-tulipe enchâssé d'argent, à demi empli de Sauternes Château d'Yquem.

« En famille », dit-elle en souriant.

2

Cet été-là, jusqu'à la mi-septembre, Benedict Sarkissian joua six fois, se retirant six fois très largement gagnant, emportant au total cent dix mille dollars.

Il joua contre des hommes capables de supporter financièrement ces pertes : il rencontra des industriels, des banquiers, des comédiens célèbres, un écrivain connu, un psychanalyste fameux, des milliardaires désœuvrés. Ils pouvaient perdre beaucoup d'argent, bien plus de cent et quelques mille, et acceptèrent de le faire. Il leur parut, à tort ou à raison, que suivre les relances de Sarkissian, quitte à se faire assassiner, était une façon de plaire à Van Heeren. Quatre milliards de dollars, c'est lourd.

Du moins, ce fut leur première raison.

Van Heeren et Sarkissian ne figuraient jamais ensemble à une seule et même table. On affrontait tantôt l'un, tantôt l'autre. Ils évitaient de se rencontrer, suite à un accord dont on ne savait rien, qui n'était peut-être pas forcément formulé. On parla évidemment d'homosexualité — le jeune Sarkissian était beau, avec son air de loup. Il avait des yeux réellement superbes, un corps mince et félin, une constante nonchalance qui pouvait passer pour une certaine langueur féminine. On en parla même, non pas devant Van Heeren (trop dangereux), mais devant Sarkissian lui-même. Un comédien célèbre en vint à des allusions de plus en plus directes, enrageant sans doute de perdre encore, exaspéré par le silence, l'absence de Ben. Cela se passait en Californie, dans une maison de Beverly Hills. Deux heures passèrent, durant lesquelles Benedict Sarkissian parut à des années-lumière de là, aussi indifférent à ce qu'on disait de lui que s'il eût été sourd ou n'eût pas compris la langue. Et devant lui, posée sur la table, la montre de gousset en argent, qui indiqua la fin de la partie. Avant que quiconque eût pu bouger, Ben Sarkissian avait allongé le bras et la main ; le majeur de cette main vint tapoter à deux reprises le rebord de la table devant l'acteur.

« Maintenant », dit-il de sa voix lointaine.

Ils sortirent ensemble, le comédien plus grand de douze centimètres, plus lourd de trente kilos.

Une minute ou deux s'écoulèrent.

Puis Benedict revint, tandis qu'on appelait une ambulance pour emporter le blessé, qui avait une arcade sourcilière fendue, une fracture ouverte du nez, quatre dents cassées au ras de leur racine et un enfoncement de l'os maxillaire gauche.

Après quoi, Ben, plus que jamais l'air perdu dans quelque rêve intérieur, ramassa les dix-sept mille dollars qu'il avait gagnés, remit soigneusement dans son gousset la vieille montre en argent du Roi Hov, dont il ne se séparait jamais.

On acceptait de jouer contre Sarkissian et on acceptait de perdre, parce qu'il était cautionné socialement et financièrement par Alex Van Heeren. On avait parlé d'homosexualité ; on parla aussi d'un jockey, d'un substitut, d'un remplaçant dont Van Heeren aurait choisi de faire usage, un peu à la façon dont le propriétaire d'un cheval de course fait appel à un professionnel à seule fin de faire remporter un derby à son poulain.

Puis on le rechercha pour lui-même. On se mit en tête de l'affronter, sans aucun espoir de victoire. Et en étant prêt à payer pour ça.

3

« J'exécute les ordres qui m'ont été donnés, dit Eve Morrison de sa voix à congeler un Esquimau. Rien de plus. »

Sur le plateau de verre du bureau, elle déposa un bloc-notes et un crayon. Et elle aligna soigneusement le crayon sur les bords du bloc.

« De combien disposez-vous ?

— Cent vingt mille dollars, dit Ben.

— Que savez-vous de la spéculation sur les devises ?

— Rien. »

Elle scruta le visage de Ben, puis son regard partit vers la fenêtre, mais le paysage n'y avait pas sensiblement changé. On y découvrait la même banque, en septembre.

« Bon, dit-elle. Dans le cas présent, il s'agit de vendre du dollar pour des marks allemands, à court terme, dans trois mois. Cela revient à dire que vous allez vous engager à fournir, dans trois mois, une certaine somme en dollars et qu'en échange l'acheteur de ces dollars vous livrera des marks allemands. Clair ?

— Clair.

— Cette vente à terme étant conclue sur la base d'un prix donné du dollar par rapport au mark. Clair ? »

Ben sourit. Sur les murs du bureau d'Eve Morrison, deux images, l'une représentant Alex Van Heeren entouré des membres de son état-major, avec Eve la souris dans un soin, l'autre étant un gros plan, dédicacé « A ma fidèle Eve », du même Van Heeren.

« Supposons maintenant, reprit Eve Morrison, que durant ces trois mois, entre le moment où vous avez passé le contrat avec votre acheteur et le moment où vous devez livrer ces dollars, le prix de ces mêmes dollars par rapport au mark ait changé, qu'il change. Qu'arrivera-t-il ?

— Je gagnerai ou je perdrai, selon que le dollar aura baissé ou monté. »

Elle acquiesça d'un air de profonde satisfaction.

« Supposons qu'au moment où vous concluez cet accord de vente le taux soit de 2,25. C'est-à-dire qu'il faille deux marks vingt-cinq pour acheter un dollar. Supposons que cet accord porte sur la totalité de vos cent vingt mille dollars ; votre acheteur s'engagera donc à vous fournir, trois mois plus tard, la somme de... »

Elle ferma les yeux deux dixièmes de seconde et dit :

« Deux cent soixante-dix mille marks. »

Elle inscrivit la somme sur le bloc.

« Supposons maintenant qu'une circonstance exceptionnelle survienne, faisant que durant l'intervalle de temps couvert par votre contrat le dollar baisse nettement, disons de quinze pour cent, suite par exemple à une dévaluation de notre monnaie ou à une réévaluation du mark. Voire à ces deux phénomènes simultanément. Votre acheteur devra toujours vous payer deux cent soixante-dix mille marks mais, vous, vous ne paierez réellement que quatre-vingt-cinq pour cent : vous aurez gagné les quinze pour cent de baisse. Clair ?

— Clair.

— Voilà pour le premier point, dit Eve Morrison. Le deuxième à présent. Cette opération de spéculation, vous n'allez pas la réaliser vous-même.

— Non ? dit Ben.

— Non. Vous en chargerez votre banquier.

— Vous », dit Ben.

Davantage glacée :

« Si je bénéficie de votre confiance, monsieur Sarkissian.

— N'en doutez surtout pas », dit Ben en contemplant le plafond.

— Et votre banquier, parce qu'il a de même confiance en vous, acceptera d'effectuer cette opération non pas pour cent vingt mille dollars mais, peut-être, pour dix fois plus. C'est un service que rendent couramment les banques à leurs bons clients. Sans grand risque : le dépôt réel de dix pour cent couvre en fait les variations de la monnaie ou du produit sur lesquels a lieu la spéculation. Et, au cas où ces variations iraient au-delà du dépôt effectué par le client, il suffirait à la banque de demander à son client un dépôt supplémentaire. Vous voyez que c'est très simple. Toutefois...

— Oui ? questionna Ben.

— Toutefois, il existe des cas où le client d'une banque bénéficie d'un tel préjugé favorable que la banque en vient à ne même pas réclamer ce dépôt de dix pour cent. »

Silence.

« Il peut arriver qu'elle se contente de... disons un pour cent.

— Un pour cent, dit Ben.

— Un pour cent.

— Douze millions de dollars. »

D'un tiroir, Eve Morrison retira divers documents.

« Signez ici et ici, je vous prie. Oh ! lisez, si vous y tenez. C'est un document en règle par lequel vous nous demandez d'effectuer en votre nom une opération de vente à terme du dollar américain contre des marks allemands. Durée : trois mois. Montant de l'opération : douze millions de dollars, garantis par un dépôt réel de cent vingt mille dollars. Vous remarquerez que la date du déclenchement de l'opération a été laissée en blanc. C'est aisé à expliquer : il se trouve qu'en ce moment, nous n'avons... vous n'avez pas en votre possession certains renseignements extrêmement confidentiels. Clair ?

— Clair. »

Ben signa.

« Tout est en règle », dit-elle.

Elle remit les documents dans le tiroir, reprit le crayon, inscrivit les chiffres.

« Cent vingt mille dollars de dépôt réel, aucune possibilité d'appel à rehaussement de marge, montant total du contrat : douze millions de dollars sur trois mois. C'est clair. Cela signifie qu'exactement quatre-vingt-dix jours après le déclenchement de votre opération — dont la date nous est encore inconnue — vous serez en possession d'un bénéfice d'un million huit cent mille dollars, desquels il faudra déduire évidemment quelques frais. Tout cela grâce à votre perspicacité. Puis-je vous féliciter ?

— C'est bien normal, dit Ben.

— Un million huit cent mille dollars auxquels

116

il conviendra d'ajouter bien entendu votre capital initial, cent vingt mille dollars. Soit un million neuf cent vingt mille dollars en tout.

— Mais j'ignore encore la date à laquelle je vais lancer cette opération ?

— Les renseignements en votre possession à ce jour ne vous permettent pas de la connaître, en effet.

— Mais cette date est proche, me semble-t-il ?

— Oui, dit Eve Morrison. Très proche.

— Merci de toutes ces bonnes nouvelles », conclut Ben.

4

Ce même jour de septembre, Calliope Jordaan débarqua à San Francisco. A l'origine, sa destination était Los Angeles, où l'appelait son travail. Elle obéit à une impulsion et changea de cap, reportant ses rendez-vous professionnels de vingt-quatre heures et allant au nord plutôt qu'au sud, quoique toujours en Californie.

Sur le seuil de la boutique de Varennes Street, elle hésita. La boutique était obscure et, si la porte en était ouverte, la poussière et le silence pouvaient laisser croire que l'endroit était désert, pour ne pas dire abandonné. Elle entra néanmoins et traversa les deux premières salles en enfilade. Malgré l'évidente tiédeur de l'air, le poêle ronflait ; on voyait ses braises rougeoyantes au travers de sa grille et il supportait une bouilloire.

Le vieil homme gigantesque assis à une table devant un échiquier ne tourna même pas la tête quand elle s'approcha de lui.

« Si c'est pour un hold-up, dit-il, vos chances de m'impressionner sont nulles. Ayez l'obligeance d'aller vous faire voir par les Turcs. »

Calliope éclata de rire.

« Quelle belle barbe vous avez là ! »

Il ne répondit pas. Sa main bougea, sans doute vers le fou noir, mais demeura en suspens.

« Trop tard, dit Calliope. Il faut faire l'échange. Le cavalier blanc me semble inexpugnable.

— Un gambit, dit le Roi, réfléchissant à haute voix.

— Ou un coup de repos. La tour en b5 l'enfermerait sans rémission.

— Bronstein-Tartakower, 1948.

— Exact », dit Calliope.

Elle s'assit dans un fauteuil-paon de rotin identique à celui de Sausalito. Elle croisa les jambes. Pour la première fois, le Roi tourna la tête et l'examina. Les yeux de gerfaut la déshabillèrent littéralement, froidement.

« Je bande encore, vous savez », dit le Roi.

Elle hocha la tête, l'air intéressé.

« Je m'appelle Calliope Jordaan. Avec deux a. Je couche avec Alex Van Heeren et avec votre petit-fils Benedict. En alternance : je ne suis pas Lucrèce Borgia. Ben m'a parlé de vous et je souhaitais vous rencontrer. »

Le Roi ouvrit le premier coffre.

« En 1915, dit-il, en mai 1915, les Turcs ont massacré deux Arméniens sur trois, un million et demi. Nous habitions près d'Endaindjan. Ils ont d'abord décapité mon père et deux de mes oncles, ils ont violé ma mère, mes sœurs, mes tantes et aussi mon plus jeune frère, qui n'avait que six ans et qui en est mort, forcément. Ensuite, ils ont emmené tout le monde aux gorges de l'Euphrate et les y ont précipités. Sauf moi. Moi ils m'ont vendu : j'avais douze ans et demi et j'étais beau, presque aussi beau que Benedict. Ils m'ont vendu à un homme qui habitait alors Diyarbakir et qui ensuite m'a emmené à Stamboul, parce qu'il était très amoureux de moi. J'ai attendu trois ans pour le tuer, mais je l'ai tué dans son sommeil. J'étais vindicatif, à cette époque. Moins que maintenant, mais quand même encore assez. »

Dans le coffre, il avait pris une caissette de métal. Il l'ouvrit et en sortit les premières pièces.

« Je n'ai plus que celles-là, les plus belles. Rien que de l'or. Mais ce n'est pas l'or qui les rend belles. »

Il les étala sur l'échiquier, dont il avait repoussé les pièces d'ivoire.

« De Stamboul, la Macédoine, puis la Yougoslavie, l'Italie, la France, Le Havre, d'où je suis parti pour l'Amérique. En 1918. »

Le Roi fixait cet entrebâillement du chemisier de Calliope, entre deux boutons, par où il découvrait un sein.

« Et je bande encore, dit-il. Regardez celle-ci : un solidus d'or, frappé sous l'empereur Constantin. Je suis le Roi Hov, et l'un de mes ancêtres parmi les plus récents s'est allié à Mithridate, roi des Parthes et du Pont pour combattre Pompée. Vous connaissez ces noms, Pompée, Mithridate et tout ça ?

— Oui, dit Calliope en souriant.

— Voici une monnaie de ce temps-là, un statère. Le visage est celui de Mithridate VI Eupator. Au revers, un cerf en train de s'abreuver. Je descends d'une lignée de rois qui a vingt-cinq siècles. J'aimerais beaucoup voir vos seins. Je ne vous toucherai pas. »

Calliope prit une pièce, la serra dans sa paume.

« Si bien qu'en quelque sorte, pour vous, un Van Heeren est un Turc, dit-elle.

— Le monde est plein de Turcs.

— Pourquoi ce Turc-là en particulier ?

— Le sein gauche, dit le Roi. J'ai surtout des monnaies anciennes ; je suis le seul aux Etats-Unis à en avoir plusieurs de cette espèce. »

Elle reposa le statère. La pièce où ils se trouvaient aurait été tout à fait obscure sans la lampe unique pendant du plafond, à l'aplomb de l'échiquier et de la table supportant celui-ci. Il y avait dans l'air une odeur de feu et de poussière, ainsi qu'un parfum indéfinissable, provenant peut-être des meubles, du rotin, et qui avait quelque chose de marin et d'exotique.

Elle défit un bouton de son chemisier.

« Pourquoi Alex ? »

Il hésitait. Mais elle devina que cette hésitation venait de ce qu'il cherchait sa réponse, et non de ce qu'il la refusait.

« Parce qu'il est très orgueilleux, très riche et surtout parce qu'il joue au poker, dit enfin le Roi.

— Comment le saviez-vous ? Je parle du poker. »

Les yeux de gerfaut montèrent jusqu'à son

visage, redescendirent jusqu'à sa poitrine. Elle défit un autre bouton.

« J'ai cherché, dit-il. Longtemps. Je voulais quelqu'un de très riche et de très puissant. »

Elle essaya d'écarter un pan de son chemisier, sans y réussir, et défit un troisième bouton.

« On parlait de Van Heeren dans un magazine, on disait qu'il aimait beaucoup le poker. On lui demandait : « Quel est votre sport favori ? » et il répondait : « Le poker. » »

Les yeux du Roi ne la quittaient plus. Silence.

« Vous n'avez donc jamais vu Alex ?

— Jamais.

— Il ne vous a rien fait, personnellement ? »

Il regardait fixement le sein de Calliope.

Un temps.

« J'ai promis de ne pas vous toucher. »

Il étala le reste des pièces et leur or brilla doucement sous la lumière de la lampe.

« Je n'ai pas que ça. Regardez. »

Il alla chercher une autre caissette, l'ouvrit comme la première et en déversa les pièces sur la table :

« Or et électrum ; elle vient de Lydie et a plus de deux mille ans ; des tétradrachmes de Périclès ; des quinaires de Sylla ; des semissis de Constantin ; et aussi quelques pièces récentes : ceci est un dollar d'argent de 1806, il n'y en a que six dans le monde. Voici un écu d'or de Saint Louis, roi de France ; il n'y en a que neuf, il vaut cent mille dollars au moins. Prenez-le si vous le voulez. »

Elle referma son chemisier. Il se mit à ranger les pièces.

« Vous en voulez une ? »

Elle choisit, au hasard, l'une des plus petites, parmi les monnaies qui existaient en plusieurs exemplaires. Il alla vers les coffres, lui tournant le dos :

« Vous aimez faire l'amour avec Benedict ?

— Oui, beaucoup.

— Il est très beau, n'est-ce pas ?

— Aucune femme ne soutiendrait le contraire.

— Et son visage ne bouge jamais, même dans le plaisir, n'est-ce pas ?

— Non, dit-elle. Jamais. »

Il hocha la tête, se tut quelques instants. Elle mit la piécette dans son sac.

« C'est étrange, dit le Roi. J'ai élevé Benedict depuis l'âge de quatre ans, depuis que ses parents sont morts. Il est vraiment mon petit-fils et la chair de ma chair. Je l'aime et le déteste à la fois. Je l'aime et il me fait peur. Vous pouvez comprendre ça ?

— Oui, tout à fait », dit Calliope.

5

Alex Van Heeren avait quatre enfants. Alan était l'aîné. Il avait vingt-cinq ans ; puis venait Mona qui en avait vingt-trois ; puis Peter-John et enfin Jamaïca, vivant en Europe avec sa mère, séparée mais non divorcée de Van Heeren.

Benedict Sarkissian rencontra Alan et Peter-John Van Heeren dès la deuxième visite qu'il fit à la maison de Cape Cod, sous un prétexte encore plus futile que la première fois : pour rapporter un prétendu dossier urgent. Van Heeren lui dit :

« Je ne sais pas combien de temps il me faudra pour en finir la lecture. Assez vite, peut-être. Mais, je suis fatigué et le vent est exactement comme je l'aime pour la voile. Sarkissian, pourriez-vous passer la nuit à Hyannis, le cas échéant ?

— Rien ne m'attache et rien ne me retient, dit Ben.

— Venez », dit Van Heeren.

On leur avança une voiture.

« Prenez le volant. Vous avez votre arme ? »

Ben se dirigea vers West Hyannis Port, longeant le parcours de golf puis, suivant les indications du banquier, vers un embarcadère privé où deux marins attendaient, dans un petit sloop dont la grand-voile et le foc étaient déjà hissés. Quelques minutes plus tard, le petit bateau déboucha dans le détroit de Nantucket. Van Heeren tenait la barre.

« Déjà fait de la voile ?

— Jamais. »

Un gros cabin-cruiser surchargé les croisa, et les gens à son bord saluèrent Van Heeren.

« Vous étiez au Viêt-nam.

— En Indochine.

— Où est la différence ?

— J'étais aussi au Cambodge.

— Dans quel pays avez-vous été blessé ?

— Au Cambodge.

— Deux balles dans la poitrine.

— Dans le ventre », précisa Ben avec indifférence, suivant des yeux les évolutions des oiseaux de mer.

Ils doublèrent Point Gammon, et Van Heeren

mit cap à l'est, en direction de l'île longue, basse et touffue, de Monomoy. Une heure s'écoula sans un mot. Puis le banquier vira soudain de bord, parut piquer au sud, navigua droit sur le phare du Cap Poge, point nord de Chappaquidick.

« Vous avez compris ce qu'Eve Morrison vous a expliqué ?

— Oui.

— Vous allez posséder deux millions de dollars. Ce n'est plus qu'une question de temps. C'est une fantaisie de ma part et rien d'autre, une démonstration de ma toute-puissance. Il y a des sandwiches et un thermos de café dans le coffre devant vous, de la bière et de l'eau dans le réfrigérateur. Donnez-moi un sandwich au jambon et servez-vous. »

Ils croisèrent cette fois le ferry, le dernier de la navette saisonnière, reliant Lewis Bay à Nantucket. Van Heeren mâchait vigoureusement, avec cette énergie qu'il manifestait en toutes choses :

« Il n'y a pas dix hommes au monde capables de faire ce que j'ai fait pour vous. Mais cet argent, je peux vous le reprendre à tout instant, Sarkissian, où que vous le déposiez ou le cachiez. J'ai ruiné des hommes qui en avaient cent fois plus. Du café, s'il vous plaît. Je les ai ruinés. En fait, je vous reprendrai cet argent tôt ou tard. Quand ? Je ne sais pas encore. »

Il vida d'un trait le gobelet de plastique contenant du café, puis l'écrasa dans son poing.

« Je vous reprendrai absolument tout. On rentre. »

« Mes deux fils sont de parfaits imbéciles, dit Van Heeren en considérant Alan et Peter-John, qui lui faisaient face. Surtout Alan ; parce qu'il me ressemble un peu, parce qu'il a ma carrure et quelques traits de mon visage, il se prend pour moi avec trente ans de moins. Sarkissian, vous pouvez jouer avec ces deux crétins et leurs amis, qui ne valent guère mieux. Jouez avec eux et écrasez-les.

— Ce ne sera pas si facile », dit Alan en souriant.

Et son sourire pouvait indifféremment signifier qu'il prenait réellement comme une aimable plaisanterie la remarque de son père ou bien au contraire que, la pesant à son juste poids, il avait néanmoins choisi d'en sourire.

Ils étaient neuf dans l'immense bibliothèque aux murs lambrissés. Outre Alan et Peter-John, il y avait quatre autres jeunes garçons du même âge, tous ayant été ou étant encore étudiants à Harvard, comme les fils Van Heeren. Sept d'entre eux prirent place autour de la table avec Ben.

« Oliver, dit Van Heeren, vous préviendrez les cuisines que nous ne passerons pas à table. Je veux un buffet froid, servi dans cette pièce, dans deux heures trente. »

Oliver sortit.

« Benedict Sarkissian, reprit Van Heeren, est une machine parfaite, que rien ne peut troubler, que je vous défie, tous les six, de dérégler, si peu que ce soit. Sors les cartes, Alan et tire au sort. »

La montre apparut et les longs doigts de Ben commencèrent à la remonter.

« Il jouera quatre heures, dit Van Heeren. Il disposera de vingt mille dollars de jetons et chacun de vous en aura cent mille. Et chacun de vous perdra. »

Peter-John fut le premier donneur.

« Ecrasez-les, Sarkissian, dit Van Heeren. Ecrasez ces petits merdeux. »

Ce que fit Sarkissian, en un peu moins de trois heures. La partie s'acheva, pour autant qu'elle eût jamais commencé. Elle se déroula sous l'œil impavide d'Alex Van Heeren installé dans un fauteuil à oreillettes près de la cheminée, et de sa fille.

Ben aligna les piles de jetons, qu'il était désormais le seul à détenir.

« Vous avez gagné six cent mille dollars, lui dit Van Heeren. Théoriquement. »

Ben ramassa la montre, la remit dans la poche de son blouson, se leva, alla vers le buffet dressé sur une très longue table et croulant sous mille plats.

« En réalité, dit Van Heeren, vous n'avez rien gagné. Sinon les cent quatre-vingts dollars de prime auxquels vous avez droit pour heures supplémentaires de nuit. Je suis un homme juste, toute peine mérite salaire. Surtout s'agissant d'un de mes employés. »

Ben était devant les boissons.

« Pas de façons entre nous, dit Van Heeren. Si quelque chose vous tente, servez-vous. »

La main de Ben saisit un verre.

« Je n'aurai malheureusement pas fini d'étudier le dossier avant demain. Vous dormirez donc à Cape Cod. Vous avez le choix : soit accepter l'hospitalité de nos domestiques, soit louer une chambre dans un motel voisin. »

D'une carafe, Ben prit un peu d'eau qu'il but

126

paisiblement, ses yeux rêveurs fixant les caissons du plafond. Alan Van Heeren se leva brusquement et sortit, claquant la porte derrière lui.

Un temps.

« Puis-je reprendre un peu d'eau ? demanda Benedict dans le silence revenu.

— Je vous en prie, dit Van Heeren. Faites comme chez vous.

— Merci infiniment », dit Benedict.

6

« Vous voulez faire quoi ? »

La femme du motel ouvrait de grands yeux. Ben répéta son explication, se tenant à distance : elle sentait l'alcool à plein nez. Elle finit par comprendre, sortit une vieille carte routière qu'elle lui montra : il pouvait effectuer le tour de ce putain de lac, c'était tout à fait possible, sauf pour la putain d'obscurité, en passant sous l'étang de Shallow, puis par la plage de Bearse, suivre la route de Shootingflying Hill pour rejoindre Phinneys Lane, par-là mon garçon c'est vraiment une putain d'idée, mais la putain de nuit était pas mal claire après tout, avec cette putain de lune, et ne te perds pas fils !

Elle le regarda partir, s'engageant dans le sentier sous les arbres, décidé à faire le tour de Wequaquet Lake en pleine nuit et en courant, ce qui était une idée pas ordinaire.

Elle s'assit sur les marches, sous la véranda du bungalow d'accueil, la putain de bonne vieille bouteille encore à demi pleine entre les cuisses, loué soit le Seigneur.

Il courut d'abord sans forcer vraiment, ne levant pas les genoux, le buste droit, les mains souples et détendues ne montant guère plus haut que les hanches, tout au long de la plage déserte de Bearse. Le sentier de terre devint un chemin asphalté et se mit à monter légèrement. Il commença alors à accélérer progressivement. Parvenu au sommet de la côte, il allongea sa foulée et trouva son véritable rythme. Deux voitures le dépassèrent, coup sur coup, le noyant dans le pinceau de leurs phares.

Il courait depuis déjà une cinquantaine de minutes quand il trouva comme prévu sur sa gauche une nouvelle piste de terre qui partait de Shootingflying Hill Road pour se rapprocher de la berge du lac. Il couvrit douze cents mètres à pleine allure, sans ralentir à aucun moment, le seul bruit dans la nuit, outre le son sourd de ses foulées, étant son halètement mécanique, à l'exacte cadence de ses pas, quatre aspirations une expiration. Il déboucha sur l'asphalte de Phinneys Lane en même temps que la voiture de police, et celle-ci se porta immédiatement à sa hauteur, réglant sa vitesse sur la sienne ; celui des deux policiers qui était au volant lui mit sa torche électrique sur le visage. Une bonne minute passa. « Z'allez loin comme ça ? » Il syncopa les deux mots de sa réponse — le nom du motel — pour ne pas contrarier trop son rythme respiratoire. « Y a deux personnes au moins qui ont téléphoné à cause d'un cinglé en train de courir dans la nuit. Alors, comme ça, vous avez fait le tour du lac ? » Les lumières apparurent au détour de la route, sur la gauche. « C'est qu'il est pas loin de minuit, insista le policier. Tout de même. » Il restait à peu près huit cents mètres à couvrir : il accéléra brutalement, à fond, levant les genoux très haut, le buste toujours parfaitement droit, se servant parfaitement des muscles des épaules pour le sprint final. Pendant quelques secondes, il lâcha la voiture, dont le conducteur fut surpris par ce brusque changement de vitesse. Lui et la voiture clignotante pénétrèrent ensemble dans le motel. Ben passa en trombe devant la femme à la bouteille. Plus loin, il ralentit, se mit à marcher, mains sur les hanches, bouche ouverte dans un appel d'air. Il transpirait à peine. « Ce bungalow-là ? » demanda le policier. Il fit oui de la tête. « Votre voiture ? » Et de montrer la Jaguar douze cylindres. Toujours de la tête : « Non. — Elle est pourtant rangée devant votre bungalow, non ? » L'un des policiers entra dans le bungalow éclairé tandis que l'autre demeurait dehors, debout hors du véhicule, la main près de son arme, pour le cas où, à examiner d'un œil soupçonneux Ben qui allait et venait sur la grève du lac, mains toujours sur les hanches.

Le flic ressortit, se tirant le lobe de l'oreille. « Excusez-nous. Mais reconnaissez que c'est pas normal de courir comme ça en pleine nuit. — Je reconnais », dit Ben. Il ôta son tee-shirt et s'en servit pour essuyer le peu de sueur qui laquait ses muscles ciselés. Les deux flics remontèrent en voiture, effectuèrent une fulgurante marche arrière, repartirent. Ben enleva ses tennis, ses chaussettes, son short et le slip qu'il avait dessous. Il entra dans l'eau du lac, avança jusqu'à ce que le niveau eût atteint sa taille et là seulement se mit à nager. L'eau était glacée. La nuit s'obscurcissait, les nuages s'interposant devant la lune.

Il ressortit lentement de l'eau, ramassa le paquet de vêtements, gagna le bungalow. Mona était assise sur l'un des lits jumeaux, fumant une cigarette.

« Je n'aurais pas été là, ils t'auraient embarqué. »

Il hocha la tête, passa dans la salle de bain, dont il revint avec une serviette éponge. Elle posa au passage ses doigts sur la hanche de Ben.

« Mais tu es gelé ! »

A peine se fut-il étendu qu'elle le rejoignit. Elle se déshabilla très vite, s'allongea contre lui. « Tu es froid comme la mort. » Elle le caressait avec des gestes très doux et presque maternels. « Comme la mort. D'ailleurs, tu es funèbre. Tu es peut-être ma mort. — Arrête, Mona. » Elle rit doucement. Elle se releva pour éteindre la lampe extérieure de la véranda, puis les lumières de la salle de bain, et enfin de la chambre. Réintégrant le lit, elle étala sur eux drap et couverture. Elle appuya sa joue contre sa poitrine.

« Où étais-tu ?

— J'avais besoin de courir.

— A cause d'Alex ?

— Parce que j'aime courir. »

Elle posa ses lèvres brûlantes sur sa peau glacée.

« J'étais de ton côté, dit-elle. Tout à l'heure,

devant mon père et mes frères. J'avais envie de te faire l'amour, devant eux. »

Elle se mit à le caresser de sa main, passant et repassant sur le sexe au repos.

Soulevant les couvertures, elle alla l'embrasser, puis elle reprit sa position, joue contre la poitrine de Ben. Elle rit doucement, quelque chose d'enfantin dans le rire.

« Ben ?

— Oui. »

Dans l'obscurité, ses yeux étaient grands ouverts.

« Ben, je suis riche. En dehors d'Alex. J'ai cent millions de dollars rien qu'à moi, peut-être plus. »

Elle se mit de nouveau à rire doucement :

« Il me les a donnés lorsque j'ai eu vingt ans et j'ai fait quelque chose qu'il n'avait pas prévu : j'ai tout réalisé d'un coup et ai transféré tout mon argent hors de ses banques. Maintenant, il est géré par un des rares cabinets d'affaires à n'avoir pas peur de lui, sur qui il n'a aucun pouvoir. J'ai pris toutes mes précautions : s'il voulait me reprendre cet argent, il ne le pourrait plus. J'ai cent, peut-être même cent vingt millions de dollars. À moi. »

Silence.

« Ben ? »

Il l'écarta avec douceur, se glissa hors du lit. Elle l'entendit boire longuement au robinet de la salle de bain. Il vint se recoucher.

« Tu as entendu ce que j'ai dit, Ben ?

— Oui.

— C'est énormément d'argent.

— C'est vrai. »

De nouveau, elle allongea son bras et posa sa main sur le ventre de Benedict. Elle eut un petit rire satisfait :

« On se dégèle, on dirait. »

Pour la seconde fois, elle esquissa le geste de soulever la couverture et de se pencher afin d'embrasser son corps, mais n'acheva pas son mouvement ; au contraire, elle s'écarta de lui et se tut un long moment. Elle dit enfin, d'une voix nette :

« Il a essayé de me faire interner, il y a un an. Des examens », disait-il.

Et soudain elle se mit à pleurer, interminablement, à ne pouvoir s'arrêter, demeurant tout à fait immobile, couchée sur le dos, ne faisant rien pour essuyer les larmes qui coulaient sur son visage, déchirée par un impressionnant désespoir muet.

« Mona... »

Elle continuait à pleurer, étendue comme une morte, écrasée. Il glissa une main sous la nuque de la jeune femme, et l'attira contre lui. Elle ne parut même pas s'en rendre compte.

« Oh ! mon Dieu ! dit-elle. Mon Dieu. »

Il lui caressa tendrement la joue puis l'embrassa, effleurant à peine ses lèvres, avec douceur. « Mona. » D'abord, elle ne sembla même pas se rendre compte de la consolation qu'il tentait de lui apporter. Enfin, tournant légèrement son visage, elle lui rendit son baiser, mit sa main dans la sienne et vint se blottir contre lui. Puis elle chuchota d'une toute petite voix :

« Doucement, cette fois, Ben, je t'en prie. Très doucement. Fais semblant d'avoir de la tendresse, je t'en prie. Je t'en prie, Ben. »

7

On était alors à la mi-octobre, et ce fut à cette époque qu'ils effectuèrent leur premier voyage en Europe. Ils, c'est-à-dire Van Heeren et Benedict Sarkissian. Ils se rendirent directement en Belgique, à Bruxelles, où le banquier avait affaire avec des financiers de la Communauté européenne. De Bruxelles, où ils restèrent un jour et demi à peine, ils allèrent à Francfort, où ils ne passèrent que trois heures.

Ils furent à Zurich dans la soirée. Et ce fut à Zurich que Benedict Sarkissian joua la première de ses parties européennes. Ce fut aussi à Zurich qu'il découvrit qu'entre Alex Van Heeren et lui quelque chose d'aussi invraisemblable que l'amitié était en train de naître très timidement.

Même si les événements des jours suivants parurent aller contre cette impression.

A Zurich, l'homme qui les reçut était un banquier suisse : Aloysius Mutter. Il avait été à Harvard, avec Alex. Il entretenait avec le « cher vieil Alex » une amitié qui remontait à l'enfance. La famille Mutter avait reçu le jeune Van Heeren en Suisse des années durant. Aloysius lui-même s'était maintes et maintes fois rendu aux Etats-Unis, que ce fût dans l'hôtel particulier de Park Avenue, à Cape Cod ou dans l'une des innombrables et diverses propriétés que les Van Heeren et leurs collatéraux avaient un peu partout dans le monde. Il connaissait Alan, Mona et Peter-John : il connaissait aussi Calliope et avait peut-être couché avec elle, ou frénétiquement ambitionné de le faire. Il parla d'abondance avec un entrain d'acteur en quête d'emploi, mais avec l'œil d'un chirurgien cherchant autre chose à couper. Il prit Van Heeren par les épaules et voulut à toute force lui faire visiter son nouveau jardin d'hiver, qui avait à peu près la superficie d'un hippodrome, ou peu s'en fallait. C'était un homme grand, maigre et d'aspect ascétique, sans lèvres, yeux perçants abrités au fond des orbites comme s'il craignait qu'on les lui volât.

Il dévisagea Ben comme il aurait examiné un nouveau chien.

« Secrétaire ?

— En quelque sorte, dit Van Heeren avec bonhomie.

— Il remplace Morrison ?

— Pas du tout. Je t'expliquerai. »

L'hôtel particulier (il en possédait trois, contigus, et l'on pouvait passer de l'un à l'autre), se trouvait sur le Sonnenberg, Aurorastrasse, dominant la ville de Zurich, vue imprenable sur le lac et les Alpes.

« Qui jouera ce soir ? » demanda Van Heeren.

Mutter cita des noms :

« Des comparses. »

Mutter offrit un cigare à Van Heeren, ignorant totalement Ben, comme on ignore un domestique.

« Tu aimes toujours les Noires, dit Mutter ?

— Toujours. Mais je ne jouerai pas. »

Silence.

« Je ne comprends pas, dit Mutter.

— Je ne jouerai pas, je serai là, j'assisterai à

134

la partie, à ton exhibition, mais je ne jouerai pas. »
Il montra Ben.
« Lui, oui. »

8

Le lendemain matin, Benedict et Van Heeren pénétrèrent sur la Paradeplatz, au centre de Zurich, où s'alignent les impressionnantes façades de la Société de banque suisse, du Crédit suisse, de la banque Leu, de la Banque nationale suisse. Et quelques autres, dont la banque d'Aloysius Mutter.

« Je vous ai vu courir ce matin. A quelle heure vous êtes-vous donc levé ?

— Six heures, dit Ben.

— Et vous avez couru combien de temps ?

— Deux heures. »

Trois des directeurs de Mutter les guettaient, à la tête d'un escadron d'hôtesses, de secrétaires, d'attachés de tout poil. Van Heeren défila entre leurs rangs. On le conduisit à un salon du premier étage chamarré d'or sur velours rouge, où quatre siècles de Mutter peints à l'huile braquaient des yeux de banquiers suisses entre des tentures à glands et macramé de fils d'or. On s'agita autour de Van Heeren : on ne l'attendait pas si tôt, M. Aloysius Mutter ne saurait tarder, on se ferait une joie extrême de répondre à toute demande qu'il pourrait formuler, peut-être du café ou du thé ?

« C'est ma faute, dit Van Heeren. J'ai quarante

minutes d'avance. Non, pas de café, merci, ni de thé, rien. »

Il souhaitait simplement parcourir les divers services de la banque. Oui, seul. Avec M. Sarkissian. Si cela ne gênait pas trop le service. Point du tout, au contraire, quel honneur ! On finit par les laisser seuls. Van Heeren alla jusqu'à la fenêtre et contempla la Paradeplatz.

Silence. Ben Sarkissian était immobile à l'autre extrémité de la pièce.

« Et vous courez souvent ?

— Chaque fois que je peux. Deux ou trois fois par semaine.

— Combien de kilomètres à chaque fois ?

— Vingt-cinq environ. »

Nouveau silence.

« Vous avez quelque chose à me dire ? », dit Benedict d'une voix douce et rêveuse, dans le silence de la lourde pièce d'apparat au parfum de poussière. Van Heeren regardait toujours dehors. Il finit par demander :

« Vous avez lu les livres dont Morrison vous a remis la liste ?

— Oui.

— Tous ?

— Oui.

— Et vous les avez compris ?

— Je crois.

— Qu'est-ce que c'est qu'une action privilégiée cumulative de jouissance ?

— Une action dont le porteur peut complémentairement faire valoir ses droits sur partie des bénéfices demeurant après déduction des impôts dûs sur ces mêmes bénéfices.

— Le *gearing* ?

— Autre nom du *leverage*, du levier : emprunt de capitaux pour accélérer l'augmentation de la valeur d'une action. Il y a d'autres significations.

— Vous récitez de mémoire ou vous comprenez réellement ce que cela signifie ?

— Je comprends. »

Van Heeren se retourna. A contre-jour, ses yeux paraissaient plus clairs, et c'étaient les yeux de Mona. Il scruta le visage maigre et impénétrable de Benedict.

« Venez », dit-il.

Ils parcoururent la banque méthodiquement, dans chacun de ses services, ce que nul autre que Van Heeren n'aurait pu faire, s'attardant surtout dans les salles bardées de télex et de téléphones où des courtiers à la fois fébriles et calmes faisaient courir des grouillots grouillant comme des ramasseurs de balles.

« Rien de mieux que la Suisse, dit Van Heeren. La folie y est organisée. »

Son œil clair examina l'immense tableau électronique où s'inscrivaient les écarts de cours des devises de tous les marchés mondiaux, sur les longues feuilles de position crachées par les téléscripteurs, et vint enfin s'arrêter sur une pendule murale donnant plus précisément l'heure de Zurich : dix heures et huit minutes.

« On remonte. »

On leur offrit d'emprunter l'archaïque ascenseur réservé aux seuls Mutter. Ils y montèrent ensemble, durent se tasser à l'intérieur, à se toucher. Et jamais, depuis la première fois où ils s'étaient rencontrés, ils ne furent physiquement plus proches.

Ils sortirent de la cage et gagnèrent le salon du

premier étage, où les générations de Mutter les guettaient dans leurs cadres dorés. Van Heeren s'installa dans un fauteuil, alluma un cigare.

« J'ai effectivement quelque chose à vous dire. »

Il examina l'extrémité incandescente de son cigare.

« Qui concerne Aloysius Mutter, interrogea Ben ?

— Oui, dit Van Heeren. Les onze mille et quelques dollars que vous avez gagnés à la partie d'hier soir vous restent acquis. La question n'est pas là. Aloysius a été impressionné par la qualité de votre jeu. Je dirais même : fasciné. »

Van Heeren s'interrompit pour tirer pensivement sur son cigare. Il reprit :

« Il aimerait vous voir jouer plus souvent. En quelque sorte, il souhaiterait que vous passiez quelque temps près de lui. »

Les yeux rêveurs de Ben scrutaient un à un les portraits de famille. Il dit de sa voix lente et mélodieuse :

« Et il vous a demandé de me prêter à lui.

— C'est cela, dit Van Heeren d'un ton égal.

— A la façon dont deux chasseurs se prêtent un bon chien. »

La grosse patte couverte de poils blond-roux de Van Heeren se crispa sur le cigare. Mais il releva la tête et sourit, l'œil glacé :

« Ou comme une maîtresse qui baise bien », dit-il sèchement.

Silence.

« Sarkissian : il y a peu d'endroits dans le monde où vous aurez plus de facilités pour apprendre le grand jeu de l'argent.

— Vous ne jouez pas le jeu, dit Benedict. Vous

138

rompez la partie en m'éloignant de vous. Sous le prétexte de cette espèce de stage.

— C'est le contraire, je me sers de notre — disons — partie de bras de fer pour vous offrir ce que vous appelez un stage, dans l'une des meilleures banques du monde. Par sympathie pour vous. »

Il sourit, sarcastique :

« Parce que vous êtes le fils que j'aurais voulu avoir. »

De l'autre côté des hautes et lourdes portes de chêne et des tentures arrivèrent des bruits de pas et le son d'une voix qui s'exprimait avec autorité.

« Voici Aloysius. Sarkissian, deux choses encore : l'opération dont Eve Morrison vous a parlé et qui vous rendra riche aura lieu ici, dans ces bureaux. Chaque jour nous rapproche de son déclenchement. Voilà pour le premier point. »

La porte s'ouvrit et Mutter parut.

« Quelques minutes, Aloysius », dit calmement Van Heeren sans même tourner la tête vers le Suisse.

Mutter sourit, acquiesça, ressortit en fermant la porte.

« Le deuxième point, Sarkissian. Aloysius et moi avons toujours tout partagé. Tout. Je veux que vous jouiez pour lui, quoi qu'il vous demande. Que cela vous plaise ou non. »

Silence. La cendre du cigare atteignait trois bons centimètres.

« S'il estime ne pas avoir une promesse de jeu suffisante, compte tenu des relances, un joueur a toujours le droit de se retirer de la partie. En abandonnant ce qu'il a déjà misé. »

Silence.

La porte se rouvrit sur le visage de moine ascétique d'Aloysius Mutter.

« Nous en avons fini, dit Van Heeren. Il reste avec toi. »

QUATRIÈME DONNE

BRELAN

1

LE hasard seul fit que Dennis O'Keefe et Calliope Jordaan se rendirent également en Europe au cours des premiers jours de novembre. Leurs voyages respectifs — ils ne se connaissaient d'ailleurs pas — n'eurent en réalité aucun rapport l'un avec l'autre.

A une exception près : le pétrolier américano-irlandais et la jeune femme rencontrèrent Benedict Sarkissian.

« Je déteste Zurich, dit O'Keefe à Ben. C'est la ville la plus chère du monde. Cet hôtel Baur Au Lac, où déferlent les hommes d'affaires internationaux me donne envie de me mettre une plume où je pense et de faire le hippie. »

Il scruta Ben :

« Pourquoi tant de mystères ? »

O'Keefe était arrivé une heure et demie plus tôt, venant de New York via Londres. Sous la pluie. A l'aéroport de Zurich-Kloten, il avait loué une Mercedes : il aimait pas être conduit, il détestait les taxis, et puis Ben lui avait recommandé d'agir ainsi. Il avait traversé le centre de Zurich, pris par la rive nord du lac la route de Rapperswil. Sous la pluie. Avant Rapperswil, dans une agglomération appelée Küsnacht, près de la cabine téléphonique, comme convenu, il avait repéré la Volkswagen de Benedict.

Assuré d'avoir été identifié, Ben s'était remis au volant, avait démarré, et O'Keefe l'avait suivi. L'une derrière l'autre, les deux voitures avaient roulé sur plusieurs kilomètres, avant de parvenir à une auberge au milieu des vignobles.

Et sous la pluie.

« Je suis content que tu aies pu venir.

— Comment vont Françoise et Whooper-Jean-François ?

— Parfaitement-ils-t'embrassent-et-tout-et-tout. Enfin, c'est ce qu'ils feraient si seulement ils savaient que nous avions rendez-vous. Je n'ai rien dit, j'ai respecté tes consignes, je ne m'en suis même pas parlé à moi-même devant la glace. »

Un feu pétillait dans la cheminée. On leur apporta un merveilleux vin chaud parfumé de cannelle et autres épices. O'Keefe sourit :

« Arménien pourri, prenons notre temps, rien ne presse. Je n'ai que ça à faire dans la vie : boire du vin chaud dans un vignoble suisse. »

Ben regardait les flammes du feu. Il lui retourna son sourire.

« De toute façon, dit-il, tu n'auras pas d'autre avion avant deux heures trente, pour repartir.

— Mais on m'attend à Caracas. Enfin, on m'attendait.

— Parle-moi de tes affaires.

— J'ai failli être un ancien milliardaire. J'en ai

144

pris plein la gueule, tout le monde m'a lâché. Vendredi noir tous les jours de la semaine.

— Van Heeren ?

— Non, ma sœur. Qui d'autre ? La puissance de cet enfant de salaud est terrifiante. Sans me vanter, bien d'autres que le célèbre O'Keefe seraient déjà au tapis ; ça a été une sacrée bagarre et puis, d'un seul coup, à la seconde même où j'allais être mis knock-out, le miracle ! tout s'est arrêté.

— Fini ?

— Arrêté. En suspens. Pas fini.

— Quand ?

— Il y a à peu près un mois. Qu'est-ce qui s'est passé, entre toi et lui, il y a à peu près un mois ?

— Nous sommes arrivés ici ensemble à Zurich, lui et moi, et il est reparti seul.

— Et c'est tout ?

— En quelque sorte », dit Ben.

Durant quelques secondes, il n'y eut plus que le crépitement du feu. La salle de l'auberge était déserte.

« Bon, dit enfin O'Keefe. Mais je suis encore sous la guillotine, la tête dans le trou, en attendant le couperet. Qui peut tomber à tout moment. Agréable, je vous jure ! »

Il secoua la tête comme s'il n'arrivait pas à y croire, et puis, avec humour, il regarda le plafond pour guetter le couperet.

« Et tout ça parce que le cher vieil O'Keefe a placé face à face, à une même table de poker, le grand Alex Van Heeren et un petit Arménien des bas-fonds de San Francisco. Je ne me ferai décidément jamais à cette idée. »

Il but un peu de vin chaud.

« Ben, si le couperet ne tombe pas avant... à peu près quatre mois, je m'en tire. Pas fringant, les oreilles en chou-fleur, le cul pelé, mais je m'en tire. »

Silence.

« Il y a quelque temps, dit Benedict, ils m'ont parlé d'une opération sur les devises qui me rapporterait énormément... Attends, laisse-moi finir. Ils m'ont annoncé l'opération à l'avance, sans m'indiquer la date de son déclenchement. Il s'agissait d'une opération à terme, sur trois mois.

— Quelles devises ?

— Dollar américain, mark allemand. »

L'œil bleu-vert d'O'Keefe s'était figé. Il dit :
« Trois mois ?

— Trois mois.

— Et ça se déclenche quand ?

— On est le 11. Demain.

— Trois mois, ça nous mènera à la mi-février. Dévaluation du dollar ou réévaluation du mark ?

— Les deux.

— Putain de bordel ! dit O'Keefe. Par saint Barry Fitzgerald et toute la sainte Irlande... »

Ils avaient quitté l'auberge, avaient contourné Zurich par le nord-est, par Fällenden et Dübendorf ; par de petites routes, ils étaient presque arrivés à l'aéroport. Ils avaient garé les deux voitures et Ben avait rejoint O'Keefe dans sa Mercedes. Il pleuvait toujours.

« Et si c'était un coup de bluff de ton foutu Van Heeren, dans votre foutue partie de poker à tous les deux ? »

La voix indifférente de Ben par-dessus le bruit

doux de la pluie sur le pare-brise, où les essuie-
glaces étaient stoppés :

« Les ordres de transaction ne cessent d'affluer.
Par milliards de dollars.

— Et tu sais d'où viennent ces ordres ?

— Des Etats-Unis pour l'essentiel. »

Il cita des noms, mondialement connus, de
grandes multinationales. O'Keefe le dévisagea,
partagé entre l'incrédulité et la stupéfaction.

« Et tu serais au courant de ça, toi ?

— La preuve.

— Les banquiers suisses n'ont pas pour habitude de hurler leurs secrets sur les toits. »

Silence. La pluie redoublait.

« En raclant tout jusqu'à mon dernier *cent* et
en vendant ma collection de photos cochonnes,
en repoussant toutes les échéances au-delà du
possible, je peux encore aligner quatre millions de
dollars, dit pensivement O'Keefe. Et encore ! Mais
admettons. Je ne suis plus ce que j'étais. Mais
quatre millions, si je double ma mise, ça peut
en faire quatre autres pour peu que j'arrive à
trouver une banque qui accepte mon contrat à
dix pour cent de dépôt, soit quarante millions de
dollars. Et je peux jouer en même temps sur une
dévaluation de dix pour cent du dollar, et une
réévaluation de dix pour cent du mark... Quatre
millions de bénéfices en trois mois, moins les
frais. Ça pourrait me sauver. Sauf si ton copain
de Cape Cod a de nouveau ses règles. »

D'un geste machinal, il remit les essuie-glaces
en route.

« A condition aussi que j'arrive à me persuader
que tout ça est bien réel, que tu n'es pas complètement dingue, que c'est vraiment arrivé tout ça,

ce voyage que je fais à Zurich déguisé en espion, ce milliardaire parano qui me poursuit de sa haine, ce Suisse qui est le copain du précédent et qui est apparemment plus fou que lui, sans parler de ces super-banquiers qui jouent à des jeux qui me dépassent, et toi avec ta gueule de dormeur qu'on vient tout juste de réveiller. Et je vais rater mon foutu zinc pour Caracas si je continue à faire l'andouille. »

Il stoppa les essuie-glaces, lança le moteur, remit les essuie-glaces en route.

« Je vais jouer le coup, Ben. Tout sur toi. Après tout, tu es le meilleur joueur de poker du monde ; ça doit bien avoir une signification. »

Ben posa la main sur la poignée de la portière. Elle s'ouvrit et la pluie se rua férocement dans la voiture. O'Keefe demanda encore :

« C'est quoi, ce Mutter ? »

Benedict était debout sous la pluie, simplement vêtu, en dépit du froid, d'un polo noir et d'un complet gris-fer.

« Une ordure », dit-il avec indifférence.

Il referma la portière et s'en alla, comme si la pluie n'existait pas, mince et droit, de sa démarche lente et souple de danseur.

2

La première partie organisée par Aloysius Mutter se tint dans la maison du Sonnenberg. Des femmes, des jeunes filles y assistèrent, mais leur rôle fut effacé. Cette fois-là, on joua vraiment, et gros.

La partie avait été préparée par une convocation que Mutter fit tenir à Ben Sarkissian, lequel avait alors pris, dans la salle des opérations sur les devises, le poste qu'on lui avait assigné, au sous-sol de la banque, sur la Paradeplatz. Convocation et non invitation, sans aucun doute possible, et à la villa du Sonnenberg.

« Ainsi donc, vous êtes Arménien ? De père et de mère ? Et né à San Francisco ? Les Turcs n'ont décidément fait les choses qu'à moitié. »

Les yeux, trop brillants, de Mutter avaient scruté le visage maigre sans y lire quoi que ce fût.

« Il paraît que vous êtes un joueur exceptionnel. Vous avez joué remarquablement l'autre soir, mais je demande encore à voir. »

Pas de réponse.

« Vous avez déjà triché ?

— Non.

— Vous sauriez tricher ?

— Non. »

Un temps.

« D'accord, vous m'avez battu. Mais en quoi est-ce si exceptionnel ? J'ai déjà été battu.

— Je vous battrai à tous coups, voilà la différence. Vous ne faites pas le poids. »

La rage flamboyant dans ses yeux, Mutter avait été sur le point de le faire jeter dehors. Mais il s'était maîtrisé :

« Et vous avez déjà rencontré quelqu'un faisant le poids contre vous ?

— Non.

— Même pas Van Heeren ?

— Non.

149

— Il vous estime, du moins en tant que joueur de poker, mais il est convaincu que dans une partie où il s'emploierait à fond, où vous ne le prendriez pas par surprise, il finirait par vous battre.

— Il se trompe.

— Alex Van Heeren est le meilleur joueur que je connaisse. Et il a quatre milliards de dollars. »

Silence. Mutter insistait :

« Et vous battriez Alex ?

— Oui.

— A chaque fois ?

— A chaque fois. »

Mutter le dévisagea, brûlant de rage et de mépris :

« Alex a raison : vous n'êtes qu'un jeune métèque prétentieux ! »

Le regard voilé par le rêve, Ben :

« Je gagnerai. A chaque fois. »

Lors de cette partie, sa deuxième en Europe, il gagna quarante-trois mille dollars contre trois Suisses et trois Allemands. Mutter ne joua pas.

Mais il préleva quatre-vingt-dix pour cent des gains...

Mutter n'avait pas réellement besoin de cet argent : sa fortune personnelle était notable, sa banque lui offrait des revenus sûrs et considérables. Dans son cas, c'était tout bonnement de la rapacité.

Ce prélèvement justifiait dans une certaine mesure qu'il employât Benedict Sarkissian, mais ce n'était pas la seule raison : pour Aloysius Mutter, le poker était au premier chef le terrain idéal où faire manœuvrer les hommes, son exercice favori ; il y avait, dans l'esprit du banquier la possibilité de conjuguer et la puissance de sa banque et la force irrésistible du San franciscain devant une table.

Il y eut vingt-trois parties, de la dernière semaine d'octobre au début de février de l'année suivante. A peu près cent jours. Mais ces cent jours suffirent à établir la légende de Benedict Sarkissian.

Il y a quelque chose de fascinant dans l'invincibilité absolue, dans le spectacle d'une machine parfaite, fonctionnant sans effort apparent. Benedict était cette machine. Il atteignit, dès cette période, l'apogée de sa course fulgurante, c'est-à-dire la perfection.

Bien entendu, se révéler à chaque fois le meilleur de la table ne signifiait pas qu'il gagnait à tous coups. A la limite, il ne pouvait évidemment rien faire contre quelqu'un bénéficiant d'une chance insolente et recevant — pure hypothèse — une quinte flush à chaque donne. Il s'inclinait, comme tout un chacun. Mais autre chose était de tenir la distance contre lui. Et, même dans les cas où la chance lui tournait systématiquement le dos, il s'en tirait encore, d'abord parce qu'il abandonnait toujours avant d'enregistrer des pertes essentielles, par l'effet d'un calcul de probabilités instantané que l'ordinateur le plus complexe n'aurait pas désavoué, ensuite en raison de l'impossibilité où l'on se trouvait de le bluffer, de l'entraîner dans n'importe quel piège, si habilement que ce piège fût tendu : cet homme encore très jeune ne semblait même pas voir ses adversaires, et pourtant il les devinait à tous coups, avec une prescience qui tenait d'un génie étrange, difficilement explicable. Il était douloureux de résister psychologiquement à une telle démonstration : ou bien l'on riait en acceptant la leçon, à l'instar d'un O'Keefe, ou bien on s'acharnait, et tôt ou tard, on craquait et l'on était broyé.

Benedict joua la troisième partie en Allemagne, la quatrième à Milan, la cinquième à Zurich, la sixième à Milan encore, la suivante à Paris.
Paris, où venait d'arriver Calliope.

3

Calliope était descendue au Ritz, accompagnée de deux de ses Jamaïcaines. Elle dit à Ben :
« J'allais sortir mais je serais heureuse que tu m'accompagnes. Si tu n'as pas mieux à faire.
— Nous ne jouons pas ce soir. »
On était un vendredi.
« Mais demain ?
— Demain oui. »
Elle avait un rendez-vous rue du Faubourg-Saint-Honoré et un autre boulevard de Courcelles.
« Je suis venue choisir des tissus, on m'apportera des échantillons à l'hôtel. »
Il ne répondit pas. Elle demanda :
« Tu as lu les livres que je t'ai envoyés ?
— Pour la plupart.
— Ton peintre préféré ?
— Goya.

— Pourquoi ?

— Les yeux de ses personnages. »

Elle avait loué une voiture avec chauffeur et la fit arrêter au bord de la Seine, près de l'Orangerie.

« Marchons, s'il te plaît... Ben, je suis retournée à San Francisco et j'ai revu le Roi. Il me fascine. Et il va bien ; enfin presque, ceci pour le cas où tu m'aurais demandé de ses nouvelles. »

Il marchait près d'elle et ne l'avait pas encore touchée, même pour l'embrasser.

« Des douleurs dans la poitrine, dit Calliope. Il a ça depuis pas mal de temps. J'ai voulu le traîner chez un médecin : rien à faire. Nom d'un chien, Ben, embrasse-moi, pour l'amour du Ciel ! »

Il mit ses mains autour du visage de Calliope et l'embrassa. Elle s'écarta la première, scruta ses traits, secoua la tête d'un air désolé :

« C'est incroyable. A ce degré-là, c'est une infirmité.

— Et puis quoi encore ?

— Ça ne va pas, Ben ?

— Tout va bien.

— Non, ça ne va pas. »

Ils entrèrent dans le jardin des Tuileries par la porte de la Passerelle, gagnèrent l'allée centrale, le Carrousel droit devant eux. Calliope avançait sur le bassin, de cette démarche impériale qui faisait se retourner sur elle hommes et femmes.

« Ben, tu devrais rentrer à San Francisco. Il vieillit et il a besoin de toi, même s'il préférait mourir demain plutôt que de le reconnaître. Je sais ce que tu fais à Zurich, Alex m'a tout raconté. Je connais Aloysius Mutter, tu ne pourrais rien m'apprendre de lui que je ne sache déjà. Rentre, Ben. Avec moi si tu veux ; je repars demain. »

Un garçonnet se précipita en riant et criant de plaisir, tout à sa poursuite ; il vint se jeter dans les jambes de Ben, qui le releva après qu'il fut tombé, le remit sur ses pieds, lui brossa gentiment les cheveux, tout en souriant.

« Je n'ai pas encore gagné », dit-il.

Elle s'immobilisa, luttant contre la colère :

« Va au diable ! »

Il eut la seule réponse qui pouvait la désarmer et surtout l'émouvoir :

« Je m'y trouve déjà », dit-il.

Ils dînèrent ensemble dans un bon restaurant.

On leur apporta, avec des délicatesses d'orfèvre, le vin qu'elle avait demandé, un Pontet-Canet 1945.

« Goûte. Non ! Pas comme ça. Prends une gorgée... Non, un peu plus quand même. Là. Garde-la dans ta bouche, de façon à la tapisser, en la faisant rouler avec ta langue, en aspirant un peu d'air... sans siffler s'il te plaît, nous ne sommes pas dans une gare. A présent, avale et compte, mentalement, aussi longtemps que le goût demeure sur son palais : à six ou sept secondes, c'est déjà bien ; à dix, c'est un vin admirable ; au-delà, le miracle... ou alors c'est un vin blanc sucré. Alors ?

— Pas mal », dit-il.

Elle dégusta à son tour.

« Pas mal ? Seigneur ! Il est inégalable ! »

Elle le dévisagea, soupçonneuse :

« Tu te paies ma tête !

— Oui m'dame. »

Elle lui avait même appris à tenir un couteau et une fourchette, de sorte qu'il avait abandonné cette habitude très américaine de tenir sa fourchette comme on tient la hampe d'un drapeau à pleine paume et de la planter dans sa viande avec l'objectif apparent de la clouer à l'assiette. Elle lui sourit :

« Tu deviens presque sortable. Si tu parlais un peu moins...

— J'ai envie de toi. »

Les yeux violets étincelèrent et sa beauté fut à couper le souffle :

« C'est le Médoc. »

Revenus au Ritz, ils firent l'amour à deux reprises, tendrement. Calliope s'allongea sur le dos.

« Et d'ailleurs, dit-elle, gagner quoi ? Il ne s'agit pas d'argent, que je sache. »

Les deux Jamaïcaines allaient et venaient dans la suite, indifférentes à ce couple dans le lit défait.

« Quel âge crois-tu que j'ai, Ben ? J'ai quarante-trois ans. Je couche avec Alex depuis dix-sept ans. Pas pour son argent, j'en ai plus qu'il ne m'en faut. J'ai de l'affection pour lui, bien plus que je n'en aurai jamais pour toi. Je l'intimidais, il y a dix-sept ans, je l'intimide encore. Après notre première nuit, il est revenu avec une rivière de diamants à faire flotter une jonque, je l'ai refusée ; il n'avait rien compris ; sur quoi j'ai mis dans mon lit le premier mâle venu, en l'occurrence le portier de l'immeuble, nous avons lui et moi effectué un nombre certain de galipettes, sous

155

l'œil d'Alex, qui en conçut d'abord quelque irritation. A vingt-quatre ans, au terme d'un premier mari sans histoire, je me suis fait châtrer, comme l'on dirait d'un homme, je n'ai jamais voulu avoir d'enfant ni mari ni quoi que ce soit me créant des obligations. Peut-être épouserai-je malgré tout Alex, un jour, s'il divorce. Il est plus femme que moi. Allons prendre notre bain.

— Aloysius Mutter, reprit Calliope. Alex m'avait dit sur le ton dont on confie qu'on se masturbe : « J'ai toujours tout partagé avec Aloysius. » A l'évidence, ce « tout » m'incluait. J'ai dit non, puis oui. L'érotisme est comme la cuisine : il faut goûter avant de dire qu'on n'aime pas. Mais le menu composé par le brave Aloysius avait l'exubérante variété d'un repas du Staffordshire. Je lui ai accordé une semaine, avec les pleins pouvoirs sur moi. L'esclave. Ça pouvait être amusant. Le monstre ! Il m'a fait marcher à quatre pattes avec un collier, m'allonger nue sur une table, déguisée en sapin de Noël pour un dîner d'hommes, il m'a prise et fait prendre par Dieu sait qui, m'a mise en loterie, jusqu'à en devenir apoplectique. Lui, pas moi. Moi, j'ai plutôt cédé au fou rire. »

Elle sortit de l'eau, s'étira, renouant ses longs cheveux couleur de cuivre roux.

« Finissons-en avec Aloysius Mutter : mon fou rire l'a abattu, il est tombé comme une forteresse. Après quatre jours de mon hilarité permanente, il a rendu les armes et renoncé de lui-même au reste de sa semaine. Depuis, à chacune de nos rencontres, il change métaphoriquement de trottoir, il prend des airs de collégien en érection. Je ne l'aime pas. »

Elle s'examina dans une glace.

« Tu vieillis, Calliope. Tu es presque une vieille femme, à présent. »

Elle but du champagne.

« Et vous voilà, Alex et toi, engagés dans cette sorte de duel, jouant à qui ne cédera jamais. Et encore, c'est faux : les vrais adversaires sont Alex et le Roi Hov. Toi, tu n'es qu'une arme. Alex m'a parlé de l'opération de devises qu'il a préparée pour toi. Sur ce point, il raconte n'importe quoi et se leurre lui-même : la vérité est qu'il éprouve de l'amitié pour toi. Comme tu en as pour lui. Oh ! ce n'est pas simple. Nous sommes tous hommes et femmes en même temps. »

Elle sourit à Calliope Jordaan, son reflet dans le miroir :

« Tu rentres avec moi demain ?

— Non », dit Ben.

4

Francisco Narvaez Ochoa tua sa femme le 10 janvier dans la soirée : il était onze heures et demie très largement passées. Pour autant que Benedict pût avoir un ami, Ochoa était cet ami.

Maria, sa femme, qui travaillait comme modèle nu dans les écoles de peinture, fit vraiment tout ce qu'elle put, et au-delà, pour conduire Ochoa à la folie meurtrière.

En quoi elle réussit au-delà de toute espérance. Et il n'est pas interdit de penser qu'elle mourut

imprégnée d'un sentiment de profonde satisfaction.

Que sa femme passât trois ou quatre heures
par jour, quatre jours par semaine et à longueur
d'année, totalement à poil sous les yeux de hordes
de new-yorkais, cela avait déjà entraîné quelques
violentes scènes de ménage. Ochoa avait le sang
chaud, par hérédité et aussi parce qu'il pensait
sincèrement que c'était dans son personnage. De
son côté, Maria, outre un mauvais caractère à
culbuter une division de Marines, était dotée d'un
esprit de contradiction qui relevait de l'exploit.
Il suffisait qu'Ochoa lui fît remarquer la profon-
deur de son décolleté pour qu'elle ôtât aussitôt
sa culotte.

Le sang avait coulé une première fois quand,
grâce à Ben, Ochoa avait obtenu une promotion
à la banque :

« Je gagne maintenant assez pour que tu n'aies
plus besoin de travailler. Si on peut appeler ça
travailler. »

Bras d'honneur de Maria.

Ils avaient fini à l'hôpital, lui avec une fourchette enfoncée dans la poitrine, elle avec la
mâchoire cassée.

Ils avaient dû se réconcilier à un moment ou
à un autre. (A part sa manie de se mettre nue
en toute occasion, Maria était une femme fidèle.)

Le 10 janvier dans la soirée, il était venu la
chercher à l'école de peinture de Greenwich, où
elle posait. Il s'étaient disputés sous les yeux
des apprentis peintres, ravis du spectacle. Ochoa
avait parlé de « la mère de ses enfants ».

Bras d'honneur de Maria : son dernier geste en
public.

Non seulement elle était enceinte, révéla l'autopsie, mais elle avait un bras cassé, plusieurs côtes enfoncées et la nuque brisée. Ochoa quant à lui portait de profondes blessures provenant d'un couteau à découper. Il fallut quatre policiers pour lui arracher le corps de sa femme, sur lequel il sanglotait.

Benedict Sarkissian reçut le coup de téléphone le 3 ou le 4 février vers dix heures trente du matin, heure de New York. Son interlocuteur se présenta comme Larry Menendez, cousin d'Ochoa. Peut-être Ben se souvenait-il de lui ? Ils avaient dîné un soir, ensemble chez les Ochoa. Menendez était inquiet...

« Je ne suis pas au courant », dit Ben.

Menendez lui apprit alors la nouvelle. Ochoa, encore à l'hôpital, refusait de répondre à toutes les questions.

« Il est mal parti, monsieur Sarkissian. Pour un peu, on dirait qu'il s'est donné ces coups de couteau lui-même. Surtout que Maria était enceinte. Et il ne veut même pas entendre parler d'un avocat. »

Ben écouta cette voix lointaine, qui avait l'accent et la chaude douceur de celle d'Ochoa.

« Il n'y a que vous, monsieur Sarkissian, il n'y a que vous qu'il écouterait...

— Je ne sais pas », dit Ben.

Il raccrocha. A Zurich, on approchait de quatre heures trente et la fièvre quotidienne était tombée depuis longtemps. On s'apprêtait même à fermer.

Il monta voir Mutter.

« Je voudrais joindre M. Van Heeren.

— Il reste à démontrer que M. Van Heeren a envie d'être joint par vous. »

Le Suisse plissa les yeux :

« Affaire personnelle ? »

Ben acquiesça. Un temps.

« A condition que vous téléphoniez d'ici, devant moi. »

Ben acquiesça.

« Et je vous rappelle que nous prenons notre avion pour l'Allemagne dans deux heures. Je n'attendrai pas. »

Ils demeurèrent face à face tout le temps qu'il fallut à la secrétaire de Mutter pour joindre Van Heeren, ce qui alla remarquablement vite. La voix de l'Américain retentit dans le haut-parleur du téléphone, inondant le bureau tout entier.

« Et vous prétendez m'intéresser au sort de cet homme ?

— Il semble penser que tu le devrais », dit Mutter qui souriait à Ben d'un air sarcastique.

Silence. On percevait le bruit de la circulation autour de la voiture de Van Heeren roulant dans Manhattan.

« Aloysius ?

— Oui, Alex ?

— Vous jouez ce soir ?

— Oui. En Forêt Noire. Titisee. Chez Ugo.

— Je n'ai pas le numéro de téléphone. »

Le temps de le noter puis :

« A quelle heure y serez-vous ?

— Neuf heures environ, heure locale. Au plus tard.

— On appellera Sarkissian là-bas. Bonne soirée. »

160

5

La Forêt Noire était couverte de neige mais on avait ouvert une piste à l'aide de machines, et la Mercedes 600 équipée de chaînes passa sans difficulté. Un premier chalet apparut, de dimensions relativement modestes ; mais il ne s'agissait que d'une maison de gardien. Une barrière fut levée, des bergers allemands en meute montrèrent leurs crocs. Nouvelle enfilade de grands sapins noirs. La voiture s'enfonça dans un garage en sous-sol, où se trouvait une flotte d'autres voitures, toutes luxueuses, de la Rolls aux inévitables Mercedes en passant par les Porsche.

« Beaucoup de monde, remarqua Mutter. On va sûrement faire deux tables. »

Mutter et Benedict sortant du garage, montèrent dans un ascenseur débouchant sur une galerie vitrée et fermée, par laquelle on accédait directement au bâtiment principal. Et celui-ci était un château assez extravagant. Mutter prit Ben par le bras :

« Ecoutez. Il y aura là un Français qui a un titre de noblesse, qui a énormément d'argent, qui en perd plus encore, et qui est un imbécile. Je veux que vous vous acharniez sur lui, que vous le poussiez à bout ; il doit perdre plus qu'il n'a jamais perdu. D'ailleurs, on lui a parlé de vous, on l'a défié de vous battre et il va s'y essayer.

— Lâchez mon bras, dit Ben.

— Petite chose, dit Mutter les yeux brillants, vous n'avez pas d'autre raison d'être.

— Ne me touchez pas !

— Vous n'êtes rien, vous n'avez pas le choix. L'argent que nous allons vous faire gagner, le fait que je vous aie fait entrer dans mes services, le fait même que vous soyez ici ce soir dans ce… »

Mutter tomba à genoux, ayant reçu un premier coup au foie, un deuxième au niveau du cœur, un troisième au plexus, les trois enchaînés avec une rapidité foudroyante. Une main sur la poitrine, l'autre posée sur le sol pour ne pas s'écrouler tout à fait, il émettait les aspirations rauques de quelqu'un en train d'étouffer. Au même moment, la porte en ogive, à l'extrémité du corridor vitré, s'ouvrit et un jeune homme souriant et blond apparut. Son regard alla à l'homme à terre, revint chercher celui de Sarkissian. Il sourit :

« Je suis Ugo, dit-il. Et j'ai tout compris ; il aura buté sur un edelweiss.

— Voilà », dit Ben.

Le seul manteau de la cheminée faisait cinq mètres de large et dix de haut. Et, entre autres fanfreluches, elle portait une tête de loup noir sur champ orange.

« Le blason familial, dit derrière Ben la voix du jeune Ugo. Mes très lointains ancêtres l'ont portée sous Barberousse, aux croisades, et lors de la finale des championnats du monde de pelote basque. On est de la plus haute noblesse, dans la famille. Maman l'affirme à tout le monde et notamment à la cantonade. Mais la vérité est que mon arrière-grand-père était garde-chasse louve-

162

tier, qu'il avait des mollets admirables et, vu que le roi Louis II de Bavière était pédé comme un phoque, ça a fait notre fortune. Vous avez vraiment cassé la gueule à Aloysius Mutter ?

— Mon rêve, dit-il encore. Je n'ai jamais pu blairer ce grand Suisse. Appelez-moi Ugo, on est faits pour s'entendre. Vous êtes de quelle année ? De quel mois ? Tiens, on a le même âge à sept jours près. Il faut fêter ça. Avant l'Apocalypse.

— Je ne bois pas, dit Ben en souriant.

— Ainsi, vous êtes le fameux Benedict Sarkissian, le Nijinski du poker ? Personnellement, je joue peu mais j'ai entendu ces ordures parler de vous. Vous ne mangez pas non plus ?

— Qui est Nijinski ?

— Un type de l'Opéra qui sautait tellement haut qu'il fallait l'attraper au lasso pour achever les représentations. Pour finir, on l'a abattu d'un coup de fusil. Même pas un peu de faisan ?

— Vraiment pas », dit Ben.

Ils se sourirent, avec entre eux ce silence de ceux qui ne se connaissent pas encore et pourtant se sont reconnus, sachant que l'amitié viendra en son temps. Autour d'eux, on s'agitait et parlait ; il y avait deux douzaines de personnes.

« Je peux vous appeler Ben ?... Ben, démolissez-les. Prenez-leur un maximum. Pas de quartier. »

Un maître d'hôtel vint tout près d'Ugo, lui annonça quelque chose en allemand :

« Et on vous demande au téléphone. Vous me promettez de les massacrer ?

— Je suis venu pour ça, dit Ben. Uniquement. »

Au téléphone, il reconnut la voix d'Eve Morrison :

« Les ordres de M. Van Heeren sont d'assurer à Ochoa les services du meilleur cabinet d'avocats des Etats-Unis. La personne que je vais vous passer maintenant représente ce cabinet. Dites-lui ce que vous avez à lui dire. »

Quelques secondes plus tard, un homme vint en ligne.

« Mon nom est Yates, Richard Yates. J'ai déjà en ma possession tous les rapports de police. Mais le problème principal est posé par Ochoa lui-même, qui refuse d'ouvrir la bouche. Je ne dis pas que le défendre dans ces conditions sera impossible, mais cela ne nous facilitera évidemment pas la tâche. Non, attendez, je vais enregistrer tout ce que vous me direz, si vous en êtes d'accord. Allez-y. »

Benedict décrivit les rapports d'Ochoa et de Maria, cita des noms de témoins éventuels, parla au total pendant une dizaine de minutes.

« Il vous faudra venir témoigner, dit Yates.

— Je viendrai.

— Reste le problème que constitue le silence d'Ochoa. On peut évidemment tenter, en bâtissant sa défense, de se servir de son attitude : parler d'un homme à ce point écrasé par la mort de sa femme qu'il en a adopté une attitude suicidaire, etc. Mais c'est une arme à double tranchant. Ça peut avoir exactement l'effet contraire, sur un jury anglo-saxon.

— Dites-lui, dit Ben, que le Roi va lui écrire, et lui demande dès maintenant de se défendre. »

Silence.

« Le Roi ? comme un roi ?
— Le Roi. Il comprendra. »

Après trois heures de jeu, dans cette partie qui fut la dernière jouée par Benedict Sarkissian à l'occasion de son premier séjour en Europe, le Français, qui s'était de lui-même désigné comme le principal adversaire de Ben, perdait un peu plus de deux cent mille dollars, soit environ un million de francs français.

Il avait effectué des relances délirantes, tenté de bluffer et s'était fait piéger.

Ce n'était pas un joueur médiocre. Il en est du poker comme de la conduite automobile : les pires accidents n'affectent pas les conducteurs novices, qui craignent leur inexpérience, mais bien les pilotes trop sûrs d'eux-mêmes ; le Français avait l'assurance et la certitude de ceux qui, conduisant très vite et bien, et ayant un accident, l'ont forcément catastrophique. Il avait déjà subi des échecs à une table, tous retentissants, soldés par des pertes énormes. Il y avait vu l'effet de la mauvaise chance ; l'idée ne lui était pas venue qu'il pût y être pour quelque chose. Mutter avait raison sur ce point : c'était un con.

D'autant plus virulent que par ailleurs il ne manquait pas d'intelligence. C'était un homme de quarante ans, grand et athlétique, plutôt beau.

Au cours de la quatrième heure, il prit des risques de fou. Le résultat face à Ben fut immédiat et spectaculaire : il doubla ses pertes.

Debout, il était plus grand que Ben. Il toisa le San franciscain, de son œil bleu clair un peu égaré.

« J'aurai bientôt ma revanche. »

Ben remettait dans la poche intérieure de son veston la montre de gousset du Roi Hov.

« Je vous le souhaite », dit-il.

Il regardait Mutter sans paraître le voir. Le banquier suisse s'était longuement absenté et il venait à l'instant de regagner cette petite pièce ronde, dans l'aile droite du château, où la partie s'était tenue. Le premier regard de Mutter fut pour la table, afin de vérifier que les jetons étaient bien accumulés à la place de Ben, le second fut pour Ben lui-même. Ben dont il s'approcha, les yeux plus brillants que jamais, avec sur le visage cette expression du bon élève venant informer le cancre qu'il est convoqué chez le proviseur.

« Téléphone. Il veut vous parler. »

« Sarkissian ?

— Oui.

— Vous l'avez vraiment frappé ?

— Oui.

— Un coup ou plusieurs ?

— Plusieurs. »

Un temps.

« Vous avez eu cet avocat... j'ai oublié son nom.

— Yates.

— C'est le meilleur. J'ai mis des moyens énormes à sa disposition.

— Merci », dit Ben.

Un temps. Van Heeren :

« Quelle heure est-il en Allemagne ?

— Deux heures quarante du matin. »

Nouvelle pause. Puis Van Heeren dit, avec une certaine brusquerie dans le ton :

« Je vous rappellerai un peu plus tard. »

Il raccrocha.

« Trois cent soixante-douze mille dollars, dit Mutter au Français. Un million huit cent trente-quatre mille cent soixante francs, au taux d'hier. Voulez-vous refaire les comptes ? »

Le Français ferma les yeux un instant, les rouvrit. Il lança un regard en direction de sa femme, assise non loin de lui.

« Inutile », dit-il.

Il se leva. Six personnes se trouvaient dans la pièce, outre le couple : il y avait Mutter, quatre autres hommes ayant tous pris part à la partie, et enfin Benedict lui-même. Le petit groupe formé par ces six personnes s'était isolé et nul parmi les autres invités n'avait fait mine de vouloir les rejoindre.

Le Français se mit à marcher dans la pièce, qui était une somptueuse bibliothèque, extrêmement vaste, meublée à la perfection dans un style Second Empire français réunissant à profusion des canapés capitonnés, des indiscrets, des tabourets vénitiens, deux lits curieusement faits de fonte moulée, dans une surabondance de tables gigognes, de travailleuses et de bibliothèques.

Le Français alla à l'une des fenêtres, écarta les doubles et triples rideaux, essaya de distinguer quelque chose dans la nuit, où la neige semblait s'être remise à tomber. Tous les regards l'avaient jusque-là suivi, à l'exception de celui de Ben ; ces mêmes regards se reportèrent ensemble, par un étrange synchronisme, sur la jeune femme.

« Je n'ai pas cet argent, dit le Français. Du moins pas dans sa totalité. »

La jeune femme était assise dans un fauteuil incrusté de nacre. Elle avait environ vingt-cinq ans. D'une beauté altière, presque froide, dorée par le soleil de montagne. Ses lourds cheveux châtains étaient simplement réunis pour une coiffure à la catogan dans laquelle le ruban traditionnel était remplacé par des filaments de platine qu'on avait tressés et piquetés de petites perles rosées. Elle portait une longue jupe de velours noir, un chemisier à manches bouffantes de soie grège et deux diamants roses identiques, l'un à l'annulaire gauche, l'autre en pendentif, à la naissance des seins.

« L'usage, dit Mutter, veut qu'on paie dès le lendemain, à l'heure d'ouverture des banques. Et nous sommes déjà le lendemain.

— De quoi vous mêlez-vous, Mutter ? dit l'homme à la fenêtre, sans se retourner.

— En raison des circonstances, de l'endroit où nous sommes, de l'isolement de cette demeure, nous vous accorderons un délai supplémentaire : demain dix heures. Ce qui vous laisse plus de trente heures.

— De quoi vous mêlez-vous, Mutter ? »

L'homme à la fenêtre se retourna et fixa le Suisse. Mais il parlait avec la lassitude de celui qui se sait vaincu.

« Vous n'étiez même pas à la table. »

Les yeux de Mutter brillaient sauvagement. Il sourit, découvrant ses dents jaunies par le tabac :

« Je représente Sarkissian. »

168

Benedict était loin de là, adossé à un mur tendu de soie.

« Je représente Sarkissian, j'agis en son nom et pour toutes choses, dit encore Mutter. Et vous nous devez un million huit cent trente-quatre mille cent soixante francs français. Serez-vous en mesure d'en effectuer le règlement en espèces demain à dix heures, à Paris ?

— Non.

— Ailleurs qu'à Paris ?

— Non.

— Vous souhaiteriez des délais ?

— Oui. »

Les prunelles étincelantes de Mutter.

« Etant bien entendu que vous aurez à payer en sus les agios ordinaires. »

Le Français acquiesça, baissant la tête :

« Il me faudrait trois semaines. Non, un mois. »

De nouveau, il chercha le regard de sa femme, qui le fixait de ses grands yeux noirs. Il se retourna soudain et posa son front contre la vitre.

« Bon, dit Mutter, nous y voilà. Nous savions bien où nous allions et nous y sommes. Vous l'avez déjà fait, pour obtenir des délais identiques et même une remise, que vous n'obtiendrez sûrement pas ici. Vous l'avez déjà fait. Vous êtes prêt à le faire encore ? »

Mutter ne regardait plus que la jeune femme.

« Oui ou non ?

— Oui. »

Mutter bougea. Il marcha vers la jeune femme. Venu à sa hauteur, il contourna le fauteuil, s'immobilisa. Sa main monta à la hauteur des cheveux, comme pour une caresse qui n'alla pas à son terme.

169

« Venez près de votre femme. Elle aura besoin de vous. »

La même main repartit, frôlant sans jusque-là le toucher le corps immobile. Elle vint à l'entrebâillement du chemisier de soie, à la hauteur du pendentif en diamant rose ; elle se glissa, s'insinua délicatement, essayant de se frayer un passage sans toucher ni la peau ni la soie.

Puis elle se retira.

« Allons », dit Mutter.

La jeune femme se leva, le visage blanc accentuant encore l'effet de ses yeux noirs.

Son mari arriva près d'elle, il la prit dans ses bras, la serra contre lui, embrassant légèrement ses cheveux, son front, ses lèvres. Elle se laissait faire, inerte. Il l'amena au centre de la pièce, à la seconde même où Benedict refermait la porte sur lui, quittant la pièce. Il l'embrassa encore, sur les lèvres, très doucement, très tendrement.

« Je t'aime. »

Il entreprit de la déshabiller.

« Tout sauf la jupe, dit Mutter. Qu'elle garde sa jupe. »

Il défit les boutons du chemisier de soie, lui mit les seins nus, passa les mains sous la jupe, retira la culotte de dentelle.

« Retroussez-lui sa jupe », dit Mutter.

Il obéit, tremblant et pleurant, mais dans le même temps le regard étrangement fiévreux.

« Sur la table, dit Mutter. Que simplement elle se courbe en deux, les seins sur la table. »

Elle se laissa faire.

« La jupe, dit Mutter. Vous voyez bien qu'elle me gêne. »

A deux pièces de là, on dansait. Une jeune femme puis une autre accrochèrent successivement Ben par le bras. Il se dégagea, avec une souriante douceur, sans un mot ; il traversa ainsi plusieurs salons, une bonne moitié d'entre eux volontairement plongés dans la pénombre et occupés par des couples enlacés, certains tout à fait nus. Deux femmes le hélèrent, l'invitant à se joindre à elles ; il continua d'avancer et, par sa minceur, par sa démarche lente et un peu arrogante de danseur, par cette façon d'être vêtu de noir, il exprimait plus que jamais ce que son personnage, s'il se l'était vraiment créé, avait de dramatique mais aussi d'artificiel, voire d'outré ; il entra dans le très grand salon où se trouvait la cheminée monumentale ; il gagna la terrasse par l'une des portes-fenêtres à la française, et sortit.

Dehors, les dalles étaient entièrement recouvertes de neige, sauf à l'aplomb des balcons. Il alla jusqu'à la balustrade de pierre et y posa ses mains, les enfonçant dans la neige qui commençait à glacer avec la venue de l'aube.

Après une minute ou deux, cette même porte, par où il était lui-même sorti, se rouvrit et le jeune et sarcastique Ugo apparut, tenant deux jolies filles par les hanches.

« Vous allez geler vivant, dit Ugo. Quoique la Forêt-Noire vaille le coup d'œil, qui dirait le contraire ? Je vous en ai amené deux, une pour vous, une pour moi. Choisissez, je prendrai l'autre.

— Choisissez-la pour moi, dit Ben, qui ne s'était toujours pas retourné.

— Disons Erika... Allez, venez mon très cher Ben. Avant l'Apocalypse. »

Il était dans un lit à baldaquin, et la fille à ses côtés dormait déjà depuis pas mal de temps quand le téléphone sonna enfin :

« Vous dormiez ?

— Non.

— Je voulais réfléchir », dit Van Heeren. Silence, qui s'éternisa.

« Combien avez-vous gagné pour Aloysius ?

— Un million et demi de dollars, peut-être plus.

— Dont dix pour cent pour vous, c'est ça ?

— Oui.

— Et vous avez appris quelque chose, en travaillant dans sa banque ?

— Beaucoup de choses. » Nouvelle pause.

« Vous voulez rentrer, Sarkissian ?

— Oui. » Un temps.

« Je serai à Londres, à l'hôtel Claridge, dans onze jours, mardi. Soyez-y. »

CINQUIÈME DONNE

QUINTE

1

La dévaluation du dollar américain fut effective le 12 février. Elle frôla les dix pour cent, fut en fait de neuf virgule cinquante-deux pour cent, de sorte qu'il fallut quarante-deux dollars et vingt-deux *cents* au lieu de trente-huit pour obtenir une once d'or.

Le lendemain 13, Bonn, capitale de la République fédérale d'Allemagne, annonça la réévaluation de son mark, dont le prix fut augmenté de onze virgule un pour cent. Avec pour résultat de faire passer le prix du dollar américain, exprimé en marks allemands, de trois virgule vingt-deux à deux virgule quatre-vingt-dix.

Eve Morrison joignit Ben Sarkissian :

« Vous êtes, paraît-il, capable de faire vous-même les calculs, à présent ?

— Oui.

— Et quel chiffre obtenez-vous ?

— Un sept six six trois huit cinq.

— Correct. Plus la mise.

— Voilà.

— Je vous rappelle votre prochain rendez-vous

à Londres, dit enfin Eve Morrison de sa voix mécanique.

— Je n'ai pas oublié. »

Un million sept cent soixante-six mille trois cent quatre vingt-cinq dollars.

A quoi il fallait effectivement ajouter la mise initiale, soit cent vingt mille dollars.

Et encore les cent quatre-vingt-quatre mille qu'il avait gagnés en Europe et qu'Aloysius Mutter lui avait concédés, comme sa part de prise.

Soit au total deux millions et soixante-dix mille dollars : environ huit millions six cent mille francs suisses, plus de onze millions — un milliard et cent millions de centimes — français.

Dennis O'Keefe appela également, une heure environ après Eve Morrison. Il jubilait :

« Par saint George Bernard Shaw, Ben, ça a été tellement facile que j'en suis écœuré ! Françoise et Whooper te font un énorme câlin.

— Je les embrasse aussi.

— Il faudra qu'on fête ça ensemble.

— Le business ? »

Courte hésitation :

« Rien de nouveau.

— Malgré cette affaire qui vient de réussir ?

— Malgré elle. Tu ne peux même pas imaginer ce qu'ils m'ont fait.

— Toujours la guillotine en suspens, c'est ça ?

— Toujours. Mais le temps travaille pour moi. Ben ?

— Oui.

— Je ne te reprocherai jamais rien. »

Dans l'avion qui l'emmenait à Londres, Benedict acheva sa lecture de l'un des livres que Calliope Jordaan lui avait conseillé de lire : *A Study of History* de Toynbee, dans la version abrégée de D.C. Somerwell.

Il débarqua au Claridge, où Eve Morrison lui avait réservé une chambre simple, le 14 février en début d'après-midi.

2

Il était allongé sur son lit et lisait quand on frappa à la porte.

« Entrez. »

Rien ne bougea. Il se leva, alla ouvrir et se trouva en face d'Alex Van Heeren.

Qui le dévisagea un moment ; puis son regard courut sur la chambre, pour venir s'arrêter sur le livre ouvert, posé à même la courtepointe, le signet en place.

« Qu'étiez-vous en train de lire ?

— *Gatsby*.

— Ça vous plaît ?

— Non. »

Hochement de tête du banquier, qui ne signifiait rien de précis.

« Quand êtes-vous arrivé ?

— Il y a une heure.

— J'ai envie de marcher », dit Van Heeren.

Le temps était froid, sec, et le soleil brillait.

Ils marchèrent vers Hyde Park, Van Heeren massif, blond-roux, chaudement vêtu d'un manteau clair à col de fourrure, Ben Sarkissian en polo et blouson de cuir noir. Van Heeren, au moment où ils passaient Grosvenor Gate :

« Vous avez eu des nouvelles de cet avocat, Yates ?

— Je lui ai encore téléphoné tout à l'heure. Il a vu Ochoa, et celui-ci a finalement accepté de se défendre. Yates est raisonnablement optimiste.

— Ce qui veut dire ?

— Il pense réussir à faire admettre par n'importe quel jury, même mormon ou totalement presbytérien, qu'Ochoa était irresponsable au moment où il a tué sa femme, et non seulement irresponsable mais encore irresponsable d'être irresponsable, puisque c'est Maria Ochoa et elle seule qui, du fait de sa conduite profondément indigne, endosse et portera la responsabilité de l'irresponsabilité de son mari. »

Il débita sa phrase sur son ton indifférent ordinaire. Van Heeren le considéra avec curiosité :

« Vous avez changé, dit Van Heeren. Pas dans le ton, qui est le même, mais dans le choix des mots. Peut-être parce que vous lisez Fitzgerald. »

Ils marchaient dans le parc, vers la Serpentine.

« Calliope m'a appris que votre grand-père est malade. D'ailleurs, vous avez syndicalement droit à des vacances. »

Van Heeren s'immobilisa, ses mains puissantes plongées dans les poches de son manteau, le cou enfoncé dans ses épaules projetées en avant. Ses yeux clairs avaient une expression pensive, sans cet éclat de morgue qu'ils lançaient le plus souvent ; ils avaient cette lueur singulière des gens que frappe soudain un souvenir. Il demanda :

« C'est la première fois que vous venez à Londres, n'est-ce pas ? »

« Moi, dit Van Heeren, j'y suis venu pour la première fois quand j'avais dix-huit ans. Les fois précédentes ne comptent pas, j'étais un enfant. »

Il regarda autour de lui d'un air de satisfaction profonde.

« J'avais dix-huit ans et je suis venu ici avec une jeune fille. Il y a trente-quatre ans et je n'y suis jamais revenu. Tea & scones, exactement le même écriteau, mêmes meubles, même décor, même calme. »

Et c'était vrai que l'endroit était beau : parquet à coupe de pierre en chêne ciré, poutres et solives du même chêne, escalier identique ; et des meubles au goût d'Hepplewhite, rafraîchissoir, bonheur-du-jour, fauteuils à écusson, le tout éclairé par de la porcelaine de Nantgarw et Swansea, à fleurs écarlates ou jaune safran, apposée aux murs ou posée sur des napperons de dentelle. Van Heeren avait lui-même actionné le heurtoir de cuivre de la porte laquée d'un rouge sang-de-bœuf ; la jeune fille venue leur ouvrir en réponse leur avait tout d'abord dit qu'il était un peu tôt pour le thé, que les scones, les buns et les muffins n'étaient pas encore prêts, mais qu'ils pouvaient entrer et attendre.

« Je suis d'une humeur excellente, dit Van Heeren. Calliope prétend que nous jouons, vous et moi, à un jeu qui la dépasse, qu'elle réprouve, estimant qu'il finira mal. J'ai le plus grand respect pour tout ce que pense Calliope Jordaan. Elle est, à tous égards, une femme exceptionnelle. »

La jeune fille revint pour annoncer que les gâteaux étaient en route et ne tarderaient pas.

Van Heeren enchaîna aussitôt :

« Calliope a peut-être raison. Nous verrons bien. J'ai une proposition à vous faire... »

Il tira un cigare d'un étui réfrigéré.

« Voici ma proposition : vous continuerez à travailler pour moi. Mais votre emploi ne sera plus le même. Morrison m'a établi un rapport sur votre activité à la banque d'Aloysius : il est clair que vous êtes en train d'apprendre la finance à une vitesse surprenante. »

Il alluma son cigare.

« Sarkissian, vous travaillerez ici même, à Londres, dans cette banque qui m'appartient. Un stage d'un an, par exemple. Et ensuite, si tout va bien, vous rentrerez à New York. »

Il tira sur son cigare avec un plaisir évident.

« Vous commencerez le premier mars prochain. Prenez d'abord dix jours de vacances. Ma proposition vous convient-elle ?

— Oui, dit Benedict.

— Vous possédez à présent deux millions de dollars. Je suis donc deux mille fois plus riche que vous et depuis des générations. Autant dire que je peux vous ruiner à tout moment. Vous me croyez, n'est-ce pas ? »

Benedict sourit :

« Oui. »

Van Heeren le scruta puis hocha la tête :

« Vous êtes trop intelligent pour me sous-estimer. »

La jeune fille apporta le thé, des scones, des

180

muffins et des buns, du beurre et cinq ou six sortes de confitures.

Van Heeren considéra le scone avec appétit et le dévora tout en continuant de fumer.

Ben commença à déguster le sien avec application. Il dit doucement et mélodieusement :

« Je n'avais encore jamais mangé de scones, mais ce sont certainement les meilleurs que j'aie jamais goûtés. »

Van Heeren tira une dernière fois sur son cigare, l'éteignit avec soin puis, en silence, regarda Benedict. Alors, il articula d'une voix étrange, chargée d'émotion.

« Dire que vous auriez pu être... »

Il arrêta net sa phrase. Etonné, Ben l'interrogea du regard.

« Le monde est mal fait », reprit Van Heeren.

On était à la mi-février, et le hasard voulut qu'il fît très beau à Londres, ce jour-là.

Dans l'étrange et surprenant cheminement des rapports entre Alex Van Heeren et Benedict Sarkissian, cette journée ensoleillée fut assurément celle où passa une sorte d'amitié.

C'était déjà miraculeux.

Or le miracle ne se renouvela pas.

Car, à la mi-février, on était à quatre semaines, jour pour jour, de l'incident qui allait entraver la fulgurante ascension de Ben Sarkissian.

3

Les yeux ronds, ne cillant jamais, fantastiquement perçants jusqu'à susciter le malaise, les yeux de gerfaut du Roi Hov :

« Et tu as frappé ce Mutter ?

— Oui.

— Autrement dit, tu as craqué nerveusement. »

Ben sourit :

« Non. »

Un temps. Le Roi hésitait.

« Comment est ce Mutter, physiquement ?

— Très grand et osseux. Dur.

— Tu l'as frappé au visage ?

— Non.

— Pas de traces ?

— Non.

— Tu aurais pu le massacrer ?

— Oui.

— Explique-toi, dit le Roi.

— Le moment était venu, dit Ben sur un ton d'indifférence. Van Heeren était prêt à me faire rentrer, il n'attendait qu'un prétexte, je le lui ai fourni. Je commençais à perdre mon temps à Zurich. Tu devrais voir un médecin. »

Les yeux du Roi se fermèrent ; son visage était celui d'un cadavre. Il était assis dans le grand fauteuil-paon et l'atroce douleur qui le déchirait n'était révélée que par un très léger pincement des lèvres et une infime crispation des monstrueuses mains étreignant les accoudoirs.

« Tu veux du thé ? » demanda Ben.

Pas de réponse.

De la boutique de Vergennes Street, Benedict avait rapporté les caissettes contenant l'essentiel de la collection de monnaies anciennes. Il avait retiré toutes les pièces de leurs alvéoles, les avait essuyées. Il acheva de les remettre en place.

« Tu ne veux vraiment pas de thé ? »

Toujours pas de réponse. Ben prépara la bouilloire, la mit sur le réchaud électrique, prépara deux chopes de grès, le lait froid, la théière chinoise bleu émeraude. Il tira une petite table jusque devant les genoux du Roi et sur cette table installa un jeu de dames. Le Roi ouvrit les yeux :

« Tu n'espères tout de même pas me battre, Benedict ?

— Les blancs ou les noirs ?

— Les blancs. Tu ne m'as jamais battu, pas depuis dix ou quinze ans. Même si parfois tu as fait exprès de perdre.

— On joue le médecin, dit Ben. Je gagne et il vient. »

Les médecins vinrent : ils dirent que le Roi allait mourir. Ils expliquèrent que ce n'était selon eux qu'une question de mois, peut-être même de semaines. On pouvait probablement retarder la marche de la maladie, sous certaines conditions, par des traitements appropriés, qui tous impliquaient l'hospitalisation.

« Pas d'hospitalisation », dit Ben.

On le regarda avec surprise.

« Vous vous y opposez ?

— Moi non. Mais lui, oui. »

L'espèce de nonchalance de Ben suscita de l'irritation chez les hommes de l'art. Ils firent remarquer avec aigreur :

« C'est votre grand-père, après tout. Et vous êtes le seul à pouvoir espérer le convaincre. »

Ben secoua la tête :

« C'est un homme libre.

— Et vous le laisseriez mourir dans la souffrance ? Il souffre déjà énormément et la douleur va devenir chaque jour plus insoutenable. »

Ben ne répondit pas. Les médecins partirent, laissant derrière eux des prescriptions, que Ben remplit exactement. Mais le Roi ricana quand il prétendit lui faire absorber quoi que ce fût.

« Et n'essaie pas de me jouer ma vie aux dés », dit-il.

Calliope appela le lendemain afin d'avoir des nouvelles. Les ayant obtenues, elle demanda :

« Je peux venir ? »

Elle arriva une douzaine d'heures plus tard. Elle trouva le Roi debout et même déambulant sur Bridgeway Boulevard, à contempler les bateaux.

« Encore vous ? dit le Roi.

— Je suis sans excuse, répondit Calliope. La première fois, je ne vous connaissais pas et je pouvais encore entretenir quelques illusions sur votre compte. Mais aujourd'hui que je vous connais... Qui est ce type louche à côté de vous ? »

Elle adressa de ses éblouissants yeux violets un clin d'œil à Ben marchant à côté de son grand-père.

« Je suis désagréablement surpris que vous ne m'ayez pas reconnu, dit le Roi. Ce type est moi, rien que moi, moi seul et en deux personnes. Moi quand je n'étais pas encore dans la force de l'âge comme à présent. Revenez dans cent ans, je serai admirable. »

Calliope passa son bras sous celui du vieil homme.

« Fiche-moi le camp, Ben », dit-elle.

Demeurée seule avec le Roi, elle lui parla tout en marchant, allant et venant le long du quai où d'innombrables yachts étaient amarrés. Tout le temps qu'elle tenta de le convaincre, elle gesticula peu, et la seule façon dont, à un moment, elle se redressa et regarda autour d'elle, indiqua à Ben qu'elle en avait fini et qu'il pouvait donc les rejoindre. Ce qu'il fit.

Ils regagnèrent la maison peu après, mais ni Ben ni Calliope ne firent le moindre geste pour aider le Roi à escalader les volées de marches successives : ils savaient que leur aide eût été refusée. Ils marchèrent derrière lui, sachant aussi que le Roi ne voulait pas qu'on vît son visage à l'agonie tant la douleur le tenaillait, tandis qu'il gravissait marche après marche.

« Ben, dit Calliope, j'ai vraiment tout tenté. Je resterais ici à San Francisco, à Sausalito, si je pensais avoir la moindre chance de le convaincre ; j'y resterais un an. Mais tu avais raison, ça ne servirait à rien. Mon Dieu, de quoi êtes-vous donc faits, tous les deux ? »

Elle avait des larmes aux yeux et son visage exprimait une incrédulité presque horrifiée.

« Il y a au moins une chose que je suis parvenue à lui faire accepter : quelqu'un pour s'occuper de lui. Il est d'accord, à condition — Calliope sourit au travers de ses larmes — à condition que ce soit une jolie fille. En réalité, il en faudrait deux, se relayant.

— Je m'en occupe dès demain. »

Elle aurait sans doute pu passer la nuit à Sausalito. Mais ni le Roi ni Ben ne le lui proposèrent. Elle comprit qu'ils souhaitaient demeurer seuls ensemble.

Ben la raccompagna jusqu'au taxi qui vint la prendre sur Bridgeway Boulevard.

« Tu partiras quand même pour Londres ? »

Ben acquiesça. Calliope réussit à sourire :

« Tu vas croire que je te poursuis de mes assiduités, mais il se trouve que je dois moi-même me rendre en Angleterre. Quand y seras-tu ?

— Le 26 février.

— Je serai déjà sur place, ou en Irlande. Il faudra que tu te trouves un logement convenable ; tu ne pourras pas toujours te contenter de tes horribles chambres. Veux-tu que je m'en occupe ?

— Avec joie », dit-il, impassible.

Le taxi attendait. Ben eut alors un geste qui la laissa pantoise : il leva une main et lui caressa doucement la joue. De tout le temps qu'elle le connut, ce fut la seule fois, hors d'un lit, où il lui témoigna ce qui était bel et bien de la tendresse.

« Merci. Merci pour tout », dit-il.

Et ce qui dans ce geste la bouleversa le plus fut la timidité que, sous le masque peut-être tombé un court instant, elle crut déceler. Sans être tout à fait sûre de ne pas l'avoir rêvé.

186

4

A Londres, la banque où Benedict prit ses fonctions se trouvait banalement sur Regent Street. On lui affecta un bureau et une secrétaire ; il était officiellement attaché de direction. Pour lui faire place, on expulsa un homme qui était responsable des relations avec l'Asie ; la victime ne s'en plaignit pas : c'était l'occasion de décrocher enfin une promotion avec résidence à Hong-Kong. Ben et son prédécesseur passèrent une pleine semaine penchés sur les organigrammes des banques britanniques d'outre-mer, à vocation internationale : Standard Chartered, Australia & New Zealand B.C., cette filiale de la célèbre Hong-Kong and Shanghai qu'était la British Bank of the Middle East, et l'ancienne Bolsa devenue la Lloyds Bank International.

Ils en étaient là quand Mona débarqua à Londres.

Elle le dévisagea, avec son visage fiévreux et le regard de son père :

« Qu'y a-t-il de si surprenant à ma présence à Londres ? J'y viens souvent. Après tout, ma mère habite en Angleterre. Oui, ma mère. Alex n'a jamais trop insisté pour divorcer. »

Parlant de son père, elle l'appelait toujours par son prénom.

« Divorcer pour qui ? La seule femme qu'il aurait alors épousée aurait été cette Calliope. Que je n'aime pas, est-il besoin de le préciser. Mais je reconnais qu'elle a fait du bon travail... »

Et de regarder autour d'elle, examinant de son œil aigu le décor du petit appartement que Calliope, en un temps miraculeusement court, avait trouvé, aménagé, équipé, décoré, dans le quartier de Belgravia. En bleu sombre et blanc, au troisième et dernier étage d'un petit immeuble que partageaient encore un peintre fils de lord et un couple de retraités très snobs. Elle passa d'une pièce à l'autre.

« Pas mal. Je n'aurais pas fait mieux. Mais je plaisante : elle a un talent fou. »

Elle caressa négligemment la joue de Ben :

« Allons, c'est décidé, je vais m'installer ici. »

Elle s'installa en effet à demeure pendant quatre jours, affectant de croire qu'elle était chez elle et qu'il n'était, lui, que de passage. Puisque l'argent Van Heeren payait tout.

« Mais tu ne diras rien, n'est-ce pas, Ben ? De quoi te plaindrais-tu ? Te voilà dans tes meubles, avec paraît-il un compte en banque intéressant et toutes les portes ouvertes sur la haute finance. Que de chemin en quelques mois ! Pas de doute, tu es en train de gagner. Et la fille du patron dans ton lit. »

Au cours des matinées, elle était plus que calme, presque amorphe, subissant encore sans doute les effets des tranquillisants qu'elle avalait par poignées ; et puis, au fil des heures, elle gagnait en fébrilité, à mesure que la folie qui était en elle se frayait un passage vers la surface. La deuxième nuit, elle lui fit une crise de véritable délire, au paroxysme duquel elle tenta de se tuer. Il réussit à la maîtriser et la força à avaler un somnifère, après avoir hésité à appeler un médecin — mais quel médecin ?

« Et tu as bien fait, Ben. Jamais, tu entends ? Quoi que je dise ou je fasse. S'ils m'enferment, je deviendrai folle tout à fait. »

Avait suivi une déconcertante séance de tendresse, comme si elle cherchait à se faire pardonner, soudain désarmée, soudain enfantine.

« Je ne sais plus où j'en suis. Tu vas rire : il y a des moments où je me demande si je ne suis pas vraiment amoureuse de toi. A crever de rire. Allez, ris ! Ris, Ben ! Pardon, j'oubliais : Monsieur ne rit jamais. Ben, tu es aussi fou que moi, à ta façon. »

Elle sortit peu ou pas du tout, essayant — peut-être confusément — d'établir une sorte de régime conjugal, jouant les épouses modèles quand il rentrait de la banque.

Elle ne préméditat donc rien. Ce n'était d'ailleurs pas l'habitude de Mona de mentir ; et un enchaînement aussi précis des événements ne pouvait être son œuvre.

Il est certain que le hasard seul joua un rôle dans ce qui arriva.

Après quatre jours, elle repartit, disant qu'elle allait rejoindre sa mère ; il fut vaguement question d'une croisière dans la mer des Caraïbes, sans plus de précisions, précisions que Ben n'éprouva pas le besoin de demander.

On était à ce moment-là le 12 mars.

Alex Van Heeren et Eve Morrison voyageaient en Extrême-Orient, en Chine même, pour des raisons professionnelles.

Calliope Jordaan avait regagné New York deux jours avant l'arrivée de Mona en Angleterre. Les deux femmes s'étaient donc croisées, hasard ou non.

Dennis O'Keefe avait téléphoné — sa situation était toujours la même. Sa femme et son fils avaient effectué un bref séjour à Londres, où décidément tout le monde passait, en route vers le Midi de la France, aux alentours d'Aix-en-Provence, où Françoise O'Keefe avait ses parents et une maison.

Ochoa était toujours en prison, s'il était sorti de l'hôpital. Mais son avocat, Yates, avait très bon espoir : il avait réuni un dossier considérable et attendait de la banque Van Heeren un document où ses employeurs devaient tracer d'Ochoa un portrait idéal.

« Votre ami est pratiquement sorti d'affaire », assura Yates à Ben, le jour même où Mona partit pour les Caraïbes.

Le Roi Hov était venu lui-même au téléphone :

« Tu veux dire que tu m'appelles d'Angleterre uniquement pour savoir si je vais bien ? Benedict, ton esprit bat la campagne, tu cours trop, je te l'ai toujours dit, ça n'est pas sain. Ces deux Chinoises Ping et Pong que tu as mises à mon service ont des postérieurs admirables. Je bande encore. »

Mais le vieil homme haletait, la voix brisée par l'effort terrifiant qu'il devait faire pour surmonter sa douleur.

« Où en es-tu, Benedict ? Tu gagnes ? Tu gagnes vraiment ? »

Mona partit le 12 en fin d'après-midi. Ben l'amena lui-même à Heathrow dans la petite Renault d'occasion qu'il venait d'acheter, contre l'avis de Mona, qui aurait préféré lui voir une Jaguar.

Le lendemain 13, qui était un vendredi, il assista à un dîner à Hampstead donné par l'homme qu'il remplaçait à la banque de Regent Street, et qui fêtait ainsi tout à la fois sa promotion et son départ tant espéré pour Hong-Kong. Le dîner réunit huit personnes, dont une jeune femme médecin que Ben raccompagna à la fin de la soirée, et qui n'eût pas demandé mieux, sans doute, que de lui consacrer davantage de temps.

« Et vous allez passer seul ce long week-end de Pâques ?

— J'ai beaucoup de travail. »

Elle le laissa partir d'un air de regret.

Il était une heure du matin quand il rentra chez lui, Londres et probablement toutes les Iles Britanniques étant à ce moment-là plongées dans un orage extrêmement violent, la pluie se déversant en cataractes et la lumière blanche des éclairs éclairant comme en plein jour les pelouses ruisselantes de Hyde Park.

Il découvrit d'abord les deux valises, faillit même buter contre elles, avant d'actionner l'interrupteur du hall d'entrée.

Il vit le manteau de cuir, les bottes assorties, l'espèce de chapeau de terre-neuvas qui allait avec, le tout expédié aux quatre coins du hall, dégoulinant d'eau.

Sur la table du living-room, un énorme paquet enrubanné portant la raison sociale d'un chocolatier de Genève. A côté du paquet, une carte où l'on avait écrit en rose : POUR TOI.

Dans la cuisine, un verre qui avait contenu du lait, et des papiers de bonbons. Et une tranche de pain beurré portant la trace d'un mignon coup de dent.

La chambre était plongée dans l'obscurité.

Mais la voix qui en arriva était celle d'une femme inconnue, une voix de jeune fille, douce et fraîche, qui aurait sonné agréablement aux oreilles de quiconque mais qui, sur Benedict Sarkissian, par quelque alchimie mystérieuse, produisit un effet particulier.

La voix dit gaiement :

« C'est moi, Jamaïca. »

SIXIÈME DONNE

COULEUR

1

« Fichez-moi le camp ou je hurle », dit-elle.

Elle remua les lèvres et dut effectivement dire quelque chose de ce genre-là.

« Je vais vraiment hurler, vous savez.

— Très bien », dit-il.

Il avait gagné le seuil de la chambre et s'était immobilisé là, à la seconde où elle avait allumé la lampe de chevet.

« Et si je hurle, on m'entendra au moins jusqu'à Cholmondeley. »

Ses mains étaient dans les poches de sa gabardine noire, ses cheveux noirs luisaient sous l'effet de la pluie, et ils bouclaient vaguement : il appuya son épaule contre le chambranle de la porte et demanda, avec une curiosité grave qui n'était pas feinte :

« Où est Cholmondeley ? »

Elle réfléchit un court instant.

« Je n'en ai aucune idée », avoua-t-elle.

Il hocha la tête comme si elle lui eût apporté un renseignement capital. Il la fixait avec une intensité qui eût stupéfié Calliope, ou n'importe qui le connaissant bien. Et c'était sûrement la première fois de sa vie qu'il regardait vraiment quelqu'un. Elle dut répéter sa question :

« Qu'est-ce que vous avez fait de ma sœur ?

— Mona ?

— J'en ai qu'une.

— En croisière aux Caraïbes. Elle est partie hier... Non, avant-hier.

— Et vous, vous êtes qui ? »

Il le lui dit.

« Vous êtes arménien ? »

Il secoua la tête :

« Personne n'est arménien. Je suis américain. San Francisco. A propos, j'habite ici. »

Du coup, elle regarda autour d'elle comme si elle découvrait l'appartement pour la première fois. Elle portait un pyjama de Ben, au moins la veste ; pour le reste on ne voyait pas. Elle était à demi relevée sur un coude, tenant le drap et la couverture presque sous son menton. Ses cheveux étaient coupés court. Elle se mit à parler. Elle dit qu'elle était arrivée à Londres venant de Lausanne mais par Genève parce qu'à Lausanne il n'y avait pas de Lausanne-Londres direct et qu'elle avait téléphoné à Henley chez sa mère pour qu'on vienne la chercher mais que personne n'avait répondu et ensuite elle avait téléphoné ici à Belgravia mais qu'on avait pas répondu davantage alors elle avait pris un taxi et elle était venue directement ici parce qu'elle en avait assez de rester dans cette saloperie d'aéroport encore en réparation comme d'habitude et qu'ici à Belgravia elle avait passé un bon moment à attendre sur le palier jusqu'au moment où le Peintre Fou ce type avec un anneau dans l'oreille lui avait ouvert la porte et il était environ onze heures.

« Comment ça se fait qu'il ait vos clefs ?

— Nous partageons la même femme de ménage.

— Il a vraiment l'air d'un Peintre Fou. Il est fou, hein ?

— Complètement. »

Elle remonta un peu plus le drap.

« Je peux pas rester ici, hein ? »

Il se décida enfin à la quitter des yeux et jeta un coup d'œil par la fenêtre.

« Ça, pour ce qui est de pleuvoir, il pleut », dit-elle avec satisfaction.

Il se détourna, partit vers la cuisine, et elle l'entendit qui ouvrait le réfrigérateur et remuait des verres et des bouteilles. Elle se jeta hors du lit, enfila un jeans et le rejoignit.

« J'ai drôlement faim. »

Il lui tournait le dos, buvant de l'eau glacée. Il vida son verre, en emplit un autre, le vida aussi.

« Je n'ai trouvé que du pain et du beurre. Y a vraiment rien d'autre ? »

De la main qui tenait le verre, il rouvrit le réfrigérateur :

« Des œufs et du bacon. »

Elle haussa les épaules et écarta les mains, l'air faussement désespéré. Elle avait l'air d'avoir seize ou dix-sept ans. Et elle était invraisemblablement jolie, jolie à en crever le cœur, jolie et gracieuse et douce et gaie.

« C'est que je sais pas du tout faire la cuisine, mais alors pas du tout. »

Il se retourna et la regarda :

« Quel âge avez-vous ?

— Vingt ans.

— Je ne vous crois pas. »

Elle pencha gentiment la tête :

« Vous savez faire cuire les œufs, vous ? »

Elle considéra l'assiette qu'il venait de placer devant elle :

« Pas terrible comme cuisinier, hein ? »

On entendait la pluie dans la cuisine plus que partout ailleurs, à cause de la verrière coiffant l'atelier du Peintre Fou, un étage plus bas.

« Et vous faites quoi, dans la vie ? »

Il lui expliqua ce qu'il faisait et où il le faisait.

« Autrement dit, vous travaillez pour papa.

— Voilà », dit-il.

Elle s'était mise à manger les œufs trop cuits et le bacon plutôt carbonisé.

« J'avais drôlement faim, non c'est vrai. »

Tout en avalant, elle lui lançait des coups d'œil :

« Vous auriez pu au moins enlever cet imperméable, ça coule partout. Et vous asseoir. Vous avez quel âge ?

— Quarante-trois ans.

— Mon œil, dit-elle la bouche pleine. Z'êtes pas si vieux, z'avez pas de petits plis ici. »

Du manche de sa fourchette, elle indiqua le coin des yeux à l'emplacement futur des pattes d'oie.

« L'expérience des hommes ? dit-il.

— Et comment ! Plein.

— A Lausanne. »

Elle avala d'un coup le quatrième et dernier œuf.

« A Lausanne. Y font la queue devant chez moi, les types. Et vous ?

— Moi quoi ?

— Vous êtes l'amant de Mona ?

— Notamment. »

Elle pouffa. Il sourit. Elle se mit vraiment à rire et il hésita ; son sourire s'élargit. Elle rit de plus en plus, il se mit vraiment à rire lui aussi, d'abord hésitant, avec une sorte de timidité, puis d'un coup dans une liberté totale.

Elle se calma la première et le fixa avec un sérieux soudain.

Silence.

« J'aime bien quand vous riez, dit-elle. Ça vous change drôlement. »

Pour le coup, il cessa brusquement de rire, lui aussi ; son visage recouvra son expression lointaine, ordinaire. Mais il soutenait son regard. Il enfonça les mains dans les poches de sa gabardine.

« Le mieux est que je vous laisse la place. Vous dormirez ici. »

Il s'en alla très vite.

Il revint le lendemain vers neuf heures et demie, et elle dormait encore. Sans le moindre bruit, il referma sur elle la porte de la chambre et alla déposer dans la cuisine les œufs, le jambon, les saucisses, le porridge, les céréales en flocons, les huit bouteilles de lait, le beurre, le pain bis encore tiède, les douze tranches de roast-beef froid, les fruits qu'il avait abandonnés dans le hall et sur le palier. Il mit de l'eau à chauffer, à tout hasard, et alla s'installer sur le canapé de la salle de séjour, reprenant sa lecture de *La Nuit des rois*. Il s'écoula ensuite plus d'une heure durant laquelle il ne bougea pratiquement pas, sinon pour arrêter la cuisinière électrique et sauver la bouilloire sur le point d'exploser. Il lisait lentement mais méthodiquement, levant de temps à autre les yeux vers la porte de la chambre.

Des bruits arrivèrent enfin. Et, au moment où elle allait ouvrir la porte, il dit simplement : « Je suis là », de sorte qu'elle ne sortit pas tout de suite mais s'habilla d'abord, apparut enfin pieds nus en jeans et au dessus un tee-shirt, la pointe de ses petits seins piquetant le coton.

Cette fois-là, elle tenta de l'aider à préparer le petit déjeuner commun, mais leurs talents associés eurent des résultats lamentables. Ils essayèrent de faire ce qu'ils appelèrent un Sarkissian spécial, en mélangeant les flocons de céréales, un reste de miel, des fruits secs, un œuf cru, du lait, du porridge et un fond de machin qui se trouvait dans le réfrigérateur, abandonné par Mona, qui était rose et tremblant et qui était, soit de la confiture de groseilles, soit un truc vendu par Elizabeth Arden. Mais quand ils considérèrent la mixture, ils eurent un frisson d'épouvante et flanquèrent le tout au vide-ordures, récipient compris.

« Et cette femme de ménage, elle vient pas ?

— Pas aujourd'hui, c'est samedi. »

Elle jeta un coup d'œil sur le livre qu'il lisait :

« Shakespeare ? Ah ! oui, on l'a étudié au collège à Lausanne. C'est bien ?

— Une bonne histoire, dit Ben.

— Drôle ou triste ?

— Les deux. J'ai presque fini. »

Avec le plus grand naturel, comme s'ils étaient frères et sœurs et comme s'ils partageaient le même appartement depuis des années, ils se succédèrent dans la salle de bain puis dans la chambre, où il se changea. (« Il est vachement chouette votre blouson, où vous l'avez acheté ? ») **Vers** midi et des poussières, ils montèrent dans la petite Renault et prirent la route de Slough, à l'ouest. Il ne pleuvait presque plus mais l'orage avait une tête à vouloir revenir bientôt. Ils traversèrent Maindenhead et ils arrivèrent à Henley. La propriété se trouvait au bord même de la Tamise, une propriété vraiment très grande et très luxueuse mais il n'y avait là qu'un couple de gardiens qui n'avaient pas inventé l'eau tiède. « Qu'est-ce que je vous disais ? Chaque fois que maman part en croisière, c'est la débandade. » Elle reconnut qu'elle avait encore une tante, mais c'était tout à fait au diable dans le nord, presque en Ecosse comme qui dirait, et elle souligna qu'elle n'avait pas la moindre intention d'aller là-bas, des clous, sans compter que la tante en question habitait une espèce de château qui était aussi marrant qu'un caveau de famille, y avait pas de quoi rigoler je vous jure.

Ils roulèrent un peu plus vers l'ouest, remontant la Tamise et, pendant l'heure où il ne plut presque pas, ils abandonnèrent la voiture et marchèrent dans l'herbe détrempée. Non, elle ne connaissait personne d'autre à Londres, elle n'y venait pas souvent.

Ils traversèrent un ruisseau ; il lui prit la main pour l'aider et la garda.

Il lui parla du Roi Hov.

« Il ne va peut-être pas mourir », dit-elle.

Elle l'embrassa sur la joue.

« Vous êtes drôlement gentil, vous savez. »

Ils trouvèrent une auberge avec du feu dans la cheminée. On leur servit des sandwiches **au** pain bis et au bacon grillé au feu de bois. Ensuite, ils remontèrent dans la Renault et toujours sous la pluie errèrent au hasard, passant très lentement à Wallingford, Kingston upon Thames et Lechlade.

« Et puis au moins vous ne mettez pas la main au panier », dit-elle avec le plus grand sérieux.

Il la considéra, ahuri ; il avait même l'air un peu choqué.

« Qu'est-ce que j'ai dit ? demanda-t-elle.

— Rien », dit-il, c'était simplement l'expression elle-même, et dans sa bouche à elle, c'était plutôt tarte, en tout cas pas très récent, comme argot.

Il ne conduisait pas très vite ; il ralentit encore et quantité de voitures les dépassèrent en klaxonnant avec fureur. Il la regardait puis regardait la route et vice versa. Il eut un premier hoquet de rire et elle aussi.

« La main au panier ! »

Un nouvel hoquet de rire le secoua. Elle éclata de rire elle-même, par contagion, riant parce qu'il riait. Il ralentit tout à fait ; le rire le prenait tout entier, déferlait et il n'y avait strictement rien à faire. Il se gara sur le bas-côté. Pour la première fois de sa vie, il s'abandonna. Les secondes suivantes, ils furent là tous les deux dans leur petite voiture, hurlant de rire, faisant sourire malgré eux les gens qui les dépassaient, au point que les larmes leur vinrent aux yeux, sous cette foutue saloperie de pluie qui n'arrêtait pas.

Ce qui restait du samedi s'écoula, et le dimanche suivit.

Le lundi fut exactement pareil.

Elle lui avait demandé s'il avait « Let it be » parmi ses disques et il avait répondu non, qu'il n'avait rien des Beatles. Mais comme tout était fermé, précisément parce que c'était le long weekend de Pâques, il eut l'idée de faire un crochet avant de rentrer à Londres et de passer par Heathrow ; dans une boutique de l'aéroport, il acheta une bonne vingtaine de trente-trois tours, dont plusieurs des Beatles, et notamment un qui contenait « Let it be ».

Qu'ils passèrent et repassèrent, ainsi que « Across the universe », jusqu'à conduire au bord de la vraie démence le Peintre Fou qui essayait de peindre une bouteille de gaz butane sur une toile, au point qu'il décida d'aller passer le reste du week-end chez sa femme, à Leighton Buzzard dans le nord-ouest de Londres et, dit le Peintre Fou avec véhémence, il fallait vraiment lui en faire pour qu'il arrive à une extrémité pareille.

Benedict repartit dormir dans son hôtel, et la nuit suivante aussi.

Le dimanche et le lundi, ils partirent se promener, cette fois à pied. Ils allèrent dans des restaurants chinois de Soho mais pas dans des pubs, elle était trop jeune.

Ils marchèrent en se tenant par la main et ils en étaient à ce moment-là à ne plus tellement se parler, simplement parce que ce n'était plus la peine.

Il ne la toucha pas. A aucun moment. Même quand elle lui dit d'une toute petite voix que c'était pas vrai, tous ces types qui faisaient la queue devant sa porte, à Lausanne, il n'y en avait eu qu'un, un seul, et même qu'il ne se rasait presque pas, que ça n'était arrivé que deux fois et que ça n'avait pas été du tout extraordinaire. Pas du tout même.

Même quand elle lui dit en le regardant bravement en face qu'elle savait qu'avec lui, Ben, ça serait complètement différent, oui tout à fait, un autre monde across the universe, que cette fois-là elle verrait le soleil les yeux fermés. Let it be, dit-elle en même temps que Mac Cartney.

Let it be, let it be, let it be.

En se serrant contre lui, en l'embrassant sur les lèvres et dans le cou, assez adroitement, au point qu'il en avait les mains qui tremblaient.

Il ne la toucha pas mais ça n'empêche que le lendemain, le mardi, quand Calliope débarqua tout droit de New York, elle comprit.

Calliope était venue directement à l'appartement de Belgravia et avait compté le trouver vide : c'était l'heure des bureaux, à la banque, et Ben devait être à Regent Street.

Elle crut d'abord que la femme de ménage était là et un moment elle se creusa la mémoire pour essayer de se souvenir si ladite femme de ménage était le matin chez le Peintre Fou et l'après-midi chez Ben, ou bien le contraire.

Là-dessus Jamaïca Van Heeren sortit de la salle de bain toute nue, se frictionnant les seins et sous les bras avec le visage de quelqu'un qui se croit tout à fait seul.

Jamaïca ne connaissait pas Calliope, qui par contre la connaissait pour l'avoir vue enfant.

Pour Calliope, dès cette première seconde, que Benedict Sarkissian eût ou non couché avec Jamaïca ne faisait en la circonstance pas la moindre différence, tout fut dramatiquement clair. Calliope sut ce qui allait se passer.

Et elle en fut glacée.

Le mardi 17 mars.

204

2

Le mardi 17 mars, Eve Morrison débarqua de Hong-Kong. Elle effectua la visite protocolaire au directeur de la banque, puis se rendit chez Benedict Sarkissian.

Elle examina la pièce, les murs, la moquette, le bureau.

Elle rectifia la position d'un tableau représentant un chien.

Elle essaya deux des fauteuils.

« Les ordres, dit-elle, étaient de vous faire affecter le deuxième meilleur bureau après celui du directeur. J'ai vu une pièce au quatrième qui aurait mieux convenu.

— Celui-là est très bien.

— Mais les ordres n'ont pas été respectés. »

Il l'effleura de son regard rêveur, lui demanda doucement :

« Est-ce que quelqu'un vous a déjà mis la main au panier ? »

Un temps. Le filet d'eau glacée de la voix d'Eve Morrison :

« M. Van Heeren a dû faire une courte escale à Rome. Il sera ici à Londres à trois heures. Il souhaite que vous dîniez avec lui ; je me suis occupée des réservations. Il voudrait vous entretenir d'un projet concernant les capitaux dont vous disposez. On peut faire fructifier ces capitaux dans des proportions notables. Il s'agit d'une opération... »

Let it be.

« ... d'une opération non plus sur les devises, ni même sur l'or. Sur les céréales... »

Let it be.

« ... sur le marché des céréales. Voici le dossier. Il vous faudra... »

And when the broken hearted people living in the world agree, there will be an answer, let it be...

La voix d'Eve Morrison s'éloignait, se faisait murmure, devenait lointaine, comme le son d'une radio qu'on baisse peu à peu. Et à sa place : *Let it be.*

« ... plus que jamais, on agira sur la base d'informations extrêmement confidentielles... »

Ben se leva.

« ... mais le résultat qu'on peut raisonnablement attendre... »

Ben sortit. Utilisant le poste de sa secrétaire, il forma le numéro de Belgravia : occupé. Il descendit, refit son appel depuis le rez-de-chaussée : occupé. Il gagna la rue, alla vers Picadilly, demanda et obtint d'user d'un téléphone de l'Office marocain du tourisme : occupé. Il tourna à gauche dans Vigo Street, vers Saville Row, entra chez son tailleur, indiqué par Calliope. Mais bien sûr qu'il pouvait téléphoner !

Et ça sonna dans le vide, interminablement.

Old Bond Street, Picadilly, Grosvenor Crescent, il rentra chez lui à pied, trouva l'appartement vide, sans un mot, sans la moindre trace de Jamaïca, même pas les bagages, envolés.

« Elles sont parties voilà dix, quinze minutes, lui dit le Peintre Fou. Elles ont appelé un taxi et ça s'est mis à sonner juste quand leur taxi se tirait. C'était toi ? Tu les as ratées de peu. Ben, avec cette architecte américaine, Calliope la

Divine, je croyais avoir tout vu : à se mettre à genoux, à lécher la trace de ses pas. Non, je n'apostasie pas, mon frère, elle reste ma déesse. Mais l'autre ! Pendant mon week-end à Leighton Buzzard, j'ai grimpé aux arbres la nuit sous la lune et j'ai hurlé comme un loup, en pensant à elles. Non, c'est vrai, je sais, pour la lune tintin, cause les nuages, et les loups ne vont pas sur les arbres et tout ce sur quoi j'ai grimpé, c'est ma femme, la malheureuse. Tu le veux, ce message ou non ? »

Il lut la question dans les yeux de Ben.

« De Calliope aux yeux violets, qu'on dirait un trois-mâts en pleine mer. Oui, Calliope, pas l'autre. Qui s'appelle comment, au fait ?

— Le message, dit Ben.

— Calliope a dit : « Ben, tu es fou. C'est un « suicide. Oublie tout. Rien n'est arrivé. »

Silence.

« Message-terminé-à-vous », dit le Peintre Fou.

Silence.

« Viens prendre un verre, Ben. On va se soûler la gueule, toi, moi, nous, tous les trois ensemble. Et puis on pissera au ciel. Je n'ai rien peint depuis une semaine, ça ne vient pas, je bute sur le butane et à l'intérieur j'ai la bêbête qui me ronge, ça ne va pas fort non plus pour moi. »

Ben monta d'un étage, se changea, changea le costume de Saville Row pour un jeans et un blouson. Il ressortit portant un sac de sport, juste au moment où le téléphone se mettait à sonner mais il ne décrocha pas, sachant par avance que c'était Calliope qui appelait, Calliope pour dire qu'elle avait mis Jamaïca en sûreté quelque part, que rien n'était arrivé, qu'on pourrait raconter n'importe quelle histoire, par exemple que Calliope elle-même était arrivée à Londres plus tôt qu'elle ne l'avait fait réellement, dès le vendredi, et qu'elle avait chaperonné la petite tout du long, parce que ça changeait quoi, en vérité, que Ben l'eût ou non touchée, qui le croirait, surtout pas Alex Van Heeren, pour qui Jamaïca était un morceau de ciel.

« Et pourquoi pas ? dit le Peintre Fou en découvrant le sac de sport. Si des fois qu'on y allait ensemble ? »

Ils montèrent dans la petite Renault, traversèrent les vallonnements doux des Downs, droit vers cet imbécile d'English Channel qui trouvait le moyen d'être gris quoique le ciel fût bleu.

Un coup à droite arrivés à Eastbourne et ils débarquèrent à Beachy Head, qui n'était pas précisément la Californie, mais qui au moins sentait le sel marin, presque le Pacifique.

Ils se mirent à courir côte à côte. Après quoi, passé les cinq premiers kilomètres, le Peintre Fou, qui avait vingt-cinq ans, cracha ses poumons et se coucha par terre, suivant des yeux la silhouette qui avait accéléré : silhouette à présent solitaire qui poursuivait sa course à un rythme mécanique, escaladant les dunes en les piochant comme si elle voulait les abattre et les crever, avec rage et désespoir et tout et tout.

Benedict courut comme il n'avait jamais couru jusque-là. Il courut deux heures et demie de rang. Il alla à l'extrême limite de ses forces. A ce point que dans la dernière pente de la dernière butte, à trente mètres de la Renault, dans le sable où il s'enfonçait jusqu'aux chevilles, il tomba, pantelant.

« Debout feignant », dit le Peintre Fou, dont le visage était inquiet, et qui s'était précipité.

Ben dégagea son coude, que l'autre lui tenait.

« Ça ira. »

Il releva d'abord la tête, bouche ouverte toute grande, du sable sur les lèvres, et il chercha la crête de la butte au travers du brouillard qui lui obscurcissait la vue.

« Ça va aller. »

Il vint en appui sur les coudes, creusa les reins, se redressa un peu à la façon d'un lézard. Il monta les genoux, un puis l'autre, se leva, se mit debout. Il acheva l'ascension, vint s'asseoir sur le capot de la voiture. Torse nu, il ne portait qu'un short et des chaussures sans chaussettes. Ses muscles ciselés dégageaient une incroyable impression de dureté.

« Ça va. »

Par un sentier, il descendit jusqu'à la mer, y entra progressivement et demeura immergé un long moment, tête sous l'eau, au point que le Peintre Fou faillit descendre à son tour. Mais il ressortit et remonta enfin.

« Tu veux ta médaille tout de suite ou après le déjeuner ? »

Eastbourne en mars et en semaine, ça n'était pas la joie. Ils trouvèrent tout de même un pub où ils burent, l'un de la bière, l'autre de l'eau glacée, et le patron leur servit quelque chose dont il affirma avec le plus grand sérieux qu'il s'agissait de langue de bœuf à la sauce piquante.

De ce pub, Ben appela une première fois l'hôtel Claridge à Londres.

Non, M. Van Heeren n'était pas encore arrivé.

Non, Mlle Jamaïca Van Heeren n'avait pas réservé quoi que ce soit.

Non, on ne l'avait pas vue.

Mme Calliope Jordaan non plus.

Ils finirent leurs verres, et le patron du pub les flanqua dehors parce que c'était l'heure légale. Ils marchèrent dans les rues désertes, au long de la mer. Le Peintre Fou se mit à parler de sa peinture ; il expliqua qu'à certains moments, très rares, inespérés, miraculeux, il en arrivait à peindre dans le silence le plus total, même si tous les horse-guards de la reine cavalcadaient sous ses fenêtres ; c'était comme d'être dans une bulle, ou bien d'être sous l'eau, avec dans les oreilles cette espèce de craquèlement délicat de mica froissé, il ne trouvait pas de meilleure image, très léger en tout cas, presque imperceptible. Et dans ces cas-là ce qu'il peignait n'était pas trop dégueulasse, enfin pas trop.

Il parlait pour meubler le silence.

Deuxième appel au Claridge, depuis une cabine téléphonique. Van Heeren pas encore arrivé.

« Et au poker, tu ressens quelque chose comme ça ? »

Ben sourit, ses yeux démontrant qu'il était en réalité sur une autre planète.

« Quelque chose comme ça.

— Souvent ?

— Tout le temps.

— Merde », dit le Peintre Fou impressionné.

Tout le temps, ça n'était pas croyable, et pourtant il le croyait, venant de Benedict.

Troisième appel d'une autre cabine publique à l'entrée de Brighton, sur le chemin du retour à Londres.

210

Et, cette fois, Van Heeren.

3

« Ne me coupez pas, ne m'interrompez pas, dit Benedict. Pas un mot. »

Sans rien omettre, il raconta tout ce qui s'était passé, du moment où rentrant du dîner à Hampstead il avait découvert les valises, le chocolat empaqueté destiné à Mona, et sa présence dans sa chambre.

Et la pluie.

Et comment il était allé à chaque fois coucher dans un hôtel près du Saint George Hospital ; on pouvait vérifier. Comment Jamaïca et lui avaient d'abord téléphoné, puis ensuite étaient allés à Henley, y avaient trouvé porte close sans un seul domestique. Et la tante quelque part dans le nord, les disques des Beatles, chambre à part, les promenades dans Londres déserte, chambre à part, les restaurants chinois, les disques, les heures à bavarder, chambre à part.

Après quoi Calliope elle-même était arrivée.

Sans rien omettre et sans rien ajouter, exactement la vérité.

Silence au bout du fil.

Mentalement, il compta lentement un, deux, trois.

Il raccrocha.

Ben rentra seul dans l'appartement de Belgravia et rien n'arriva pendant des heures ; même le téléphone demeura muet. Il s'était mis à lire. Après *La Nuit des rois*, il était resté avec le grand Will et lisait *Le Roi Lear*. « Lis-en ce que tu voudras », lui avait dit Calliope, « seulement le premier vers et tu refermes ou tu vas jusqu'au bout. Moi, j'aime. A toi de voir. » Il en était acte trois scène sept, entrée de Gloster encadré par les laquais, quand le timbre de la porte retentit. Il bougea avec lenteur : il mit en place le signet, referma soigneusement le livre, le posa non moins soigneusement sur la table basse, alla ouvrir à Van Heeren.

Ils se dévisagèrent un moment, le banquier mains enfoncées dans les poches d'un léger vêtement de pluie, épaules en avant.

« Nous devions dîner ensemble ce soir », dit Van Heeren.

Ben eut un vague mouvement de tête.

« Puis-je entrer ? »

Ben s'écarta, libérant le passage.

« Je voudrais vous parler », dit le banquier.

Ben referma la porte, précéda Van Heeren vers le salon. Il ne vit pas le mouvement, il le sentit, un dixième de seconde trop tard. Il esquiva néanmoins et cela lui permit de ne pas avoir le crâne fracassé. Mais la matraque de cuir tressé, lestée de plomb, le toucha à la base du cou. Il tomba de face vers le sol mais roula un peu sur la gauche et reçut le coup suivant sur la clavicule, qui se brisa ; là encore, pourtant, il manqua d'être tué de très peu.

« Je vous tuerai. »

Van Heeren ne criait pas. Il frappa et cette

fois le bras fut touché, le rejetant en arrière et aggravant la fracture de la clavicule.

« Calliope, Mona, mon argent, ça ne vous suffisait pas. Il a fallu que vous touchiez à elle... »

Ben tenta de se redresser, déjà aux trois quarts inconscient ; il lança la main, qui accrocha une tablette meublant l'entrée.

« Pas à elle. Il ne fallait pas toucher à elle. Personne ne la touchera jamais. »

Coup doublé, frappé à la volée, avec cent kilos derrière, tous les deux sur la hanche.

« Métèque. »

Ben s'écroula, entraînant la tablette, le grand vase chinois bleu et un cendrier de cristal.

D'autres coups assenés au hasard, la tablette de chêne protégeant miséricordieusement la tête.

Jusqu'au moment où le Peintre Fou, rentré quelques minutes plus tôt et alerté par le bruit, arriva et, étranglant à moitié Van Heeren, réussit enfin à le maîtriser.

SEPTIÈME DONNE

FULL

1

« Je lui avais menti, Ben. Pour la première fois de ma vie. Je lui avais raconté que j'étais arrivée à Londres le vendredi et que j'avais passé tout le week-end avec Jamaïca. Il m'avait crue. Pourquoi ne l'aurait-il pas fait ? Calliope Jordaan ne ment jamais. »

Un temps.

« Il ne va pas s'en tenir là, Ben. Il est fou. Mais tu le savais. Alors pourquoi, Ben ? »

Elle revint au bord du lit.

« Tu avais gagné, si réussir était vraiment ton objectif. Après que je lui eus raconté mon gros mensonge, il m'a parlé de ce qu'il allait faire pour toi, des projets qu'il avait te concernant : il te donnait la priorité sur ses propres fils. Et tu as tout flanqué en l'air. Tout. »

Elle s'assit sur le lit.

« Pourquoi, Ben ? »

Silence.

Elle se redressa soudain, se mordant la lèvre.

« Jamaïca. »

Une nouvelle fois, elle se mit à aller et venir dans la chambre de l'hôpital anglais. Elle était à présent plus calme, soulagée, ayant tout à la fois envie de pleurer et de rire. Elle retourna au lit, s'agenouilla, embrassa doucement, tendrement, Ben sur les lèvres, le front, les yeux, sur l'arête du nez, et la ligne dure de la mâchoire :

« Oh ! Ben, toi aussi tu peux être foudroyé ! Je crois que je suis heureuse. »

Avril, quatre semaines plus tard. A San Francisco. Le Roi dit :

« Elle, c'est Ping, et l'autre, c'est Pong. Ou le contraire. De dos, je les reconnais à leur croupe. L'une en pomme, l'autre en poire inversée ; comment s'y tromper ? »

Les deux Chinoises lui sourirent avec affection.

« Quoi qu'il en soit, je bande encore.

— Vieux cochon ! » dirent en chœur les Chinoises. Mais elles souriaient. Elles demandèrent :

« Y a-t-il autre chose que nous puissions faire ? »

Ben secoua la tête :

« Merci. »

Elles partirent. Le silence. Puis du toit de bois de la maison, arrivèrent des bruits de froissements d'ailes, produits par de grands oiseaux.

« Goélands, dit le Roi. D'abord, il en est venu un, je ne sais pas pourquoi. Un matin, il était là, sur cette rambarde, à essayer de me faire baisser les yeux. Je lui ai expliqué que j'étais le Roi Hov lui-même, lui-même en personne, personnellement moi-même. Il en a pris un coup au moral, c'était visible. Il a tenu trois jours puis a craqué nerveusement. Il est revenu sur le toit avec ses copains, et Ping et Pong leur ont donné du riz cantonais. Benedict, l'avocat Jubal Wynn est venu me dire que tu te refusais à intenter quelque action contre Van Heeren. Je ne sais rien de plus.

— Il n'y a rien de plus.

— Tu ne boites même plus.

— Ça va.

— Va me chercher un verre d'eau. »

Le Roi but, et le seul signe de sa souffrance était la blancheur des doigts décharnés, serrés autour du verre à le broyer.

« Je suis fou de colère, dit-il enfin de sa grosse voix rauque. Contre lui, bien entendu. Mais surtout contre toi, Benedict. Tu n'as rien fait de ce que j'attendais de toi, rien. Tu as gagné de l'argent, mais qui t'avait demandé de le faire ? Van Heeren l'emporte, en fin de compte. Ces cinquante dernières années n'auront servi à rien. Les Turcs triomphent. »

Dans sa main, le verre éclata soudain. Le Roi considéra les éclats demeurés entre ses doigts, les déposa calmement sur la table voisine.

« Ne bouge pas. Je n'ai pas besoin de toi. »

Il ôta le foulard de son cou et en enveloppa sa paume ensanglantée.

« Je suis fou de colère et de honte, Benedict. »

Un temps.

« Il va te reprendre cet argent qu'il t'a fait gagner ?

— Il va s'y employer.

— L'argent n'est rien. Mais, ce faisant, il te démontrera qu'il peut tout. »

Silence.

« Il peut vraiment tout, Ben ? Tu aurais échoué ? »

Silence. Ben se détacha de la rambarde, ôta son tee-shirt, s'allongea sur le ventre à même le plancher noir du balcon. Il se mit à exécuter des flexions sur les bras. A quatre-vingt-sept, il ne parvint plus à remonter et demeura quelques secondes immobile, sa joue contre le bois, le visage impassible, les yeux clos.

2

Eve Morrison :

« Je dois vous informer de tout ce qui a été fait contre vous, afin que vous compreniez à quel point votre écrasement est inexorable. »

Benedict Sarkissian et elle marchaient sur le pont de la Golden Gate. La circulation y était dense, au point que Morrison devait parfois crier, sur le passage d'un flot de camions. Il y avait de la brume, comme toujours, et le couple y entrait et en sortait à intervalles réguliers.

« Je dois enfin m'assurer que vous êtes rétabli en tous points. Vous l'êtes ?

— Oui. »

De la sacoche qui ne la quittait jamais, Eve Morrison retira des papiers :

« Allons-y. Des chiffres. Au 30 avril, vous disposiez de deux millions soixante-dix mille cent onze dollars. Répartis, vous en aviez pris soin. Mal répartis, hélas ! D'abord ces huit cent mille dollars que vous avez déposés sur un compte à numéro d'une banque des Bahamas, par le truchement d'une société anonyme créée par vous à Panama. Vous avez cru cette opération parfaitement discrète. Erreur. Quelqu'un était au courant :

220

votre représentant en cette affaire en vertu d'un acte de trust que vous lui avez signé : un banquier suisse du nom d'Aloysius Mutter. Vous ignoriez l'existence de cet acte de trust ? Surprise. Mais tout est en règle, M. Mutter est en mesure de vous montrer tout, jusqu'aux doubles des lettres que vous lui avez adressées et qu'il vous a expédiées en retour, dans lesquelles il vous mettait en garde contre des placements aussi aventureux. Hélas ! vous ne l'avez pas écouté et vous avez tout perdu, sauf des titres aujourd'hui sans valeur. »

La Porte d'Or, la Golden Gate est large de vingt-sept mètres ; elle domine le Pacifique de soixante-sept mètres, ses piliers se dressent à deux cent vingt-sept mètres ; elle a une longueur de deux mille sept cents mètres. Ben Sarkissian et Eve Morrison n'avaient à peine parcouru que le dixième de cette longueur.

« Huit cent mille ôtés de deux millions soixante-dix mille cent onze, reste un million deux cent soixante-dix mille cent onze. Desquels il faut déduire soixante-quatorze mille six cent vingt-quatre dollars représentant les frais de courtage de la banque ayant effectué en votre nom l'opération sur les devises. Des retards avaient empêché que ces frais fussent déduits. C'est fait. Il vous reste donc un million cent quatre-vingt-quinze mille cent quatre-vingt-sept dollars. »

La brume enveloppa les piliers.

« En théorie du moins. Car il y a cet ordre que vous avez donné à votre agent de change de New York. Vous ne saviez pas que vous aviez un agent de change : surprise encore. En tout cas, cet ordre a été funeste : vous avez investi dans une

221

affaire dont le directeur est malheureusement parti, voici peu, avec la caisse. Perte sèche : quatre cent cinquante mille dollars, plus les frais, il y en a toujours. Et des bruits courent selon lesquels, entre cet escroc parti avec la caisse et vous-même, il y aurait eu d'étranges complicités, des lettres échangées, des accords signés, qui sont troublants. Toutes les pièces sont évidemment à votre disposition, où à celle de vos avocats. »

Les piliers réapparurent soudain, mais ce fut l'îlot d'Alcatraz, à droite, qui s'enfonça dans le brouillard.

« Reste sept cent soixante-dix-huit mille cent soixante-sept dollars. »

Le flot des véhicules sur la voie descendante stoppa, suite à quelque embouteillage au poste de péage. Deux jolies filles en cabriolet sourirent à Ben.

« Desquels, il faudra évidemment soustraire ces quatre chèques au porteur, de soixante-quinze mille dollars chacun, que vous avez établis, vidant de ce fait le compte que vous aviez vous-même ouvert dans une banque ayant son siège à Singa-pour, compte ouvert sous le nom de Francisco Narvaez. »

Tout en marchant, Ben se retourna et rendit leur sourire aux deux filles.

« Reste quatre cent soixante mille cinq cent vingt-sept dollars, dit Eve Morrison. Mais il y a quelque chose qu'il ne faudrait pas oublier. »

Ben, qui allait jusque-là à reculons, adressa un signe de la main aux filles et reprit une démarche normale.

« Les impôts, dit Eve Morrison. De graves erreurs ont été commises lors de votre déclara-

222

tion de revenus. Les agents du fisc, peut-être sur dénonciation, étudient en ce moment votre dossier. A seule fin de vous être utile, j'ai demandé à nos services financiers d'évaluer le risque que vous courez : il est élevé. Outre les déductions fiscales ordinaires, vous aurez à payer une forte amende. On est très monté contre vous au département du Trésor, Dieu sait pourquoi. En fait, tout cet argent, ces quatre cents et quelques mille dollars que vous avez encore ne suffiront sans doute pas à tout régler.

— Si bien qu'il ne me reste rien.

— Rien. »

Des deux mille sept cents mètres du parcours, ils en avaient au plus couvert cinq cents.

« Explications, dit Eve Morrison. Vous avez été constamment suivi, observé, pisté, écouté, filmé. Des dizaines d'hommes se sont attachés à vos pas, aux pas de ceux que vous rencontriez. Je suis une femme extrêmement efficace, monsieur Sarkissian, mes ordres étaient précis, les moyens mis à ma disposition sans limite, et il n'est pas un établissement bancaire au monde où je ne puisse avoir accès à toute information. Bon, je suppose que vous allez prétendre — et soit dit entre nous à juste titre — que vous avez été la victime d'un faussaire, que toutes ces lettres n'ont pas été écrites, ni surtout signées par vous ; que vous n'avez jamais par exemple investi Aloysius Mutter de votre confiance. Toujours entre nous, vous aurez entièrement raison, mais autre chose sera de le prouver. Monsieur Sarkissian, depuis des mois, le plan de votre destruction est en place. Tout ce que vous avez écrit, signé, paraphé, griffonné, a été depuis doublé, réécrit par les meilleurs faussaires que j'ai pu trouver. Que fera la justice recevant votre plainte ? Elle ordonnera une expertise. A partir de quoi ? Vos écrits anciens. Ce sont ceux-là que nous avons systématiquement truqués. Il n'est rien qu'on ne puisse réussir si l'on a assez d'argent. Que pourrez-vous faire ? Ecrire en la personne physique du juge auprès de qui vous vous serez plaint ? On dira que vous avez modifié votre écriture, volontairement ou non. Et que vaudra votre parole contre celle de M. Van Heeren, de M. Mutter, de tous les membres de leurs états-majors, de cet agent de change de New York fort honorablement connu, contre ma parole ? »

Ben stoppa. La brume d'un coup se dissipait, la baie de San Francisco dans sa totalité était à présent visible. Une Cadillac noire apparut dans le lointain, dans le sens sud-nord, vers Marin Peninsula.

« Dernier point, monsieur Sarkissian. Il y avait dans le bureau de M. Van Heeren une toile d'un peintre français appelé Utrillo. On vient de découvrir que cette toile a été remplacée par un faux. Nous n'avons pas fait appel à la police, nos propres services de sécurité ont mené une enquête. Avec succès : ils ont découvert l'antiquaire à qui quelqu'un a tenté de revendre le tableau volé. Cet antiquaire vous a formellement identifié. Un membre de nos services de sécurité vous a rencontré ; il a obtenu discrètement de vous la restitution de la toile, votre démission et vos aveux complets. Voici copie de ces aveux. La signature est celle figurant sur tous les autres documents. Dans sa générosité, M. Van Heeren ne portera pas plainte. Mais tentez de n'importe quelle façon de reprendre contact avec la plus jeune de ses filles, et cette plainte qu'il a magnanimement refusé de déposer le sera alors aussitôt. »

La Cadillac noire n'était plus qu'à cinquante mètres et allait très lentement.

« J'en ai fini, monsieur Sarkissian. J'ai exécuté les ordres que j'avais reçus. »

Ben ne bougeait plus.

« Tous les ordres », répéta Eve Morrison.

La Cadillac, quoique avançant au pas, n'était plus qu'à vingt mètres.

« Je sais que votre grand-père est très malade, dit Eve Morrison. Je sais tout.

— Il va mourir », dit Ben simplement.

Eve Morrison baissa la tête. La Cadillac n'était plus qu'à cinq mètres. Le chauffeur l'arrêta. Il descendit et vint ouvrir la portière.

Quelque chose comme un frémissement passa sur le visage blanc et fané d'Eve Morrison. Elle dit doucement :

« Vous avez joué et perdu, Ben. »

Il ne répondit pas, renversa la tête en arrière pour contempler la glorieuse envolée des piliers de la Porte d'Or, d'un rouge minium éclatant. Eve Morrison monta dans la Cadillac qui s'en alla, laissant Benedict au milieu du pont.

3

Après cela, Benedict donna et reçut quatre coups de téléphone.

D'abord O'Keefe :

« Ben, le couperet est tombé. Et ça fait mal. C'est cent fois pire que tout ce que j'avais imaginé. J'ai l'impression d'avoir contre moi la totalité de tous les financiers du monde, tous ligués, emplis d'une rage démente contre le pauvre vieil O'Keefe. De la Bank of America à la Chase, en passant par la Barclays, la Mitsubishi, l'U.B.S. et la Bamboula's Bank de Boumboumbadaboum, on me pourchasse et on me traque. C'est tellement énorme que ça en devient comique. Ça revient à expédier la Sixième Flotte pour arraisonner un canoë-kayak. Et évidemment plus un centavo de crédit à l'horizon bancaire ; je ne saute pas, j'explose, en chaleur et lumière. Ruiné. »

Silence.

« Ben ? Ben ?

— J'ai entendu, dit Ben de sa voix indifférente.

— Ça ne va pas très fort non plus, hein ?

— On ne peut pas dire.

— Ton grand-père ?

— Toujours pareil.

— Bon sang, assomme-le, Ben ! Et traîne-le dans un hôpital ! Qu'ils le bourrent de leurs saloperies antidouleur. Ça me glace le sang rien que d'y penser. »

Silence.

« Que vas-tu faire ?

— Avec un orage pareil, on s'abrite. Je lâche tout et je me tire en Europe. Chez Françoise, dans le Midi de la France. Viens.

— Peut-être.

— Viens. »

226

Et pour finir :

« Ben, je n'en mourrai pas. Et je te l'ai dit, je te le répète : il n'y a rien contre toi, chez les O'Keefe. Les O'Keefe t'aiment, ordure. »

Deuxième appel, Richard Yates, l'avocat new-yorkais.

« Monsieur Sarkissian, il se passe quelque chose de désagréable. Pour mieux défendre mon client, j'avais fait effectuer sur son compte l'enquête la plus précise, la plus complète qu'on pût faire. Vous me suivez ?

— Continuez.

— Or, les résultats de cette enquête se révèlent dramatiques. Pour Francisco Ochoa du moins. Tous les témoignages recueillis concordent : c'est un jeune homme totalement dépravé, naturellement porté à la violence, voire au sadisme. Un tel dossier entre les mains d'un district attorney, et votre ami est perdu. Ce n'est pas tout : toutes les associations féministes, inexplicablement diligentes, entreprennent une campagne contre l'assassin de sa pauvre femme enceinte. La famille de la victime s'est portée partie civile, la presse l'appuie avec vigueur. Et, malheureusement, les renseignements que j'ai personnellement obtenus sur mon client auprès de ses anciens employeurs — il a été licencié bien sûr — ne plaident guère en sa faveur.

— Et vous ? demanda Ben.

— C'est l'autre nouvelle, que j'ai le regret de vous annoncer. Je sors de chez mon médecin. Il m'ordonne le repos le plus complet, ma santé est en jeu. J'avais espéré me trouver un remplaçant parmi les meilleurs de mes collègues spécialisés : hélas, ils sont tous surchargés. Et pourtant le temps presse. »

Silence.

« Monsieur Sarkissian ? »

Ben avait raccroché.

Troisième appel, l'avocat san franciscain ami du Roi et qui avait un ketch noir. Nom : Jubal Wynn.

« Ben, dit Jubal Wynn, ce n'est pas une question d'argent, cessez donc d'en parler. Il n'y a pas d'homme que j'aime, que je respecte, que j'estime plus que le Roi Hov. Vous êtes son petit-fils et c'est assez, quoique nous ne nous connaissions guère. Je pourrais vous avancer que j'ai d'autres clients, dont les affaires sont à peine moins urgentes. Mais ce n'est pas la raison qui me fait hésiter ; à vous dire oui, s'entend. Je suis un avocat d'affaires, hautement spécialisé, je n'ai pratiquement jamais plaidé, un procès au criminel m'est étranger, et de loin.

— Je vous en prie. »

Les secondes qui s'écoulèrent.

« Que Dieu protège ce garçon appelé Ochoa, dit enfin Jubal Wynn. Que Dieu veille spécialement sur lui. Et qu'il m'aide, moi, s'il a une minute ou deux à me consacrer. Car j'y vais. Je vais prendre le premier avion pour New York. Ben, je ferai de mon mieux. »

Quatrième appel, Calliope.

« Tais-toi. Où te trouves-tu ? »

Il le lui dit ; il était simplement chez le Roi, voilà pourquoi il parlait à voix basse, parce que le Roi avait peut-être trouvé un peu de sommeil.

« Donne-moi un autre numéro où t'appeler dans trois minutes. »

Il lui donna le numéro du « Bar With No Name », au bout de Sausalito.

« Trois minutes. »

Il raccrocha, courut tout du long, arriva cinq secondes avant la sonnerie. La voix essoufflée de Calliope.

« J'appelle moi-même d'une cabine. Ben, sa puissance dépasse et de loin celle de ce type à la Maison Blanche. Et il est fou. Il a dépensé des millions de dollars dans le seul but de te faire monter, et maintenant pour t'abattre. Il m'a même menacée, moi ! Moi, Calliope Jordaan. C'est de la paranoïa, ce serait à hurler de rire si ça ne tournait pas à ce point au tragique. Pour ton ami Ochoa par exemple. Où en est-il ? J'ai appris que cet ignoble Yates s'était retiré.

— J'ai trouvé une parade.

— Suffisante. »

Silence, et puis la voix lointaine, indifférente, de Benedict :

« Je gagnerai, en fin de compte. La partie n'est pas terminée.

— Oh ! mon Dieu ! dit Calliope.

— Calliope, où est-elle ?

— Ben...

— Où est-elle ? Où est Jamaïca ?

— Pour l'amour du Ciel, Ben !

— Où est-elle ?

— Je ne le sais pas.

— *Calliope* !

— Je te le jure.

— Calliope, je gagnerai. Rien ni personne ne m'en empêchera. »

Dans l'écouteur, les sanglots de Calliope.

« Ben, je ne le sais pas. Et je ne te le dirais pas si je le savais ! Ben ! Ben ! »

Le Roi avait affirmé qu'il était capable de marcher, pas simplement marcher d'une pièce à l'autre, marcher. Il refusa toute aide pour se rendre jusqu'à la voiture, s'y installa de même, en descendit seul quand ils furent arrivés. Lui et Ben marchèrent côte à côte sous les séquoias. Il regarda Ben courir interminablement, il contempla le panorama admirable, et qu'il ne reverrait plus : toute la baie de San Francisco, le mont Diablo, les collines de Contra Costa, les montagnes de Santa Cruz, la sierra Nevada, la Coast Range, le Pacifique et les pentes du Tamalpaïs où il était.

Ben expliqua au Roi ce qu'il allait faire, point par point.

« Et tu tueras ce Turc, dit le Roi les yeux étincelants.

— Je le tuerai.

— Combien de temps ?

— Six mois à peu près. »

230

Ils se regardèrent.

« Je serai encore vivant, dit le Roi. Juré. J'attendrai pour mourir, tu as ma parole. »

Le maître d'hôtel philippin s'effaça, lui ouvrit la route au long d'une allée majestueusement bordée d'une folle luxuriance de plantes tropicales. On était en Floride, aux abords de Miami.

Ben suivit le chemin. Il entendit les voix et les rires, la musique aussi. Il déboucha sur la piscine. Le luxe était partout, inouï, et il y avait là deux ou trois douzaines de jeunes gens. Il avança parmi eux avec son blouson de toile noire et son tricot blanc.

Il la découvrit allongée au milieu de sa cour. Elle aussi avait les seins nus et pas grand-chose d'autre sur le reste du corps, à l'exception d'un cache-sexe maintenu par des cordonnets passant entre ses fesses. A côté d'elle se trouvait étendu un grand viking blond, athlétique. Elle riait, très bronzée, avec ce regard fiévreux et troublant qui lui était habituel. Tournant la tête, elle aperçut Ben à son tour ; son rire s'interrompit et l'extraordinaire ressemblance qu'elle avait avec son père réapparut, hallucinante.

Il s'approcha d'elle.

« Je voudrais te parler, Mona. »

Autour d'eux, les conversations s'arrêtèrent.

« Eh bien, parle.

— En tête-à-tête.

— Nous sommes très bien ici, Ben. Je n'ai pas envie de bouger. »

Ils étaient trente à écouter. Mains dans les poches de son blouson, Ben se redressa ; il semblait perdu dans un rêve. Il finit par hocher la tête :

« Je suis venu t'épouser », dit-il.

Un temps. Elle éclata d'un rire soudain mais très bref, et qui cessa en même pas trois secondes.

« Comme ça, Ben ?

— Comme ça.

— Et quand ?

— Maintenant.

— Il nous faudra tout de même le temps de trouver un juge. »

On rit. Il sourit rêveusement :

« J'en ai amené un. Il attend à la grille. »

Silence. Nouvel éclat de rire, aussi bref que le premier :

« Et l'on dit que je suis folle ! »

Silence. Elle tapota le ventre du viking :

« Fous-moi le camp, toi. »

Elle se leva à son tour, il n'était pas un centimètre carré de sa peau qui ne fût parfaitement bronzé, jusqu'aux fesses rondes et fermes. Elle ôta le cache-sexe, claqua des doigts ; on lui apporta une robe-tunique qu'elle enfila par la tête. Elle prit la main de Ben.

« Viens. »

Ils s'éloignèrent.

« Jamaïca d'abord, dit-elle. D'après Calliope, tu en es fou. Et Calliope, comme George Washington, ne ment jamais. »

Un couple surgit dans la même allée : « Du vent », dit Mona. Qui reprit :

« Alex ensuite. Il t'a fait suivre, partout et toujours. Tu le savais ?

— Je le sais.

— Le mensonge de Calliope à Londres n'aurait servi à rien, de toute façon. Alex aurait su que tu avais vu Jamaïca seule. »

Un temps :

« Ils savent que tu es ici ?

— Je ne crois pas.

— Ils ne vont pas tarder à te retrouver. Ils sont une armée et se servent d'ordinateurs. Parlons de mon père, de ce cher Alex : il a frappé Calliope, c'est tout dire. Inutile de chercher d'où je tiens ma folie. Je suis sûre que tu t'en souviens : j'ai une fortune personnelle à laquelle il ne peut pas toucher. Combien veux-tu ? Cinquante millions ? Ils sont à toi. De toute façon, je n'arriverai pas à tout dépenser ; on m'enfermera avant, sauf si je me tue moi-même, ce qui est une meilleure idée. C'est de l'argent que tu veux, Ben ? »

Il secoua la tête.

« Alors quoi d'autre, Ben ? Moi ? Tu peux m'avoir sans bague. Tu me veux parce que je suis sa fille et parce qu'à chaque fois que tu me pénétreras, c'est lui que tu pénétreras ? »

Un temps.

« Ou bien parce que devenu son gendre officiel, tu lui offriras moins de prise ? Pour mieux préparer ta revanche ? »

Elle s'immobilisa en bordure de l'allée, cueillit ou plutôt arracha une fleur, qu'elle déchiqueta.

« Ben, tu es le seul homme que j'aie jamais aimé. Plus tôt, tu aurais pu m'aider, peut-être. »

Elle vint contre lui, posa son front contre sa poitrine et se mit à pleurer, déchirée par de lents et lourds sanglots, les yeux fermés, ses doigts continuant à réduire en pièces la fleur délicate.

« Oh ! Ben, pourquoi n'es-tu pas venu plus tôt ? Il y a des années... »

Silence.

« Ben, ne m'épouse pas. Va-t'en, je t'en supplie... »

Il ne bougeait absolument pas, les bras le long du corps, les mains inertes.

« Parce que, si tu me demandes de t'épouser, Ben, je vais le faire. Et je te rendrai fou. »

Ils se marièrent dans la demi-heure qui suivit, et moins de vingt minutes plus tard trois hommes se présentèrent, tous trois le visage froid, avec ces yeux particuliers aux policiers. Ce qu'ils n'étaient pas, ou du moins pas de la police officielle. Mona leur apprit la nouvelle. Ils hochèrent la tête :

« Nous étions mandatés pour empêcher cela. Trop tard. »

Ils affectaient de ne pas voir Benedict Sarkissian, exactement comme s'il n'eût pas été là. Ils finirent par s'en aller.

Cela se passa le 11 mai. Dans la soirée du même jour, le couple s'envola pour l'Europe.

5

Ils atterrirent en France, avec femmes de chambre, secrétaires et bagages, attendus à Nice-Côte d'Azur par une flottille de Rolls. Ugo aussi était à l'aéroport ; c'était le jeune Allemand qui possédait un château en Forêt Noire, beaucoup d'argent, de relations mondaines, et le plus violent goût du sarcasme.

« Merci d'être venu, Ugo.

— Benedict Sarkissian, deuxième tournée triomphale en Europe, et j'aurais manqué ça ? »

Il mit à profit une courte absence de Mona pour préciser :

« Je me suis occupé de tout, comme tu me l'as demandé. Et tout est prêt. Je veux assister à chaque partie. Mais pas de problème : on sait qui tu es à présent. On ne demande qu'à jouer contre toi. C'est la vieille histoire du Tireur-le-plus-rapide-de-l'Ouest. Qui ne rêve de l'affronter et de s'attribuer le mérite d'être le premier à l'abattre ? A propos, tous mes vœux. »

Il sourit à Mona, qui venait de les rejoindre :

« On se connaît, tous les deux, nos destins se sont croisés. Mon papa et le vôtre se connaissent. Et ma maman chérie connaît votre chère mère : elles fréquentent toutes deux les mêmes HLM d'Ascot, Garmisch et tout le tremblement. »

Il jeta un coup d'œil intrigué sur le couple formé par Benedict et Mona.

Quelque chose de bizarre...

La villa sur la route de La Turbie n'était pas encore tout à fait prête ; le secrétariat de Van Heeren avait dû courir après les domestiques éparpillés. On passa la nuit à l'hôtel de Paris, on alla au casino. Mona y perdit vingt ou trente mille dollars, en jouant n'importe comment mais dans la plus franche gaieté. « Et ça ne te tente pas ? » demanda-t-elle à son mari. « Non ». Il ne voyait pas d'adversaire, simplement des machines et des cartes et des dés.

Le lendemain la villa fut prête, les domestiques rameutés ; huit au total. On s'installa dans les vingt-deux pièces, certaines assez grandes pour y gonfler un dirigeable, et d'où l'on avait une vue sublime sur la Méditerranée et la principauté.

Méconnaissable pour qui l'aurait bien connue, Mona était une jeune épouse énamourée, gaie, câline, redevenue vierge.

Au point qu'Ugo s'y trompa. Il allait rester longtemps avec le souvenir de ces premiers temps et par la suite, forcément, il eut du mal à comprendre.

Ugo leur racontait une histoire :

« Il y a peut-être cinquante ans, arrive à Monte-Carlo un certain Schloumpff, Américain, riche fabricant de lessive. Il veut tout acheter et on lui dit que ça n'est pas possible. Mais il peut, s'il le veut, voler au secours de l'opéra local, qui bat de l'aile. D'accord, dit Schloumpff. « Je fais tout si vous jouez *Othello*. » « Pourquoi *Othello* et pas *La Traviata* ? » Parce qu'il a une idée, le Schloumpff : au premier acte, le type qui joue Othello est noir comme du Zan ; au deux, il est déjà plus clair ; au trois, il a viré vers le café au lait ; au quatre enfin, il est blanc, tu dirais un Suédois, et pendant qu'il extermine Desdémone, il y a deux machinistes qui traversent la scène avec une pancarte : « Z'avez vu ce qu'on obtient « avec la poudre Schloumpff ? »

Mona riait aux éclats ; même Ben souriait. Ugo pencha la tête :

« Prêt pour la première partie ? »

La première partie eut lieu dans la propriété d'Ugo à Saint-Tropez. Les jeunes gens réunis par Ugo étaient tout disposés à perdre un argent qu'ils n'avaient pas eu la peine de gagner et ils perdirent, dans la gaieté, soixante mille dollars.

« Je sais, dit-il ensuite à Benedict, c'est une partie de misérables. Mais tu faisais ta rentrée en quelque sorte, j'ai voulu te ménager. Je me suis trompé. Tu ne joues donc jamais pour le plaisir ?

— Ça n'a rien à voir. »

Ugo secoua la tête, examinant le visage maigre :

« Et pourtant, j'ai l'impression que tu as changé. C'est peut-être le mariage. A propos, Mona va assister aux parties à chaque fois ? »

Le rite avait été respecté : la mallette placée contre le pied avant gauche de la chaise, la façon de prendre ses distances vis-à-vis de la table, la vieille montre de gousset d'abord posée sur le tapis, dans un premier temps, après le tirage au sort des places, puis reprise en main, remontée, mise à l'heure, c'est-à-dire à zéro heure zéro minute, les longues mains se plaçant à plat sur la table : « Nous jouerons donc quatre heures. » Jusque-là rien que d'habituel. Cela faisait partie de la légende de Benedict Sarkissian, on l'attendait.

Maître de maison, Ugo avait refusé de jouer (il n'allait en fait jamais jouer à la même table que Sarkissian) et s'était consacré au ravitaillement et aux filles. Il les avait installées dans une autre pièce. Souhaitaient-elles voir un ou plusieurs films ? Rien de plus facile : l'appareil de

237

projection était prêt, ça marchait tout seul, on n'avait même pas besoin de domestiques.

Mais Mona...

Déjà par sa présence, en tant que femme légitime, elle posait un problème. Elle n'aurait pas dû être là. Mais elle avait fait plus : elle s'était installée d'elle-même, non pas dans la pièce où l'on jouait, tout de même pas, mais juste à côté, dans un fauteuil, attendant. « Vous n'allez tout de même pas rester là quatre heures ? » Elle était restée là quatre heures, sans rien faire d'autre qu'attendre.

« Ben, elle ne va pas faire ça à chaque fois ?

— Ça ne me gêne pas.

— Mais on va voyager, aller partout en Europe, sauter d'un avion dans l'autre, une vraie course ! Et puis ça pourrait gêner les autres joueurs. Une femme légitime au milieu de la pause, il y en a que ça va démoraliser.

— Ils le diront. »

Il en fallait pas mal pour troubler Ugo.

« C'est son affaire », dit Ben.

Autre point sur lequel Ugo obtint plus ou moins des éclaircissements : l'argent avec lequel Benedict Sarkissian joua les premières parties. Ugo était au courant de la manœuvre Van Heeren, reprenant à Ben tous les capitaux dont il avait un temps disposé. Il crut quelque temps que Ben jouait tout simplement avec l'argent de sa femme, ce qui n'était pas pour le choquer.

Ce fut Mona elle-même qui lui apprit la vérité : elle n'avait jamais donné un dollar à son mari. Et les cinquante mille dollars constituant le fonds de roulement de Ben pour les premières parties de sa « deuxième tournée » provenaient de la vente de quelques-unes des monnaies anciennes du Roi Hov.

On alla à Rome pour la partie suivante. Spécialité locale : la cocaïne, de préférence après les repas. Au rang des joueurs, essentiellement des aristocrates aux allures de cardinaux et, très vraisemblablement, un monsignor camouflé en civil. Et, avec cela, d'une rapacité incroyable.

Ils offrirent de la cocaïne à Benedict, qui refusa. Et qui leur prit une trentaine de milliers de dollars, exprimés en lires. Ils firent quelques difficultés pour payer : Nous ne nous attendions pas à perdre autant, dirent-ils, à la seule exception du monsignor, qui régla rubis sur l'ongle, dans le même temps qu'il se faisait benoîtement mignoter par une rouquine. Pour les autres, Ugo se dévoua et les accompagna au matin à leurs banques respectives, expliquant ensuite : « Ce n'est pas qu'ils n'aient pas les moyens. Ces types ont des fortunes vaticanes. Simplement, ils sont radins. Mais je n'avais pas de partenaires pour toi à cette date. »

Mona assista à la partie, presque en vue directe, dans l'enfilade des salles d'un obscur palais romain. Et le monsignor camouflé éprouva probablement un surcroît de plaisir d'être ainsi caressé sous l'œil de cette femme impassible.

Après la partie, Ben courut en pleine ville, dans les premières lueurs de l'aube et l'éclaboussement des arroseuses municipales. Il s'élança de la Bouche de la Vérité, contourna le Palatin et le Colisée jusqu'aux Thermes de Trajan, revint vers le Forum, dont il parcourut à peu près chaque rue et, pour finir, par la longue rue des Quatre-Fontaines où certains magasins commençaient d'ouvrir, il rallia les jardins de la Villa Médicis, avec une ultime et terrible accélération jusqu'au sommet des marches du Pincio.

Physiquement, il était tout à fait redevenu lui-même.

6

Après Rome, Milan. On allait y revenir souvent.

Face à Ben, les industriels les plus puissants d'Italie, dont un dans l'automobile. Ugo :

« Ben, la première partie était pour rire, la deuxième pour le folklore. Ça t'a quand même permis d'augmenter ton capital. Où en es-tu ? Veux-tu que je te prête quelque chose ?

— Merci, non.

— Attention, Ben, les Milanais ne reculent pas devant la relance. Ils font le poids. »

Ben avait à peu près cent mille dollars.

Le pronostic d'Ugo se vérifia : on joua gros. Deux des joueurs se plaignirent de ce qu'en quatre heures ils n'avaient pas le temps de jouer sérieusement ; on fit donc une partie le samedi soir, une autre le lendemain, Ben Sarkissian refusant de jouer plus de quatre heures. « Par principe. »

Le plus gros perdant fut un fabricant de saucissons, également à la tête d'une florissante affaire de transfert illégal de devises.

Gain net de Ben Sarkissian au terme de ce week-end milanais : cent quatre-vingt-dix mille dollars.

Les grands yeux bleu porcelaine d'Ugo reflétaient l'innocence ; son visage de communiant touché par la grâce, ses manières attendrissantes de jeune homme de bonne famille étaient à l'unisson. Il avait tout pour inspirer confiance aux vieilles dames. Dans la réalité il était un diable sardonique, revenu de la drogue sauf un peu de hasch de temps à autre, volontiers pédéraste à ses moments, couchant en fait avec n'importe qui, ayant des cousines dans des familles régnantes, et des oncles, cousins et frères dans les plus puissants des conseils d'administration, sans parler des collatéraux moins évidents mais dont il tenait registre à tout hasard.

« Quand j'avais dix ans, je me suis juré de ne rien faire : j'ai tenu parole. Depuis ton arrivée, il me semble bien que je travaille : c'est une sensation nouvelle. Tu ne m'as jamais demandé pourquoi je t'aidais. La réponse est simple : c'était toi ou Andreas Baader. Tu es arrivé juste à temps pour m'empêcher d'abattre sauvagement une poubelle en ratant un juge d'instruction. Je n'ai jamais été capable de me couper les ongles tout seul. Alors, l'insurrection armée... Et puis, c'est plus amusant avec toi. Avant l'Apocalypse. »

Après Milan, retour à Monte-Carlo pour un temps : les parties s'enchaînèrent. On invitait Ben, toutes les portes s'ouvraient. Ben se souvenait de ce qu'avait toujours affirmé le Roi :

« Benedict, il y a plusieurs sortes de poker. Je

241

parle uniquement du poker auquel tu dois prétendre. Il y a de la femme chez tout homme. Ceux qui s'assiéront à la même table que toi, que ceux-là aient de l'argent en quantités énormes ne les rend pas moins féminins, au contraire. Ils t'inviteront parce que tu les fascines, parce que tu leur fais peur, parce qu'ils te désirent. Ils te regarderont marcher, t'asseoir, accomplir certains gestes pour mieux les séduire. Ils ont l'argent et toute la puissance. Ils peuvent tout s'offrir, sauf cette jouissance qu'ils attendent de toi, ces Turcs : que tu les encules. »

Fin mai et toute la première semaine de juin, on joua surtout à Paris, avenue Foch notamment et dans deux cercles privés, près de la place de l'Etoile.

Gains précédents ajoutés, la cagnotte atteignait alors plus de quatre cent mille dollars. Elle approcha le demi-million quelques jours plus tard, au terme d'un séjour au Marbella Club dans le Sud espagnol, près de Torremolinos. Elle passa à six cent cinquante mille vers le 20 juin. Ben jouait à raison d'une partie tous les deux ou trois jours, dans le cadre d'un programme minutieusement établi par Ugo, qui leur faisait parcourir toute l'Europe de l'Ouest.

Le 21 juin Francfort, le lendemain Bonn, deux jours plus tard Amsterdam. Ugo avait prévu de rester en Hollande, à la rigueur de descendre jusqu'au Sud, jusqu'en Bavière, pour y passer les trois jours suivants dans le château ancestral.

« Puisqu'on doit de toute façon se rendre à Londres ensuite. » Il avait en effet organisé quatre parties dans la capitale britannique, ce qui les tiendrait en Grande-Bretagne jusqu'à la fin de la première semaine de juillet.

Mais Mona voulut à toute force regagner la villa de Monte-Carlo. « Des kilomètres pour rien », commenta Ugo sans aigreur excessive.

Le lendemain, Mona sortie seule revint juste à temps pour le dîner. Elle avait bu, comme souvent. Et elle annonça aux deux hommes qu'elle était enceinte.

7

Elle les accompagna tout de même à Londres. Elle ne quitta pour ainsi dire pas le Dorchester, où Ugo leur avait retenu une suite.

A Londres, comme le voulaient les usages, ce ne furent pas tant des filles qui papillonnèrent autour des joueurs, à l'heure de la pause, que de ces éphèbes qu'on trouve ordinairement en train de se faire la cour dans les recoins de Saint James Park, à la brune.

Mona les regarda comme elle aurait regardé des vaches.

Ben ne quitta pas la table pendant le repos, ne mangeant rien et ne buvant qu'un peu d'eau, totalement hermétique à ce qui se passait autour de lui, ne semblant jamais voir le regard de sa femme, qui pourtant ne le quittait pas une seconde, occupant ses mains à bâtir de vertigineux châteaux de cartes.

Après Londres, le montant de ses gains atteignit huit cent quatre-vingt-quatorze mille dollars.

Monte-Carlo, Munich, Paris, Genève, Milan.

Milan deux fois consécutives.

Un million et douze mille dollars de gains.

Et puis Madrid, où il joua contre des Espagnols aux têtes d'instrumentistes de l'Opus Dei fervents de la Phalange, et pointant des yeux à faire tirer sur la foule.

On refit un voyage à Torremolinos, histoire de prendre le soleil de l'été. De là, suivant une idée qu'il venait tout juste d'avoir, expliqua en toute innocence Ugo, il appela et obtint Tanger, où il se souvenait avoir pris part à une fabuleuse soirée donnée par un milliardaire américain. Le milliardaire, miracle, était dans son palais maure, de passage.

« On y va ? »

Ugo interrogea Ben du regard.

« Ben, il connaît sûrement Van Heeren personnellement. Oui ou non ? »

Ben finit par acquiescer.

« Et qu'est-ce que vous diriez d'une petite partie avec le meilleur joueur du monde ? » dit Ugo au milliardaire américain, lequel répondit illico qu'il préparait le bourbon et la glace et qu'il leur envoyait son DC 9 personnel.

On traversa le détroit de Gibraltar.

A Tanger, c'était un palais authentique, agrandi

par les achats de villas voisines, de sorte qu'on aurait pu y loger une population. D'ailleurs, il y avait foule. On put faire plusieurs tables, Ben Sarkissian officiant successivement à chacune des trois, en même pas quarante heures.

Le milliardaire s'appelait Campbell ; il était propriétaire d'une chaîne de journaux. Il connaissait Van Heeren, et personnellement. Dévisageant Mona avec surprise :

« Mais oui, je me souviens parfaitement de vous. J'ai passé un week-end à Cape Cod voici quelques années, et vous étiez là, avec des nattes. Mais je ne vous savais pas mariée.

— Le coup de foudre », dit Mona avec un calme plus apparent que réel.

Elle avait toujours été assez mince, musclée ; sa maternité pas encore visible l'avait transformée quelque peu : ses seins avaient augmenté de volume mais le reste de son corps, par contre, s'était affiné ; elle était presque maigre. Et ça n'arrangeait rien, avec cette fébrilité qu'elle manifestait avant son mariage, qui s'était un moment atténuée à Monte-Carlo, qui maintenant revenait, peut-être même plus aiguë qu'auparavant. Mais, bien sûr, cela pouvait provenir de son état, de sa fatigue, de ces déplacements incessants.

Bien sûr.

Ugo ne le croyait pas. Il y avait autre chose, et qui était inquiétant.

Campbell était en train de faire passer son regard de Mona à Ben, et vice versa. On pouvait presque voir l'idée cheminer dans sa cervelle.

« C'est épatant, dit-il enfin. Je veux dire ce mariage secret et tout et tout.

— Pas si secret que ça », dit Mona avec un

sourire, tandis que ses doigts broyaient les zakouski servis avec le bourbon.

Et Campbell désormais lancé sur son idée dit que ça ferait un reportage formidable dans tous ses journaux dans toute l'Amérique, que même il allait téléphoner à ses rédacteurs en chef de réserver huit ou dix pages dans ce magazine qui portait son nom à lui, Campbell ; pas n'importe quel magazine, même s'il ne tirait qu'à cinq cent mille exemplaires, ce qui n'était pas énorme, mais « un de mes lecteurs sur douze est un millionnaire en dollars, n'oubliez pas ça. » Et ça allait les passionner, ces millionnaires en dollars, cette merveilleuse histoire d'amour que vous êtes en train de vivre, nom d'un chien comment ça se faisait qu'on en ait pas parlé avant ?

« Vous n'allez pas me dire non ? »

Mona vida son verre.

« Ecoutez », dit Ugo, sans même savoir ce qu'il avait l'intention de dire.

Mais personne ne lui accorda la moindre attention. Il y avait là dix à douze personnes qui regardaient Mona qui regardait Ben.

« Si mon mari est d'accord, moi aussi », dit Mona.

Ben était allongé sur un matelas au bord de la piscine.

« Ben ? » appela Mona.

Il n'ouvrit même pas les yeux.

« Pourquoi pas ? » dit-il.

En douze heures de jeu réel, à Tanger, il avait ajouté quatre-vingt-sept mille dollars à ses gains précédents.

Ils rentrèrent à Monte-Carlo via Nice, où les déposa le DC 9 (« C'est le moins que je puisse faire pour la fille de ce cher Alex. »)

A Monte-Carlo, l'équipe de journalistes dépêchée des Etats-Unis ne tarda pas à les rejoindre, dirigée par une femme qui parlait du nez et commandait comme Mac Arthur. D'entrée de jeu, il fut parfaitement clair : primo qu'elle considérait personnellement Benedict Sarkissian comme une espèce de rastaquouère un peu gigolo, parvenu par quelque maléfice inexplicable à s'introduire dans les draps virginaux d'un des plus beaux et des plus purs partis d'Amérique ; secundo qu'elle allait déployer tout son talent, au demeurant considérable, pour présenter ledit rastaquouère comme le vivant symbole de ce que la Libre Amérique offrait décidément une chance à tout le monde, et aussi comme l'exemple parfait de ce qu'un jeune Américain plein de mérite pouvait postuler aux situations les plus élevées. Sans parler de la princesse et du berger.

« Rapprochez-vous encore l'un de l'autre, là comme ça, la tête sur son épaule, madame Sarkissian. Deux jeunes gens pareillement beaux et s'aimant follement, ayant toute la vie devant eux, négligeant les méprisables contingences de la différence de fortune. Nos lecteurs adorent qu'on leur dise que l'argent n'a aucune importance, surtout quand ils sont millionnaires. La main à peine posée sur la cuisse et la paume en l'air s'il vous plaît, sinon ça ferait érotique. »

Photo de Ben et Mona petit-déjeunant, dans la piscine, au Country Club, faisant du shopping, jouant sagement à la canasta, en vieux époux.

Sur les marches du grand escalier menant à la terrasse.

Mona voulut s'asseoir aux pieds de son mari.

« Il ne me semble pas que ce soit une bonne idée, dit la journaliste parlant du nez. C'est délicat à expliquer mais enfin, vous à ses pieds...

— Je peux me mettre nue et lui lécher le ventre, dit Mona la voix fiévreuse. Vous voulez ? »

La journaliste chancela.

« C'est une photo qui fera plaisir à mon père. »

La journaliste plia bagage et s'enfuit. Dans la soirée, pour la première fois depuis qu'elle était mariée, Mona eut une crise. Ne réussissant pas à la maîtriser alors qu'elle se débattait, Ben fit venir un médecin qui la calma d'une piqûre.

Ugo à Ben le lendemain :

« Je ne sais pas ce qui se passe. Tu m'as demandé de t'organiser ce reportage. Sur le moment l'idée m'a plu. C'était vraiment une idée de dingue. Mais ça prend une drôle de tournure. Mona ne va pas très bien. J'ai la trouille. »

Pendant que Ugo parlait, Benedict amoncelait des cartes sur une table de jeu. Il réussit à en poser quatre de plus et compléta ainsi le cinquième étage de sa forteresse.

« On voulait cet article, et dans ce magazine-là entre tous les autres ; c'est fait. Campbell est venu droit saisir la perche qu'on lui tendait. Ça devrait me faire plaisir. Eh bien, pas du tout ! »

Silence.

« La prochaine étape ? demanda Benedict.

— Milan, demain. Ils t'adorent, là-bas. Ils ne désespèrent pas de t'écraser un jour. Il vaudrait mieux que tu demandes à Mona de rester ici. Qu'elle se repose. »

Ben se leva, ôta son pull-over. Un moment plus tard, il courait, vêtu seulement d'un maillot et d'une culotte de sport, chaussures de jogging aux pieds, escaladant à une allure régulière, les pentes raides de La Turbie, sous une chaleur écrasante.

Ils partirent pour Milan, avec Mona, et de Milan gagnèrent Paris, où l'on joua non seulement avenue Foch mais aussi dans l'un des cercles près de l'Etoile, et encore dans une propriété de Normandie, et encore avenue Foch, puis à Cannes, puis au large de la Côte d'Azur, à bord du yacht d'Ugo ancré durant l'été à Saint-Tropez.

Le rythme était hallucinant. On était à présent au début d'août.

Le 10 août, le capital accumulé par Benedict était exactement d'un million cinq cent vingt-trois mille dollars.

Le reportage dans *Campbell Magazine* avait paru, avec dix pages couleurs et accroche à la une. Repris en Europe par d'autres hebdomadaires, il avait fait que désormais, dans les hôtels internationaux et tous lieux de villégiature à la mode, on reconnaissait Ben et Mona à leur arrivée et l'on se retournait en chuchotant sur leur passage.

Mais le reportage n'avait pas encore suscité de réaction apparente de la part d'Alex Van Heeren.

Quand ils revinrent une fois de plus à Monte-Carlo, ils trouvèrent un message de Dennis et Françoise O'Keefe les priant à petit-déjeuner, à déjeuner, à dîner, à coucher chez eux, au choix, pour une nuit ou un an, de préférence pour un an. Et dès le week-end suivant.

« Le programme ? demanda Ben à Ugo.

— Samedi soir à Genève et dimanche dans mon superbe château ancestral en Forêt Noire. Deux parties classiques, des types que tu as déjà rencontrés. »

L'espace d'un battement de cœur, Ugo espéra, avec une violence qui l'étonna lui-même; que Ben allait accepter l'invitation des O'Keefe et annuler le déplacement en Suisse et à Titisee. Ugo jeta un coup d'œil sur Mona, qui avait encore maigri depuis Tanger et dont le visage émacié trahissait la fatigue. Elle semblait plus fiévreuse que jamais, buvant énormément. Ugo lui-même commençait à éprouver les effets de leur folle course ininterrompue. Il reporta son regard sur Ben : rien, l'habituelle expression lointaine.

« Que le diable l'emporte ! »

Benedict marcha vers la piscine.

« Annule, dit-il. Nous irons passer trois jours chez les O'Keefe, Mona et moi. »

8

« J'espère que je ne me suis pas trompé en calculant le décalage horaire, dit la voix de Jubal Wynn, l'avocat de San Francisco.

— Pas de problème, dit Benedict.

— Ici en Californie, il est dix heures du matin. Et à Monte-Carlo ?

— Sept heures du soir. »

Un temps très bref puis :

« Dix ans, Ben. C'est tout ce que j'ai pu faire.

— Liberté conditionnelle ?

— Je m'y emploie dès maintenant. Dans trois, quatre ans. »

Un temps. Ben :

« C'est mieux que je n'espérais, bien mieux. Vous avez fait un travail fantastique.

— Du district attorney au moindre journaliste, ils se sont tous acharnés sur ce pauvre garçon avec une férocité incroyable. A croire que Francisco Ochoa était le plus grand criminel de toutes les annales américaines. Une hystérie. En fin de compte, ça s'est retourné contre eux : dans les dernières heures du procès, le juge a brusquement compris ce que j'essayais de lui dire sans le lui dire dès le début : qu'il y avait réellement une conspiration contre ce pauvre garçon. Enfin je crois : ce n'était pas un juge à vous faire des confidences. Je ne suis pas trop bavard ?

— Au contraire.

— Il ne s'agit pas de vous démontrer à quel point j'ai été brillant. Je veux simplement vous souligner l'acharnement incroyable de qui vous savez contre votre ami. Ce type est un paranoïaque. »

Le mot déjà utilisé par Calliope, également à propos d'Alex Van Heeren.

« On me l'a déjà dit, répondit Ben. Nous nous verrons bientôt.

— J'ai vu votre grand-père il y a une heure.

— Oui ?

— Je l'ai trouvé debout et pelotant ses Chinoises. Mais il a effroyablement maigri. Ben, ne tardez pas à rentrer.

— Je sais. »

Un temps.

251

« Des ennuis, Ben ?

— Oui et non. Merci pour les notes que vous m'avez fait passer.

— Elles vous serviront ?

— Sûrement. Ça va m'aider. Vous avez quand même obtenu un résultat inespéré. Merci encore. A bientôt. »

« La montagne Sainte-Victoire », dit O'Keefe.

Benedict hocha la tête, reprenant son souffle au terme de ses deux heures de course à travers les collines aixoises.

« Paul Cézanne, dit O'Keefe. C'est un peintre. Enfin c'était : il est mort. »

Ben s'allongea à plat dos, la nuque dans ses paumes, fixant sans ciller le ciel d'un bleu cru.

« Un grand peintre, dit O'Keefe. Il a peint ce machin-là à n'en plus finir.

— 1839-1906, dit Benedict, Cezanne Paul. Impressionniste. Autres impressionnistes : Edouard Manet, Claude Monet, Auguste Renoir, John Barthold Jongkind, Frédéric Bazille, Eugène-Louis Boudin, Edgar Degas, Camille Pissaro, Alfred Sisley... »

Un temps.

« Berthe Morisot, Armand Guillaumin... »

Silence.

« C'est malin, dit O'Keefe.

— Et Caillebotte, dit Ben. Mais j'ai oublié son prénom.

— Arrête de rouler », dit O'Keefe.

Il se leva, les jambes courbatues d'avoir tenté de suivre Ben pendant quelques minutes. Ben se dressa de même et les deux hommes partirent

252

dans la pente sous les pins, sur fond sonore de cigales. En bas, une grosse bastide cantonnée de tours, du début du XVIIᵉ siècle, avec des dépendances et un parc de quatre hectares.

C'est l'arrière-grand-père de Françoise qui a acheté ça, après la Révolution ; la française, pas la nôtre.

« C'est très beau, dit Benedict.

— Je suis fauché, Ben, ruiné, écrasé, plus une thune. J'ai sauvé quelques centaines de milliers de dollars mais le fisc de Washington me les réclame. Je mets demain l'orteil sur le sol sacré de la patrie et pof ! au gnouf. Sauf si Brooklyn obtient son indépendance, je ne peux plus rentrer chez moi. »

Des chiens accoururent en jappant.

« Françoise voudrait qu'on reste ici. Et pourquoi pas ? Mes avocats parlent d'un concordat, pour plus tard, quand ça se sera calmé. Et voilà où je voulais en venir : Ben, tout ça dépend de ton propre match. Je ne te demande pas de m'en parler, je veux simplement savoir combien de temps il va encore durer. Van Heeren me matraque uniquement à cause de toi, je me permets de te le rappeler. J'ai le droit de savoir.

— Il n'y en a plus pour longtemps.

— Un an, deux ans ? »

La maison apparut, au terme d'une double et immense haie de platanes qui avaient deux cent cinquante ans ; et droit devant O'Keefe et Ben, sous des parasols jaunes, en robes blanches, Françoise et Mona étaient gracieuses à serrer le cœur.

« Non, dit Ben. Quelques semaines au plus. »

O'Keefe s'immobilisa.

« Quelques semaines ?

« — En septembre ou octobre, tout sera fini.

— Et il se passera quoi à ce moment-là ? »

Ben repartit, obligeant O'Keefe à faire de même.

« La fin, dit Benedict. La fin de la partie. »

Françoise O'Keefe leur avait attribué une très belle chambre au plancher ciré, aux murs crépis de blanc. Le lit de bois à quenouilles sculptées était immense et jonché d'oreillers de dentelle, garni de draps brodés qui embaumaient le thym.

Il s'éveilla et l'entendit pleurer. Par les interstices des volets de bois, le jour pointait.

« Mona. »

Elle lui tournait le dos, couchée sur le côté. Ses larmes coulaient, presque sans bruit.

« Mona. »

Il lui était déjà arrivé de pleurer, une fois notamment dans le bungalow au bord du petit lac de Cape Cod, une autre fois à Miami quand il avait surgi pour lui demander de l'épouser.

« Mona, du calme. »

Mais la façon dont elle pleurait à présent était différente. Tragique. Pleurer comme cela en silence, en cachette, ne pouvait signifier qu'une chose : elle atteignait désormais au désespoir total et absolu. Sans le moindre remède.

Il allongea le bras et posa doucement ses doigts sur la hanche. Pas de réaction.

« Allons, Mona. »

Un temps encore. Puis elle se retourna, vint sur le dos.

« Je vais me tuer, Ben.

— Non.

— Tôt ou tard.

— Mais non. »

Il se rapprocha d'elle, tenta de glisser un bras sous sa nuque pour l'attirer contre lui, mais elle se raidit.

Un temps.

« Ça ne servirait à rien, dit-elle avec une calme décision. A rien.

— Essayons quand même. »

Elle avait cessé de pleurer.

« Ne me touche pas, Ben, ne me touche pas !

— D'accord. »

Silence.

« Depuis que nous nous sommes mariés, tu as vraiment fait tout ce que tu as pu, et au-delà. Il n'y a pas un homme qui aurait pu avoir ta patience. Merci. »

L'aube envahissait la chambre.

« Je t'ai aimé à la première seconde où je t'ai vu, dans la bibliothèque de Cape Cod. Mais après il y a eu la piscine... et ce que nous y avons fait, avec... »

Un temps. Elle fit entendre une sorte de petit rire grinçant :

« Quel départ nous avons pris, mon pauvre Ben ! Et l'on voudrait que nous soyons heureux ? »

Elle se leva, alla prendre une cigarette, l'alluma, revint se coucher.

« C'est pour moi que nous sommes ici. Toi, tu n'es pas fatigué de cette vie de fou, tu n'as jamais été dans une meilleure forme, ton corps n'a jamais été plus beau. Et tu gagnes. Qui t'arrêterait ? Tu voudrais que je reste ici quelque temps, c'est ça ?

— J'espérais que tu accepterais, oui. »

Elle fumait par grandes bouffées nerveuses. Il se leva à son tour, alla chercher un cendrier, qu'il lui rapporta. Et comme elle ne semblait pas le voir, il lui prit doucement la cigarette d'entre les doigts, en secoua la cendre dans le cendrier, remit la cigarette à sa place.

« Tu en as assez de m'avoir avec toi, Ben ?

— Ce n'est pas la raison et tu le sais.

— Et toi tu sais que j'ai besoin de toi.

— Pas à ce point-là. »

Elle sourit avec une étrange lueur au fond des yeux. Il dit avec douceur :

« Personne n'a besoin de personne à ce point », dit-il.

Assise dans le lit, elle posa sa nuque sur le bois ciré.

« Tu ne m'as jamais dit ce que tu allais faire à mon père.

— Non.

— Quoi, non ?

— Je ne te l'ai jamais dit. »

Avec une fébrilité rageuse, elle écrasa sa cigarette dans le cendrier, en alluma aussitôt une autre.

« Amusant. Très drôle. J'adore cette façon de répondre. »

Un temps :

« Tu vas le tuer ?

— Non. Evidemment non.

— C'est l'homme que je déteste le plus au monde, tu le sais ?

— Calme-toi, Mona.

— Tu vas le sonner, Ben ? Durement.

— C'est lui ou moi qui sera sonné.

— Oh ! non. Oh ! non ! Toi, tu vas gagner ! Tu gagneras ! Mais tu me laisses seule, Ben. Tu prends un sacré risque. Un sacré foutu risque. »

Le yacht faisait trente mètres et il était ancré dans le golfe de Saint-Tropez, dans le nord de la pointe Bertaud ; du pont, on distinguait parfaitement le pylône surmonté d'un feu fixe à secteurs blanc, rouge et vert. Il était trois heures de l'après-midi, on était le 26 août et il y avait douze jours que Ben avait laissé Mona chez les O'Keefe.

Ugo désigna le pylône.

« A peu de chose près, dit-il, nous sommes dans la zone de tir. J'offre le champagne à qui me signale la torpille susceptible de nous couler.

— Qu'est-ce que c'est que cette histoire de torpille ? demanda Benedict.

— La marine française. Cet appontement là-bas leur sert à essayer des torpilles. Tu vois la tourelle ? Celle de la Sèche à l'huile. Le champ de tir commence là, il est marqué par des bouées. Penche-toi, tu verras les bouées, elles sont tout contre notre coque tribord. Et, quand ils ont décidé de commencer leurs petits exercices, une demi-heure avant ils hissent un pavillon bleu. »

Le regard de Ben se porta sur le môle : le pavillon bleu était hissé.

« Finis ton café, dit Ugo. Avant l'Apocalypse. Hier soir, je suis parti avant la fin...

— J'ai gagné un peu plus de trente mille dollars », dit Ben avec indifférence.

Ugo fronça les sourcils, fouillant sa mémoire

pour reconstituer la somme totale des gains. Il finit par secouer la tête.

« Je ne m'en souviens plus.

— Un million neuf cent quatre-vingt-six mille dollars », lui rappela Ben.

A ce moment, sur le môle de lancement, un pavillon rouge fut hissé, tandis qu'un gros klaxon lançait deux abois rauques et brefs.

« Ils vont tirer. Dans cinq minutes à présent. »

Mais Ugo regardait Ben.

« Dans cette ronde infernale, j'avais perdu le compte. »

Il avança et alla poser ses coudes sur la rambarde, ses fins cheveux blonds devenus presque blancs sous l'effet conjugué du sel marin et du soleil. Le miroitement de l'eau éclaira de reflets blancs son visage d'ange. Il dit pensivement, comme se parlant à lui-même :

« Et voilà. Encore une partie et c'est fini. Une dernière et c'est fini. »

Il se pencha un peu sur l'eau bleu-vert qui tournait au violet.

« Je n'ai jamais réussi à apercevoir une seule de leurs torpilles, et pourtant je me donne du mal. »

Un marin en blanc sortit précipitamment de la cabine radio.

« La marine française nous prie d'évacuer rapidement la zone. Premier tir dans trois minutes ! »

Ugo renversa la tête en arrière et contempla les nuages qui commençaient d'apparaître au nord-est.

« Ben, je t'ai prévu une partie à Cannes avec les Libanais et leurs copains enturbannés, pour demain soir. Et ensuite une fois de plus le *Prin-*

cipe e Savoia [1], que je n'aurai jamais tant vu. Et ensuite...

— Ça devrait suffire, dit Ben.

— Sûr ? Sûr que tu ne veux pas continuer ? »

Ben haussa les épaules. Ugo consulta sa montre de plongée en or et saphirs.

« Soixante-quinze secondes. Ben, je voudrais venir avec toi après la dernière partie, que ce soit celle de Cannes ou celle de Milan. Je voudrais assister à la suite, à ce qui se passera après, à ce que tu vas faire avec ces deux millions de dollars. Je veux assister à l'Apocalypse. »

Le klaxon de la marine française éructa un ultime borborygme indigné.

« Je ne l'ai pas volé, dit Ugo, presque timidement. Tu me dois bien ça. Trente secondes encore. »

Benedict s'approcha à son tour du bastingage. La mer ne bougeait presque plus, respirant par une houle profonde et calme, mais elle s'était assombrie et avait à présent la couleur des yeux de Calliope Jordaan. Il y avait dans l'air ce frémissement singulier, irritant et voluptueux à la fois, qui précède les tornades. Benedict acheva de boire son verre d'eau.

Ugo se pencha encore davantage, fasciné :

« C'est maintenant, Ben, l'Apocalypse. »

1. Palace milanais.

CARRÉ

1

La première partie jouée par Benedict Sarkissian au cours de ce qu'Ugo appela sa seconde tournée européenne avait eu lieu le 17 mai à Saint-Tropez. Le 26 août suivant, quand ils constatèrent qu'il ne s'en fallait plus que de quatorze mille dollars pour que le capital atteignît les deux millions, ils pensèrent que la partie suivante serait la dernière, qu'elle apporterait la différence qui manquait.

Et que la rafle pourrait donc prendre fin.

Cette partie-là fut jouée à Cannes, dans le plus grand hôtel de la Croisette et elle réunit, outre deux Libanais, des émirs sentant plus ou moins le désert. Ils avaient voulu jouer en francs français. Ça ne fit guère de différence quant aux jetons, mais Ugo dut refaire quatre fois les calculs avant d'en appeler aux talents de changeurs des réceptionnistes.

La vérité éclata dans toute son horreur : il manquait vingt-deux dollars pour arrondir à deux millions.

« Ben, je les mets de ma poche. Un don. »

Ben avait secoué la tête.

« Nom de Dieu, tu vas me faire retourner à

Milan pour vingt-deux dollars ? Ça va pas, la tête ? »

Ils étaient retournés à Milan pour vingt-deux dollars. Pour la dernière fois. Ils avaient retrouvé leur suite habituelle au *Principe e Savoia*. A Milan, Ugo fit sa traditionnelle partie d'écarté, qui est un jeu à deux joueurs à trente-deux cartes, où les figures battent l'as, et dont il était probablement le meilleur spécialiste qui fût au monde ; il joua avec son adversaire habituel, un surpuissant industriel de l'automobile et le battit, lui gagnant trois ou quatre millions de lires, une misère, mais il n'avait pas le moral. « Et toi ? » demanda-t-il à Ben. « Dix mille quarante-cinq dollars. — Tu as rarement raflé si peu. Il est temps qu'on s'arrête. — C'est fini. » Un frisson avait parcouru l'échine d'Ugo. Il avait soudain réalisé ce qui était en train de se passer. Deux millions de dollars ! « Vraiment fini, Ben ? — Oui. » Ugo n'arrivait pas à y croire. Ils étaient tous les deux dans l'avion les ramenant de Milan à Nice. Un long silence partagé. La Méditerranée avait surgi dans le hublot. « Ben, je suis fatigué, vidé, crevé. Je n'aurais pas tenu longtemps encore. »

La partie de Cannes avait eu lieu dans la nuit du 26 au 27, celle de Milan la nuit suivante. On fut donc à Saint-Tropez chez Ugo le dimanche 28. Benedict passa cette journée à téléphoner tous azimuts, à expédier des câbles et des télégrammes, dans le plus grand mystère. Pour dire enfin :

« Tout est en place. Tout est prêt. Je vais chez les O'Keefe voir Mona et je prends l'avion mardi 30 à destination des Etats-Unis. Je rentre. Tu veux toujours venir ?

— Pour assister à quoi, Ben ? »

Alors, et alors seulement, Ben lui avait expliqué ce qui allait suivre. Tout ou partie, allez savoir !

2

Pas de liaison Nice-Zurich satisfaisante pour le lundi 29. Ils décidèrent de débarquer à Genève et, là, de louer une voiture. Ils louèrent une Porsche, dont Ugo prit le volant. Deux cent soixante-dix kilomètres, ça doit pouvoir se faire en deux heures, dit le jeune Allemand. Ils mirent un peu plus de temps, par la faute de gendarmes qui trouvèrent anormal de les voir rouler à deux cent vingt et un kilomètres à l'heure.

« Qu'est-ce que vous me chantez là ? protesta Ugo avec indignation. Mon compteur marquait deux cent cinquante et vous prétendez qu'il tricherait à ce point ? »

Après quelques formalités, Ben l'ayant relayé au volant, ils entrèrent dans Zurich à trois heures pile. Ils se garèrent sagement dans le parc de stationnement du pont de Munster et à trois heures dix pénétrèrent dans la banque.

Sept minutes plus tard, dans le bureau d'Aloysius Mutter.

« Tu avais tout à fait raison, Ben, dit Ugo. Il a vraiment une tête de chacal.

— Deux millions de dollars, dit Ben. Ils sont sur mon compte.

— Vous n'avez pas de compte chez nous, dit Aloysius Mutter.

— Erreur, dit Ben. J'ai un compte chez vous depuis quatre minutes et cinquante secondes. »

Un temps. Mutter actionna son interphone et donna des ordres.

Ugo regarda autour de lui et frissonna d'épouvante :

« Quel horrible décor ! Et ces têtes ! »

Il se leva. Sous les portraits des ancêtres Mutter et sur un meuble d'appui de Boulle, à grand renfort d'écaille et de cuivre, il y avait un très beau vase de Löwenfinck du XVIIIe siècle, cartels à fond blanc. La main d'Ugo le fit rouler, il tomba. Mutter se raidit et faillit se dresser.

« Suis-je maladroit ! dit Ugo. Je l'aurai cassé par accident.

— Ugo.

— Oui, Ben ?

— Ça va.

— Moi aussi ça va très bien, merci.

— La ferme, Ugo.

— Oui, Ben. »

On frappa et la secrétaire de Mutter entra, évitant de regarder Ben, qu'elle connaissait. Elle déposa un papier sur le bureau de Mutter et ressortit.

Mutter lut la feuille de papier. Silence. Il releva enfin la tête et considéra Ben Sarkissian.

« D'accord, dit-il. Deux millions dix mille vingt-trois dollars versés ce jour en liquide, sur un compte courant que vous venez d'ouvrir. Et alors ? »

Ben sourit rêveusement :

« J'ai besoin de vos services.

— Je ne comprends pas, dit Mutter.

— Je voudrais une lettre de crédit confirmée pour un montant de deux millions de dollars. »

Mutter fronçait les sourcils. Il demanda :

« Durée de validité ?

— Trois semaines.

— Destination ?

— New York. »

Un temps.

« Je voudrais, dit Ben, qu'il soit clairement stipulé que ces deux millions de dollars ne pourront en aucun cas faire l'objet d'une opération quelconque sans la signature au bas de l'acte de deux au moins des trois personnes dont les noms, ainsi qu'un spécimen de leur signature, figurent sur un autre acte daté, enregistré en tant que tel, notarié et déposé dans un coffre de la Wells Fargo Bank, au 420 de California Street, San Francisco, Californie. »

Aloysius Mutter essayait en vain de dégrafer la fermeture anachronique de son col glacé.

« Je voudrais, dit Ben, que le correspondant new-yorkais à qui en tant que banquier vous allez adresser cette lettre de crédit confirmée soit nommément Alexandre Wendell Van Heeren. »

Un temps.

« L'identité des trois personnes habilitées à ordonner l'utilisation de ces deux millions de dollars sera pour l'instant tenue secrète », dit Ben.

De la poche de son blouson de toile, il sortit quelques feuillets.

« Etablis par l'avocat d'affaires Jubal Wynn, de San Francisco, voici tous les documents nécessaires à l'opération. Notamment un modèle d'après lequel je souhaite que soit rédigée la lettre de crédit confirmée, avec ses clauses particulières. Voici également l'acte légalement enregistré établissant que trois noms de personnes vivantes, et des spécimens de leur écriture, ont bien été déposés dans une banque, stipulant que ces trois personnes et elles seules sont habilitées à disposer de ces deux millions de dollars, sous réserve que deux d'entre elles au moins soient physiquement et simultanément présentes pour que soit déclarée légale n'importe quelle opération touchant ces deux millions de dollars. »

Un temps.

« Dernier point, dit Ben. Je souhaite que toutes les dispositions que je viens d'énumérer, ainsi que les circonstances de ma demande, fassent l'objet d'un enregistrement, en présence de témoins choisis par moi. »

Silence.

« Et que ça saute, chacal ! » dit Ugo.

3

Zurich-Paris, Paris-New York. Ils débarquèrent à l'hôtel Pierre le mardi 30 août, par une de ces chaleurs lourdes dont New York s'est fait une spécialité.

« Qui étaient ces types qui ont signé avec moi, à Zurich, en qualité de témoins ? demanda Ugo. J'en connaissais un, le directeur du Crédit suisse. Il est vrai que c'est mon oncle. Enfin, je crois. C'est quoi, le troisième mari de ma tante ?

— Ton oncle. Et les autres représentaient la

Société de banque suisse et la Banque nationale suisse. »

Ils ressortirent de l'hôtel Pierre une heure à peine après y être entrés, le temps de se changer.

Ils partirent à pied sur la 5° Avenue, à leur gauche Central Park aux couleurs de l'automne. Ils dépassèrent le Temple Emanu-El, l'immeuble de la Frick Collection. Ils montèrent chez Calliope Jordaan.

Les trois Jamaïcaines souriaient avec malice, ravissantes dans leurs robes-tuniques violettes.

Et les murs d'ébène, avec l'étrange lumière passant au travers des verres colorés des fenêtres donnant sur le Parc.

« Ben, je suis ici. »

Les deux hommes levèrent les yeux en même temps et découvrirent Calliope sur la galerie, habillée de la même robe-tunique que ses filles.

« Nous montons ou tu descends ?

— Montez, s'il vous plaît. »

En haut, Ben l'embrassa sur la joue, la serra contre lui avec tendresse. Puis il l'écarta, la tenant à bout de bras. Il remarqua la cicatrice à la pommette, à l'endroit où Van Heeren l'avait frappée.

« Ce n'est rien », dit Calliope.

Le regard de Benedict s'était voilé. Elle se rapprocha et l'embrassa à son tour, effleurant à peine ses lèvres.

« Oublie-le, Ben. Ça ne te regarde pas. Et l'essentiel n'est pas là.

— Je m'appelle Ugo, dit Ugo. Je suis très gentil et très sympathique.

— Je te présente Ugo, dit Ben à Calliope.

— J'espérais qu'on allait m'embrasser, moi aussi », dit Ugo en souriant comme un ange.

Calliope l'embrassa.

« Il est au courant », dit Ben.

Calliope dit :

« Venez. »

Elle les emmena au long de la galerie tapissée de livres, des toiles des impressionnistes dans leurs niches éclairées ; elle leur fit traverser sa chambre, les fit entrer dans la salle de bain, qui ressemblait à un jardin exotique.

« Quand êtes-vous partis ?

— La veille, de Zurich, en réalité de Saint-Tropez.

— Ni faim ni soif ? Mais vous avez besoin de vous détendre. Surtout toi, Ben. »

Elle croisa son regard et lui sourit.

La salle de bain envahie de fleurs était tapissée de liège ; elle était vaste, rehaussée de plus d'un mètre sur la moitié de sa surface, de façon à encastrer une baignoire ovale de trois mètres, en porcelaine ivoire gemmée de parcelles d'or. Les trois Jamaïcaines réapparurent au détour d'un buisson d'orchidées.

« Je réponds à la question que tu ne m'as pas posée, dit Calliope. J'ai fait exactement ce que tu m'as demandé de faire. »

Elle s'assit à un mètre du bord de la baignoire, alluma l'un de ses longs cigarillos. Les Jamaïcaines déshabillaient Ugo et Ben, prenant tout leur temps, se souriant d'un air de complicité.

Les deux hommes étaient nus. Les Jamaïcaines les installèrent gentiment dans l'eau tiède et se mirent à les masser.

« Nous en sommes arrivés exactement au point

que tu avais prévu, dit Calliope. Désormais, tout est prêt. »

Elle considérait d'un air pensif et triste les deux hommes à présent installés à un mètre d'elle, et que six mains noires et douces caressaient. Sortant de sa rêverie, elle fixa plus particulièrement Ugo, l'air de découvrir sa présence, finit par lui sourire :

« Vous êtes bien ?

— Mon Dieu, oui, dit Ugo. Je n'ai pas à me plaindre.

— Que sait-il exactement ? demanda Calliope, en désignant le jeune Allemand.

— Jusqu'à la lettre de crédit incluse.

— C'est-à-dire rien de plus que je ne sais moi-même ? Ben, j'ai peur. Où est Mona ? »

Il le lui dit puis se dressa, sortit de la baignoire, remerciant d'un sourire l'une des Noires, qui voulait l'aider à se sécher. Il cueillit une serviette au passage et gagna la chambre, Calliope le suivant. Il s'essuya, s'allongea sur le lit.

« Attends. »

Elle lui ouvrit le lit et il s'y glissa. Elle s'agenouilla, ses extraordinaires yeux violets éclairant presque à eux seuls la pénombre.

« Il m'a frappée, et il a failli me défigurer. Mais je lui avais menti. C'est une affaire entre lui et moi. Je vieillis, Ben, je suis presque une vieille femme, seule et il est seul, lui aussi. Tu dois pouvoir comprendre ça. Oh ! excuse-moi, j'avais oublié... »

La fumée du cigarillo montait en lentes volutes. Elle se débarrassa du cigare, revint, et cette fois s'assit à côté de Ben, posant sa paume sur sa poitrine encore un peu humide.

« Tu n'as pas voulu me dire ce que tu allais lui faire. Tu n'es pas homme à tuer. Je n'en aurais pas dit autant du Roi, mais tu es différent. »

Il allongea la main ; ses doigts se glissèrent dans l'entrebâillement de la robe-tunique.

« Mais j'ai peur », dit-elle.

L'autre main de Ben monta, entoura la nuque de Calliope, força doucement celle-ci à se courber. Il l'embrassa sur les lèvres sans qu'elle lui rendît son baiser.

« Ensuite, dit-elle, il me reviendra. Ici. Où irait-il ? »

Il y avait du chagrin dans ses yeux grands ouverts. Il l'embrassa encore, très doucement, à petits baisers délicats sur tout le visage, à l'endroit surtout de la cicatrice.

« Calliope...

— Tais-toi, Ben. »

Elle dénoua ses cheveux qui s'étalèrent, ôta sa montre.

« Ce sera la dernière fois, Ben. Alors, appliquons-nous. »

4

Le lendemain, mercredi 31 août, Ben alla courir dans Central Park. Au terme de son périple d'à peu près dix kilomètres, il le recommença. Ugo, lui, effectua un aller et retour entre le Metropolitan et le Muséum d'histoire naturelle, d'un pas tranquille. Comme exercice, il trouva ça suffisant.

Peu après midi, ils regagnèrent l'appartement lambrissé d'ébène. Calliope et ses filles étaient encore là. Pour les filles, Calliope expliqua qu'elles ne s'en iraient que le lendemain à destination de Kingston, Jamaïque, en vacances, dans la villa qu'elle possédait à Montego Bay.

« Et toi ? demanda Ben. Je m'attendais à ce que tu sois déjà partie.

— On vient me chercher à deux heures.

— On ?

— Lui. Mais il ne montera pas. »

Il ne monta pas, en effet. Regardant par la fenêtre, Ugo aperçut la longue voiture noire qui arrivait, stoppait devant l'immeuble. Un chauffeur mit pied à terre. Un temps. Sonnerie du téléphone intérieur, celui du portier : « Oui, je descends à l'instant », répondit Calliope. Les Jamaïcaines avaient déjà entrepris le transfert des bagages. Une minute. Toujours à sa fenêtre, Ugo vit Calliope sortir de l'immeuble, monter dans la voiture, qui démarra. Par la lunette arrière, Ugo découvrit la silhouette d'un homme blond-roux, massif, dégageant une impression de puissance. Un frisson le parcourut : c'était comme d'entrevoir, au loin, pour la première fois, l'ennemi, dans les prémices d'un combat.

Ben n'avait pas bougé. Après le départ de Calliope, il entreprit de lire Cervantes. Ugo demanda, à seule fin de rompre le silence :

« On part toujours ce soir à dix heures ?

— Puisque je te l'ai dit. »

Les Jamaïcaines avaient disparu. Une nervosité sourde, presque une angoisse, montait peu à peu en Ugo. Il se rendit à l'office, le trouva vide : décidément, Ben et lui étaient seuls. Il revint juste à temps dans le salon du bas pour décrocher le téléphone qui sonnait :

« Ugo ? C'est moi, Mona. Passe-moi Ben, s'il te plaît.

— Oui ? » dit Ben au téléphone.

Il écouta un long moment, finit simplement par dire : « D'accord », raccrocha, partit s'allonger à nouveau, reprit son *Don Quichotte*. Pas pour très longtemps. Après quelques minutes, il referma son livre avec son soin habituel, signet et tout, et s'installa au mieux, l'air de quelqu'un qui s'apprête à dormir.

« Parce que tu vas dormir ?

— Tu devrais en faire autant.

— Je suis nerveux comme une vierge.

— Justement. »

Ben se retourna sur le côté, dos aux fenêtres. Un temps :

« Ben ?

— Oui ?

— Tu ne vas pas te contenter de jouer au poker tes deux millions de dollars contre Van Heeren. Tu as trouvé autre chose ?

— Oui. »

Silence. Ugo demanda encore :

« Et si on téléphone ou on sonne ?

— Rien n'arrivera avant sept heures. »

Il était deux heures un quart de l'après-midi.

« Considère-moi comme exaspéré, dit Ugo. Et qu'est-ce qui va arriver à sept heures ?

— Des journalistes », dit Ben, déjà à moitié endormi.

Ugo en resta pantois.

« Tout s'éclaire. » Il était complètement perdu.

274

A six heures trente, Ben ouvrit les yeux, consulta sa montre.

« Vu aucun journaliste, dit Ugo. Pas le poil du cul d'un.

— Ce n'est pas l'heure. »

Ben partit dans la salle de bain, se lava, se rasa, avec méticulosité. Il avait aveuglé les miroirs, systématiquement. Il s'habilla d'un polo bleu-noir, d'un costume gris sombre, de mocassins de chevreau noir. Il apporta dans le salon la mallette et la montre.

Les premiers journalistes arrivèrent peu après. Un vrai rallye : équipes des quatre grandes chaînes de télévision, des chaînes locales, de la presse new-yorkaise, la presse du reste des Etats-Unis, de Boston à La Nouvelle-Orléans, en passant par San Francisco.

Tout alla très vite. Oui, les journalistes savaient qui était qui, ce qu'ils avaient à faire, comment le faire, à quelle heure le faire. Ben délivra la déclaration qu'il avait préparé — « avec Calliope », pensa Ugo, qui reconnut en tout cela la main de la belle architecte et l'effet de ses relations personnelles. Ben posa pour les photographes, assis à une table, ses longues mains immobiles encadrant la vieille montre d'argent.

Huit heures trente : les journalistes refluèrent. Ugo avait tout entendu et n'en revenait pas :

« Tu vas vraiment faire ça ?

— La preuve. »

Un peu avant neuf heures, nouveau coup de téléphone ; Ben décrocha le premier. Ugo devina que Calliope était en ligne. La communication ne dura que quelques secondes.

Dès le départ des journalistes, Ben avait mis en marche la télévision, il regardait une rencontre d'athlétisme opposant des Russes aux Américains. Du moins, c'était marqué sur les maillots.

« Et si je veux en savoir davantage ?

— Tu attends. »

Des types en petite culotte sautaient par-dessus des haies de jardin, d'autres lançaient des choses. Ridicule ! pensa Ugo.

« Ben ?

— Attends. »

Ugo partit bouder sous la douche. Il revint. Dix heures moins huit ou neuf. Ben contemplait toujours le petit écran.

« Je sais, dit Ugo. J'attends. »

Il suivit des yeux des types en train de courir, se passant un bâton, avec l'air d'être poursuivis. Peut-être qu'ils ont volé ce bâton, après tout ? Et puis les types cessèrent de courir, ils se jetèrent dans les bras les uns des autres, s'embrassèrent. Ben actionna la télécommande, le poste s'éteignit. Il se leva. Dix heures moins deux. Il était temps, pensa Ugo. Il vit Ben aller prendre la mallette, revenir, consulter sa montre.

Téléphone.

Ben décrocha : « J'arrive. »

Il prit la montre en argent qui était restée sur la table et la plaça dans sa poche à briquet.

Il dit à Ugo :

« En route. »

L'avion était un Falcon 10 ; il pouvait transporter sept ou huit passagers, mais Ben et Ugo étaient seuls à bord en dehors des deux membres de l'équipage.

« Et l'avion est à toi ?

— A un certain Dietrich.

— J'ai entendu parler d'un Dietrich qui est dans le pétrole. Extrêmement à l'aise.

— C'est le même homme. Et c'est aussi un ami personnel de Calliope.

— Qu'est-ce qu'elle connaît comme types importants ! dit Ugo. Moi, toi, Dietrich. La crème. Sans parler de tous ces propriétaires de journaux. »

A neuf cents kilomètres à l'heure, le petit avion volait vers le Massachusetts.

Il entama sa descente vers minuit.

« Ben, c'est une idée délirante. »

Pas de réponse. Mallette sur les genoux, mains à plat, Ben avait les yeux ouverts mais semblait très loin.

« Plus fou, je vois pas », dit Ugo.

L'appareil s'immobilisa.

« Et pourtant, je connais du monde. »

Un des deux hommes de l'équipage leur ouvrit et, dans la pénombre de la piste, une voiture approcha, nimbant l'appareil du pinceau brillant de ses phares.

« Ben, supposons... »

Ben se leva, mallette en main. Il avait sauté à

terre avant même qu'Ugo eût détaché sa ceinture. Ugo se précipita à sa suite.

« Supposons que... »

Ben monta dans la voiture sur le siège avant. Ugo prit place à l'arrière, tout à la révélation éblouissante qu'il venait à l'instant d'avoir, sans prêter attention à rien.

« Bonjour, Ugo », lui dit Mona.

6

Mona engagea la voiture le long du terrain de golf. Elle conduisait comme elle en avait l'habitude : à une allure suicidaire. Quelques instants plus tôt, en quittant l'aéroport de Barnstable, elle avait expliqué que la propriété Van Heeren à Cape Cod, tout comme les autres propriétés Van Heeren partout dans le monde, le château historique en Ecosse, la maison d'Amsterdam, la villa de Capri (celle de Monte-Carlo était le bien personnel de Mona), l'île des Fidji, la base de pêche à Tahiti, le ranch de cent mille hectares en Arizona, les vingt mille hectares au Colorado, l'hôtel particulier à New York, que la propriété de Cape Cod, donc, était gardée jour et nuit, avec une consigne formelle : en interdire l'entrée à Benedict Sarkissian.

Mona ralentit. « A cause du bruit. » Elle venait d'expliquer encore que les gardes affectés à la surveillance de ce qu'on appelait la Porte du Golf avaient été payés par elle. Mais une autre équipe patrouillait, dont elle ne répondait pas.

« Ne t'y trompe pas, Ben. Ils seraient capables de tirer sur toi. Et pourquoi pas ? On parlerait d'un accident. Oui, Alex en est là. Le jeu que vous avez joué tous les deux est fini, bien fini. On arrive. »

Une grille s'ouvrit et l'homme qui la manœuvrait manifesta une miraculeuse absence d'intérêt quant à l'identité des occupants de la voiture.

Mona roula doucement à travers le parc, vint s'arrêter à l'arrière de la maison à trois étages, où seules des pièces du rez-de-chaussée étaient éclairées.

« Ils ont déjà joué deux heures, ils en sont à la pause. Ils soupent pour l'instant, et tous les domestiques qui ne sont pas couchés sont avec eux. Le mieux est de monter directement jusqu'à ma chambre. »

La chambre en question était un appartement de trois pièces. Dans un cadre géant une photographie presque grandeur nature de Benedict au bord d'une plage, sortant de l'eau, nu, de face.

« Il faut bien que je me console d'avoir un mari qui me préfère les cartes », dit Mona faisant de son mieux pour jouer la légèreté.

Elle s'approcha de Ben.

« Tu ne m'as même pas embrassée.

— Excuse-moi. Je suis désolé. »

Il l'embrassa. Elle l'écarta presque aussitôt, l'œil aigu et dur.

« Je n'existe pas. Tu ne me vois même pas. »

« Qu'est-ce que je fous ici ? » pensa Ugo, glacé. Il consulta sa montre : zéro heure trente-trois, le premier jour de septembre.

7

Ugo s'était assoupi, jambes allongées sur ce qu'il croyait bien être une bergère. Un bruit l'éveilla. Ouvrant les yeux, il vit Mona qui entrebâillait la porte de l'appartement sur le couloir. Quelqu'un lui parla à voix basse. Elle dit « merci », referma la porte. Après une brève hésitation, elle se retourna vers Benedict :

« Ils jouent l'avant-dernier coup.

— Tu devrais rester là », dit Ben à Ugo.

Trois heures moins quatre.

« Oh ! non », s'exclama Ugo.

Il descendit derrière Ben, mettant en quelque sorte ses pas dans les siens, nerveux mais sans excès. Plutôt l'appréhension légère avant une blague qu'on fait à quelqu'un. Personne jusqu'au palier du premier étage, où une jeune domestique les croisa et, reconnaissant Benedict, ouvrit de grands yeux.

Le rez-de-chaussée, le hall étaient pareillement déserts. Benedict choisit une porte face à l'escalier, l'ouvrit. Il arriva dans un vaste salon où deux domestiques s'affairaient à remettre de l'ordre. Ben le traversa. Plus loin, un autre salon avec une enfilade de portes ouvertes. Tout au fond, Ugo aperçut un groupe de femmes. Il allait passer, toujours suivant Ben, quand il vit Calliope, immobile, les regardant. Ugo esquissa un geste d'amitié, le réprima aussitôt, convaincu par avance que Calliope ne le lui rendrait pas. Il courut presque pour rejoindre Ben, qui allait comme on marche au canon, vers cette pièce d'où parvenaient des voix brèves et le doux cliquetis des jetons. Ben parvint à la dernière porte, en actionna le pêne, la poussa, avança dans la pièce avec cette lenteur apparente, cette certitude qu'il avait s'agissant de jeu.

A la table, deux hommes parmi les joueurs, dont Dietrich, le connaissaient. Ils levèrent la tête mais aucun ne parla. Pourtant ils savaient, il suffisait de voir leurs yeux pour s'en convaincre. Il y avait dans leurs prunelles la même expression d'attente tranquille, un peu ironique, de ceux qui ont le cœur solide, savent que le lion va dévorer le dompteur et ne veulent rien manquer du spectacle.

Ben s'approcha de Van Heeren, presque à le toucher. Il posa la mallette sur la table, l'ouvrit, révélant qu'elle ne contenait rien d'autre que la lettre de crédit.

Il prit la lettre et la déposa sur le tapis.

« Voilà, dit-il. Je m'appelle Benedict Sarkissian. J'ai affaire avec Van Heeren et c'est à lui seul que je m'adresse. Le moment est venu de régler nos comptes. Il y a là deux millions de dollars. C'est tout ce que je possède. Ce soir, je suis venu vous proposer de jouer comme vous n'avez jamais joué, comme personne n'a jamais joué depuis que le poker existe. »

Silence. Mains croisées sur le rebord de la table, tête baissée, Van Heeren ne bougeait absolument pas.

« Il ne s'agit pas de jouer mes deux millions contre vos quatre milliards. Ce serait vous demander de prendre trop de risques et, d'un autre côté, uniquement par vos relances, vous pourriez bien me faire exploser. C'est autre chose. Je vais vous démontrer et démontrer à tous que vos chances de me battre régulièrement au poker sont nulles. Absolument nulles. Que vous ne me battrez jamais, même si nous jouions mille ans. »

Ben se mit à marcher lentement autour de la table :

« Nous allons jouer l'un contre l'autre, en tête-à-tête, avec trente-deux cartes. Nous jouerons quatre heures, à la seconde près, sans interruption. Chacun de nous disposera d'une cave de mille jetons. Et ces jetons n'auront aucune valeur. Mais au terme des quatre heures, à la seconde près, celui de nous deux qui aura le plus de jetons aura gagné la partie, et la totalité des mises. »

Un temps.

« Même si la différence entre nous est d'un seul et unique jeton. »

Benedict s'immobilisa face à Van Heeren.

« Je mise deux millions de dollars, Van Heeren, sur le résultat de cette partie. Mais ce n'est qu'un début. »

Il se remit en mouvement, de sa démarche de danseur.

« Au terme de cette partie, puisque je vais évidemment la gagner, je posséderai quatre millions de dollars. Et je les remettrai en jeu, Van Heeren, sur la partie suivante, une partie exactement semblable, quatre heures à la seconde près, en tête-à-tête, mille jetons, le vainqueur étant déclaré au jeton près. »

Il passa derrière le cou puissant, les épaules massives.

« Et je gagnerai encore. Si bien qu'à la troisième partie, après le temps de repos qui vous paraîtra nécessaire, je miserai huit millions de dollars. Et seize à la quatrième, trente-deux à la cinquième, soixante-quatre à la sixième et ainsi de suite, Van Heeren. »

Il s'était immobilisé, l'air rêveur. Il repartit.

« Et ainsi de suite. Point essentiel : je m'engage à ne pas me retirer, quel que soit le montant de mes gains. Je m'engage à renoncer à tous mes gains si la décision de mettre fin à la partie venait de moi. C'est donc vous qui devrez arrêter la partie. Et, à la seconde où vous le ferez, vous serez un homme fini : je vous aurai détruit, écrasé. »

Il acheva un second tour de table.

« Vous vous croyez capable de me battre, Van Heeren ? De me battre une seule fois ? Une seule ? Car une seule fois vous suffirait. Il suffirait qu'une fois vous l'emportiez sur moi, d'un seul jeton, pour que ce soit moi qui sois pulvérisé. Une seule fois, Van Heeren. »

Silence. Van Heeren ne bougeait toujours pas et pendant un moment il sembla que les neuf hommes présents, Ugo étant sur le seuil, étaient figés pour l'éternité.

Le premier, Dietrich bougea. Il se leva et tous les autres l'imitèrent. Sauf Van Heeren.

« Prenez ma place », dit Dietrich.

Benedict s'assit.

8

Ce que disait le Roi :

« Benedict, au poker, on joue de l'argent. Contre toi, ils joueront pour le plaisir ou pour essayer de te prendre cinq ou cent mille dollars, peu importe. Tu les battras, à peu près toujours. Sans coup d'éclat mais parce que tu joueras comme une machine qui ne commet jamais d'erreur, et que rien ne peut dérégler. Pourtant tout cela, Benedict, sera un poker ordinaire. Il y en aura un autre, qui sera comme de marcher sur la Lune. Car un jour viendra fatalement où quelqu'un en face de toi jouera bien autre chose que de l'argent, il se jouera lui-même, il jouera plus que sa vie, il jouera son ego, l'idée qu'il se fait de lui-même. Ce sera un moment rare, inouï, que ce duel-là, Benedict. Il faut t'y préparer, il te faudra en faire une cérémonie de mort. Ne t'y trompe pas : tu devras aussi te mettre en jeu. Et si tu perdais, tu serais comme mort. »

Et il s'était écoulé effectivement quatre heures quand Benedict Sarkissian se leva. Il marcha jusqu'à la fenêtre. Le jour s'était levé. Le ciel était grisâtre et nuageux, à l'image de l'Atlantique dans le détroit de Nantucket.

« Comptez les jetons, je vous prie, Dietrich. »

De nouveau, le cliquetis doux. Dietrich annonça le chiffre. Ben revint vers la table, y ramassa la lettre de crédit et le chèque de deux millions de dollars, les déposa dans la mallette, qu'il referma.

« Nous pourrons jouer la partie suivante quand il vous plaira. A votre choix, Van Heeren. »

Pas de réponse. Van Heeren le fixait de ses yeux d'acier bleu, refusant manifestement d'abaisser son regard.

« Je m'en occupe, dit Dietrich.

— Je serai à l'hôtel Pierre », dit Benedict.

Dietrich acquiesça. La partie suivante aurait lieu dans deux ou trois jours, à New York, dans Manhattan. Ben sortit, suivi d'Ugo. Dans le hall, Oliver, le maître d'hôtel, surgit devant eux. Oliver annonça :

« Une voiture a été prévue afin de vous permettre de quitter la propriété. »

Ben considéra l'escalier conduisant aux étages.

« Où est ma femme ?

— Mademoiselle Mona est...

— Madame Sarkissian.

— Mademoiselle Mona est partie il y a une heure, dit Oliver impassible.

— Attends-moi ici », demanda Ben à Ugo.

Il escalada les marches en courant. Après une poignée de secondes, il réapparut. « Allons. » Il se mit au volant et démarra, sans même attendre qu'Ugo eût refermé sa portière. Pourtant, il roula lentement, presque au pas, tout le temps qu'il fut sur la propriété Van Heeren, jusqu'au moment où il franchit la grille de l'entrée principale, sous l'œil froid des gardes.

A New Bedford, en route vers New York, ils s'arrêtèrent le temps d'acheter les journaux du matin. La plupart d'entre eux avaient relégué l'information en pages intérieures. Le *Globe* de Boston l'avait même passée sous silence. Le *New York Daily News* en avait fait deux colonnes à la une. Dans presque tous les cas, l'idée de base du titre était la même : « Délirant défi au milliardaire. » Et de développer dans le corps des articles le mécanisme du défi : ses parties successives, les gains de la partie précédente à chaque fois remis en jeu dans la partie suivante : quatre, huit, seize, trente-deux, soixante-quatre, cent vingt-huit, deux cent cinquante-six, cinq cent douze millions de dollars...

« QUI VA CRAQUER LE PREMIER ? »

Ugo n'avait pas ouvert la bouche. Il était fatigué, vidé nerveusement, il éprouvait de l'angoisse, le pressentiment d'un drame. Il s'était rencogné dans l'angle de la voiture, comme s'il voulait se tenir le plus loin possible de Ben. Il finit par s'endormir.

La seule attitude des garçons d'ascenseur du Pierre leur fit comprendre que les chaînes de télévision avaient, elles aussi, catapulté la nouvelle sur tout le territoire des Etats-Unis.

Dietrich les appela dans la soirée, vers huit heures. Il proposa le lendemain soir comme date, le 2 septembre, et comme lieu, l'appartement de Van Heeren, au sommet de l'immeuble-banque de Manhattan.

« D'accord, Sarkissian ?

— Oui.

— Ensuite, M. Van Heeren devra s'absenter pour affaires pendant quatre jours, pour un déplacement prévu de longue date.

Un temps.

« On m'a demandé de souligner ce dernier

point : prévu de longue date. Il ne s'agit pas d'une dérobade.

— Bien.

— M. Van Heeren sera donc absent du 3 au 7 septembre. Une troisième partie pourrait avoir lieu le 8, au même endroit.

— D'accord. »

Un temps.

« Vous n'auriez pas dû mêler la presse et la télévision à cette affaire.

— Je ne suis pas de votre avis, dit Benedict de sa voix lointaine.

— Le mal est fait. Sarkissian ?

— Oui.

— Je vous pose la question en mon nom personnel : où est Mona ?

— Je ne sais pas.

— Elle a disparu. Sans bagage et seule. Et elle a retiré ce matin cinquante millions de dollars en liquide de sa banque. Cinquante millions de dollars !

— Je ne sais rien. Rien. »

Après la deuxième partie, dans la nuit du 2 au 3 septembre, la place occupée par l'affaire dans la presse et à la télévision grandit brusquement. Ben et Ugo durent quitter le Pierre, dont les journalistes faisaient le siège. Ils changèrent plusieurs fois d'hôtel, finirent par se séparer, Ugo s'installant au Waldorf Astoria, pour lequel il avait un attachement sentimental, y étant descendu pour la première fois à l'âge de quatre ans. Benedict quant à lui parvint à dépister les reporters. « Où diable vas-tu aller ? » s'inquiéta Ugo.

« Mon problème », dit Ben, l'air plus absent que jamais. « Et si je veux te joindre ? » Ben secoua la tête. En fait, Ugo le sut plus tard, après avoir un temps réintégré son vieil appartement de Clinton Street, il trouva un refuge chez ce cousin chicano d'Ochoa, Larry Menandez, qui l'avait appelé au secours quand il était à Zurich.

Ugo rencontra Dietrich en aparté ; les deux hommes déjeunèrent ensemble, au restaurant privé en haut de Rockfeller Center ; les origines évidemment germaniques de Dietrich, le fait qu'il baragouinât quelque peu l'allemand, leur égal besoin de s'épancher, en tant que témoins et confidents attitrés des duellistes, leur étaient autant de raisons de se rapprocher. « C'est fascinant, c'est fou, dit Dietrich. Du diable si je sais comment ça va finir. — Pourquoi dans ce cas avoir facilité la tâche de Ben ? — Parce que Calliope me l'a demandé. Et parce qu'Alex, s'il est un vieux camarade, n'a jamais été mon ami. Une leçon ne pouvait pas lui faire de mal. Mais il ne cédera pas, il est vraiment prêt à aller jusqu'au bout. Vous avez fait le compte, Ugo ? Je l'ai fait : en doublant à chaque fois, si votre ami l'emporte, il en sera, ce qui semble extraordinaire, à quatre milliards et quatre-vingt-seize millions de dollars de gains après douze parties. »

Ugo dit : « Ce qui ne fait jamais que quarante-huit heures de travail, douze fois quatre heures. Beau salaire horaire. »

Lui aussi en avait des frissons dans le dos.

La troisième partie se déroula le 8 septembre, dans la nuit du 8 au 9. On n'eut même pas à

jouer quatre heures : à vingt-cinq minutes environ de la fin du temps réglementaire, Van Heeren n'avait plus un seul jeton devant lui.

Huit millions de dollars.

Seize, deux jours plus tard, le 11 septembre à
deux heures trente du matin, au terme de la partie numéro quatre.

Trente-deux, le surlendemain 13, même heure.
Les journaux, les périodiques, la télévision,
s'étaient à présent réellement emparés de l'affaire.
Tous titraient à la une, tous ou presque entrete-
naient des équipes à seule fin de suivre le déroulement du défi. Les reporters n'avaient pas été
longs à repérer l'endroit où les parties avaient
lieu, presque au sommet de l'immeuble de Williams Street. S'était aussitôt engagé un ahurissant
concours de chat-perché, sur les immeubles avoisinants pour mettre en batterie les téléobjectifs.
Pas si simple d'ailleurs : les immeubles avoisinants
étaient ceux de la Bank of New York, de la First
National City Bank, de la Manufacturers Hano-
ver Trust, de la Morgan Guarantee Bank. Des
toits de ces immeubles-là, et d'autres, on pouvait
apercevoir, surtout la nuit quand il était éclairé,
le bureau de Van Heeren et les deux hommes
assis face à face. Du moins on le put jusqu'au
moment où des rideaux furent mis en place et
coupèrent la vue.

Ce qui suivit parut logique :

Le 14 septembre, plainte fut déposée contre
Alexandre Wendell Van Heeren, par un syndicat

constitué de ses deux fils, de son épouse légitime, de la totalité des cadres supérieurs de ses diverses entreprises et des membres de ses multiples conseils d'administration. Motif : insanité mentale. Avec demande d'une ordonnance immédiatement exécutoire, ôtant à Van Heeren tout pouvoir de décision. Moins d'une heure après le dépôt de cette plainte, les avocats de Van Heeren manifestèrent leur opposition, quant à la procédure et quant au fond.

Résultat de la partie du 15 septembre : soixante-quatre millions de dollars. Mais quelque chose arriva.

La chance qui avait jusque-là constamment accompagné Benedict Sarkissian, venant en renfort d'une technique implacable, ou qui du moins ne s'était pas opposée à sa marche triomphale, cette chance tourna.

A quarante minutes du terme de cette sixième partie, les deux hommes étaient encore à égalité au nombre des jetons.

Benedict Sarkissian l'emporta d'une trentaine de jetons à peine.

Titre sur cinq colonnes le 17 septembre, dans tous les journaux du soir : « DEFI : 128 MILLIONS POUR BEN ? » Autre titre en décroché : « A.V.H. SOUMIS A UN EXAMEN MENTAL. GUERRE DES EXPERTS. »

La septième victoire consécutive de Ben Sarkissian ne fut acquise que dans les dernières minutes de la partie, par six jetons seulement.

La chance qui avait au début assisté le San franciscain, c'était maintenant à Van Heeren qu'elle dispensait ses faveurs, avec une prodigalité frisant l'insolence. N'importe quel joueur autre que Sarkissian eût été balayé, en cette nuit du 16 au 17 septembre.

La réaction des fils, de la femme, de la totalité du clan Van Heeren, se rebellant contre son chef, avait été logique : on sauvegardait le patrimoine.

Tout aussi logique fut le deuxième mouvement du clan, le 18 septembre.

A cette date, Mona avait disparu, sans laisser la moindre trace, depuis déjà deux semaines.

9

La première fois, les journalistes l'avaient suivi. En voiture, eux. Ça leur avait donné l'occasion d'une très belle photo de Ben courant, aux premières lueurs de l'aube, solitaire, sur le vertigineux pont de Verrazano, qui relie Staten Island à Brooklyn et coiffe l'entrée de la baie de New York, à l'orée de l'Atlantique.

Il leur avait demandé de le laisser seul et ils avaient accepté, pour finir. Parce que, dans le défi, il était « l'underdog », le chien qui a le dessous, qui est supposé le plus faible, parce qu'ils pressentaient — et les preuves affluaient par le courrier — que l'immense majorité de leurs lecteurs, de leurs lectrices, des jeunes surtout sans distinction de sexe, étaient proches d'idolâtrer ce jeune loup maigre au regard rêveur. Plus simplement encore parce qu'ils le crurent quand il leur dit qu'il courrait seul ou pas du tout.

Le matin du 18, il sortit de chez les Menendez dans Brooklyn alors que le jour n'était pas encore levé. Il portait des chaussures de sport à semelles épaisses pour mieux supporter le dur martèlement sur l'asphalte et était vêtu d'un survêtement bleu-noir à triple bande blanche. Les trois ou quatre reporters de presse, l'équipe d'ABC News, qui se trouvaient là à monter une garde nonchalante, le regardèrent partir sans tenter de le suivre, respectant leurs engagements.

Il courut au long de la 4ᵉ Avenue, un instant repéré par une voiture de police, qui d'ailleurs n'insista pas. Il traversa Bay Ridge et alla par la 86ᵉ chercher la rampe d'accès à Verrazano. Les deux hommes montés sur une même moto, une grosse Yamaha, attendirent près de deux minutes après son passage puis s'engagèrent à leur tour sur l'interminable tablier dominant l'Atlantique de plusieurs dizaines de mètres. Le petit homme aux cheveux gris, assis sur le tan-sad à l'arrière, aurait tout aussi bien pu porter une arme dans sa sacoche de cuir. En fait, il n'avait qu'un appareil photo vingt-quatre trente-six couleur et chargé.

Mais l'effet en fut le même. Un pistolet n'eût pas fait mieux.

Ce matin-là, le vent était faible et les doubles piliers de deux cent quatre-vingts mètres de haut s'éclairaient des premières lueurs du soleil, surgissant à l'instant par-delà Coney Island.

La voiture noire à six portières arriva à la hauteur de l'homme en train de courir. Elle le dépassa tout en ralentissant. Elle s'arrêta tout à fait vingt mètres plus loin et la portière s'ouvrit.

Alan Van Heeren, fils aîné d'Alex, mit pied à terre au moment où Benedict n'était plus qu'à trois mètres de lui. Il aida Jamaïca à descendre à son tour.

« Asseyez-vous à l'arrière », proposa Alan.

Benedict immobile, tourna la tête. Le gigantesque tablier s'animait, la circulation s'y faisait dense. Il aperçut une moto avec deux hommes, mais elle se trouvait à six ou sept cents mètres de là et les deux motocyclistes, pied à terre, étaient penchés sur la machine.

« Merci, Alan, dit Jamaïca. Ben et moi préférons marcher. »

Ils avancèrent côte à côte, s'éloignant de la voiture dans laquelle se trouvaient, outre un chauffeur et un garde du corps, Alan et Peter-John Van Heeren. Silence. Ils marchèrent cinquante mètres, s'arrêtèrent, sans oser se regarder. Silence. Ils repartirent. Cinquante mètres encore. Nouvel arrêt. Silence. Elle parla la première.

« Ils ont tout essayé, Ben. Je ne sais pas comment le dire. Ils ont vraiment tout essayé, pour vous et moi, je veux dire... »

Ils eurent en même temps le même geste pour s'approcher de la rambarde, et regardèrent un cargo qui passait sous eux, rapetissé par la distance comme un jouet d'enfant.

« Vous vous doutez de ce qu'ils attendent de moi : vous convaincre d'arrêter cette partie. Ils m'ont d'abord expliqué à quel point vous étiez méprisable. Ensuite, ils m'ont dit que papa était fou. Ils m'ont même fait rencontrer des médecins qui me l'ont confirmé. »

Après avoir repris son souffle, elle se confia à nouveau :

« La famille a insisté pour que je vienne ce matin. Pourquoi ? Parce qu'amoureux de moi, vous finiriez par faire ce que je devais vous demander. On a discuté toute la nuit, mes frères, maman, et mon grand-père. Il y a une heure, je refusais encore. Pourtant, j'avais drôlement envie de vous revoir. »

Elle baissa la tête et dit d'une toute petite voix :

« Ben, j'ai essayé de vous oublier, surtout quand j'ai appris que Mona et vous vous étiez mariés. J'ai vraiment essayé. Et ça n'a pas marché. Et si vous voulez mon avis, ça ne marchera jamais. »

Elle soupira.

« C'est comme ça, Ben. »

Elle releva la tête et se mit à trembler. Il avait appuyé son front contre l'acier boulonné du pilier, ses yeux grands ouverts remplis de larmes.

Elle le toucha alors pour la première fois, l'obligea doucement, tendrement, à pivoter pour qu'il vînt face à elle ; elle se hissa sur la pointe des pieds et l'embrassa sur les lèvres, l'effleurant à peine, ses deux mains sur les joues de Ben.

La photo fut prise à cette seconde-là, la moto ensuite lancée dans une accélération rugissante.

10

La photo parut dès le lendemain 19. Elle fut reproduite les jours suivants par des dizaines d'autres quotidiens et par des hebdomadaires, non seulement aux Etats-Unis, mais jusqu'en Europe. La légende l'accompagnant dans chaque cas participa de la même idée : « LA VRAIE RAISON DU DEFI ! »

« Je veux lui parler, dit Ben. Il ne s'agit pas de moi mais de Mona.

— Ce n'est pas la première fois qu'elle disparaît ainsi, dit à l'autre bout du fil la voix glacée d'Eve Morrison.

— Elle est vraiment en danger.

— A cause de cette photo sur le pont de Verrazano ?

— Oui. »

Un temps. Ben :

« Passez-le moi. Je vous en prie. »

Dans l'écouteur, durant presque une minute, ce silence particulier provenant de ce qu'on a étouffé le son avec la paume de la main. Puis l'ambiance sonore redevint normale. Un temps. La voix d'Eve Morrison :

« Vous êtes toujours là ?

— Oui.

— La réponse est non, Sarkissian.

— Ecoutez-moi, à la minute où Mona aura

cette photo sous les yeux elle sera en danger de mort. Van Heeren a des moyens que je n'ai pas. Qu'au moins il les utilise. La vie de Mona est en jeu. »

Nouvelle interruption, plus longue encore que la première. Et Morrison revint encore en ligne :

« Je suis chargée de vous répéter exactement et uniquement ceci, Sarkissian : ou bien vous serez ce soir à dix heures assis à la table, ou vous n'y serez pas. Et aucun prétexte ne sera admis. »

Elle raccrocha. Benedict raccrocha à son tour. Il alla se servir un verre d'eau.

« Jusqu'à l'Apocalypse », dit Ugo.

Ce que le Roi disait :

« La chance joue un rôle, Benedict. Pour ou contre toi. Il te suffira de la reconnaître, de faire le tri, de déterminer exactement ce que tu lui dois dans ta victoire ou ta défaite. Elle est folle, elle n'a pas de logique. Rien ne s'oppose à ce qu'elle t'abandonne pendant quinze ans. Ignore-la, Benedict, sitôt que tu l'auras reconnue, ne compte jamais sur elle, sauf pour la combattre et limiter ses effets quand elle aide les autres. T'imaginer qu'elle joue systématiquement contre toi serait comme croire que la pluie te vise personnellement. Et, s'agissant de pluie, rappelle-toi : le mont Ararat a eu raison du Déluge. »

La huitième partie eut lieu dans la nuit du 18 au 19 septembre pour un enjeu de deux cent cinquante-six millions de dollars.

Au cours des deux rencontres précédentes, la chance s'était portée aux côtés de Van Heeren :

elle l'avait, dans la nuit du 17 au 18, favorisé à outrance, le portant comme une marée porte un navire, au point que ç'avait été pur miracle de sang-froid et de technique si Benedict Sarkissian avait pour finir surnagé.

A l'aube du 19 septembre, la marée parvenue à son amplitude maximale entama son reflux. Cinquante minutes avant la fin du temps réglementaire, Alex Van Heeren avait à peu près soixante-dix jetons d'avance. Ii les perdit. Il perdit plus que cela ; en moins d'un quart d'heure, il s'effondra. Son visage large et puissant se creusa soudain, son expression d'immuable impassibilité se craquela, se lézarda comme une façade, des signes apparurent : transpiration aux tempes, orbites creusées, ailes du nez pincées, crispation infinitésimale d'une lèvre.

Et les mains.

Il avait toujours eu un mouvement inconscient pour s'écarter de la table de un millimètre ou deux, quand lui montait une carte inespérée ; Ben l'avait noté, dès le début de leur premier affrontement, chez Dennis O'Keefe. Mais ses mains ne l'avaient encore jamais trahi : elles étaient toujours demeurées parfaitement inertes.

Cette fois un tremblement presque imperceptible gagna un de ses doigts, puis se communiqua aux autres. La fin était venue.

Le regard bleu sombre, rêveur de Benedict enregistrait cet effondrement avec une précision chirurgicale.

Aurait-il, à ce moment-là, manifesté le moindre signe de triomphe, le banquier eût peut-être, par orgueil, trouvé dans la rage les moyens de poursuivre la partie. Mais sur le visage maigre et bronzé de Benedict, Van Heeren ne put rien déchiffrer.

Cette indifférence inhumaine, minérale, fit le reste. Détenant soixante-dix jetons d'avance à cinquante minutes de la fin, Alex Van Heeren se retrouva mené par cinquante de ces mêmes jetons, vingt minutes plus tard. Dès lors, son déficit ne cessa de s'accroître. On était convenu de jouer jusqu'à deux heures trente : de sa cave initiale de mille jetons, il ne lui en resta plus, à neuf minutes de la fin, que quelques douzaines. Son affolement lui avait fait tenter l'impossible.

Vint son tour de donner.

Il prit les cartes, ses mains tremblant très visiblement.

Trois secondes d'immobilité.

Il regarda le jeu rouge qu'il venait de décacheter, et le reposa entier. Il ferma un instant les yeux, les rouvrit, baissa la tête.

« J'arrête », dit-il.

Il se leva. Eve Morrison sortit derrière lui, suivie par Warren Nash, Abe Levin, Lance Beatty et Dietrich. Dietrich sur le seuil de la porte se retourna, fixa un long moment Benedict Sarkissian et sortit à son tour.

La main gauche de Ben balaya calmement les jetons, sa main droite ramassa le jeu rouge abandonné par Van Heeren, l'étala, cartes ouvertes. Les deux mains cette fois se murent ensemble : avec une effarante précision, elles dressèrent les cartes sur leurs tranches, les accotèrent, les alignèrent et un château se dressa.

Ugo écrasa d'une main tremblante ce qui restait de son cigare. Gorge nouée, au bord des larmes, il alla jusqu'aux immenses baies vitrées et, faisant glisser latéralement, l'un après l'autre, tous les rideaux épais qui avaient obstrué ces baies, il révéla à la nuit de Manhattan, peuplée d'hommes à l'affût derrière leurs caméras aux téléobjectifs, ce bureau immense, violemment illuminé, tout au sommet de l'immeuble-tour et dans lequel, assis à la table, ne restait plus que le vainqueur.

11

Les deux Mexicains, l'homme et la femme, contemplèrent l'épaisse liasse de billets. Ils cherchèrent des mots anglais pour s'exprimer, secouèrent la tête ; ils ne parlaient anglais ni l'un ni l'autre, ils ne savaient lire ni l'un ni l'autre ; ils avaient franchi la frontière américano-mexicaine en fraude, cinq semaines plus tôt, et n'avaient évidemment aucun permis de séjour. Ils dirent en espagnol :

« Mucho dinero ! (Beaucoup d'argent.) »

Mona leur sourit :

« Allez-vous en, à présent. Partez. »

Le geste fit plus que les mots. Ils ramassèrent l'argent et partirent ; ils traversèrent le minuscule jardin, en refermèrent soigneusement le portillon, après un dernier regard intrigué sur cette maison dressée au sommet du mont Sutro, où ils venaient de passer deux semaines, tenant compagnie à cette jeune femme solitaire.

Mona referma la porte de la maison. Elle en tourna deux fois la clef, en tira le double verrou.

Elle vérifia la fermeture de chacune des fenêtres, puis monta à l'étage

La chambre où elle s'était installée avait des fenêtres sur deux côtés, à l'ouest et au nord. Au nord, on découvrait, en surplombant le Centre médical de l'université de Californie, d'abord le Golden Gate Park avec l'ovale de Kezar Stadium, puis, plus loin, d'autres frondaisons encore, celles du Presidio qui semblait donner naissance aux structures rouge minium de la Golden Gate elle-même ; et puis, tout au bout de l'horizon, les terres de la Marin Peninsula, où était Sausalito.

Elle ouvrit les trois grosses valises et en retira l'argent. Elle sépara, liasse après liasse, cinquante millions de dollars, ou peu s'en fallait, les disposa au hasard à travers la chambre, ne s'interrompant que pour croquer un autre comprimé de palfium. Entre deux des fenêtres, face à elle, elle avait épinglé la photo, découpée dans un magazine, de Ben et de Jamaïca enlacés sur le pont de Verrazano.

A l'ouest, le soleil s'apprêtait à plonger dans le Pacifique.

Elle tenta d'accélérer ses mouvements, qu'elle contrôlait à peine, titubant. Les billets de mille dollars s'entassaient régulièrement, formant un tapis vert d'au moins quinze centimètres d'épaisseur.

Elle ne cessait de sourire dans le vide.

Il lui fut difficile de se déshabiller. Elle dut littéralement arracher son chemisier et son slip.

Elle guettait le soleil rouge qui s'éternisait au-dessus de la mer.

Ses doigts passèrent sur son abdomen nu, y exerçant de légères pressions, jusqu'au moment où elle repéra très exactement ce qu'elle jugea être la tête du fœtus. Elle garda sur l'endroit l'index de sa main gauche et y plaça la pointe du couteau de cuisine.

Elle attendit, mâchonnant le dernier comprimé de palfium, luttant pour garder ses yeux ouverts sur le coucher du soleil.

Elle enfonça la lame. Seul le manche de bois dépassa de son ventre à la seconde où le disque rougeoyant s'engloutit tout à fait. Les yeux fermés, Mona semblait sourire à sa mort. Lorsqu'elle tomba sur le côté et fit du même coup basculer la lampe à pétrole, elle ouvrit les paupières et vit le feu attaquer ses cheveux.

12

A New York, en raison du décalage entre les deux côtes américaines, les horloges marquaient dix heures du soir. Lance Beatty entra et dit à Eve Morrison :

« Il est là.

— Laissez-moi seule avec lui. A demain.

— Je préférerais attendre à côté.

— Non, partez. A demain. »

Elle attendit que le bruit des pas de Beatty se fût tout à fait éteint dans le couloir. Et lança de sa voix froide :

« Entrez. »

Elle avait extrait un dossier d'un tiroir de son bureau. Elle se mit à le parcourir :

« Il nous a fallu des mois de recherches pour

apprendre votre existence et vous retrouver. Vous avez quarante-quatre ans. Selon votre dossier médical, vous avez au plus six mois à vivre et vous le savez. J'ai ici copie de tous les documents médicaux et de la décharge que vous avez signée aux médecins de Chicago quand vous avez refusé de rester à l'hôpital. Vous êtes d'accord ?

— Ouais.

— Nous avons eu votre nom par un homme détenu à Seattle, qui s'est vanté d'avoir rencontré Benedict Sarkissian et de l'avoir battu au poker. Nous avons obtenu sa libération conditionnelle, nous l'avons payé et il nous a raconté une histoire qui serait, selon lui, arrivée aux abattoirs de San Francisco, il y a quelques années. Il a reconnu s'être vanté en affirmant avoir triomphé de Sarkissian mais a prétendu connaître quelqu'un qui pourrait affronter Sarkissian et le battre. »

Un temps.

« Vous. »

Par une habitude déjà ancienne, Eve Morrison, crayon en main, corrigeait les fautes de frappe du rapport. Elle leva les yeux, découvrit l'homme et eut un haut-le-cœur. La répulsion l'envahit, la secoua, la submergea. Ce fut à vomir.

Elle se leva, alla se laver les mains dans une petite salle de bain attenante, revint se rasseoir, le regard obstinément fixé sur ses papiers :

« Vous pensez pouvoir battre Sarkissian ? En supposant qu'on vous confie l'argent nécessaire ? »

Silence.

Elle lutta férocement contre elle-même et finit par triompher. Elle releva pour la seconde fois la tête et le regarda. L'homme était très blond, presque blanc, d'un blanc livide d'albinos ; il avait en lui quelque chose d'inexprimable, de visqueux, de gluant. Ses lèvres distendues étaient rouge sang. Ses yeux étaient clairs, ils avaient un regard d'aveugle d'où déferlaient une ironie, un mépris, une agressivité anormale et fanatique. Sa chair était boursouflée, par l'effet de la maladie qui le rongeait et par la cortisone qu'on lui injectait à doses massives. C'était un monstrueux monument de chair, d'une difformité suscitant le malaise.

Et ce regard...

« Répondez à ma question. »

Un sourire qui élargit encore les lèvres distendues :

« Sarkissian a peur de moi. Je le battrai. »

Silence.

« D'où tenez-vous cette confiance ?

— Ça veut dire quoi, ça ?

— Pourquoi avez vous tant de confiance en vous ?

— Je suis aussi bon que lui, peut-être même meilleur. Seulement, moi, je n'ai pas eu sa chance. On n'a jamais voulu jouer avec moi. Je suis aussi bon que Sarkissian. Et il a peur de moi. A cause du passé.

— Il s'est passé quelque chose entre lui et vous ? »

Sourire.

« Ouais.

— Aux abattoirs de San Francisco ?

— Ouais. »

L'envie de vomir revenait, chez Eve Morrison. Et pour la première fois depuis son enfance, elle éprouvait une incompréhensible envie de pleurer. Elle lança pour dire quelque chose :

« Vous vous appelez Hacek. »

Ce terrifiant regard d'aveugle, chargé d'une morgue incroyable :

« Ouais. La Limace. Hacek La Limace, c'est comme ça qu'on m'appelle. »

NEUVIÈME... ET DERNIÈRE DONNE

QUINTE FLUSH

1

LE Roi était allongé sur le dos, les bras le long du corps, ses mains monstrueuses fermées, doigts recroquevillés par la douleur. Dix mois plus tôt, il pesait quatre-vingt-dix kilos. Aujourd'hui, il n'en faisait même plus cinquante, squelette noueux, bosselé, sur lequel une peau rêche et grise comme de la toile à sac accumulait ses plis. Du visage, seul le grand nez busqué surgissait, prolongeant la structure aiguë des pommettes.

Les Chinoises chuchotèrent. Il ouvrit les yeux et les prunelles rondes de gerfaut se démasquèrent.

« Qu'elles s'en aillent ! »

Elles s'en allèrent et Benedict resta seul. Il s'assit à la longue table d'un ancien clipper et fit glisser les Aigles d'Or.

« J'avais promis d'attendre, pour mourir.

— Et tu as tenu parole.

— Ai fait plus.

— Beaucoup plus. Cent fois plus qu'aucun autre homme ne l'aurait fait. Mais tu es le Roi. »

Le Roi dit quelque chose, se rendit lui-même

compte que ses mots avaient été inintelligibles, les répéta :

« Pas facile. »

Benedict ferma les yeux et dit très doucement, avec tendresse :

« Et voilà qu'on s'apitoie sur soi-même, à présent. »

Ce qui était presque de la gaieté passa dans les yeux de gerfaut.

Téléphone :

« Monsieur Sarkissian, c'est à propos de cette partie que vous allez... »

Ben raccrocha. On était le 22 décembre et il était sept heures du soir. Ben alla chercher les yeux du Roi.

« Pas tout de suite, dit le Roi. Aube, matin. »

Téléphone : les Chinoises qui demandaient si elles devaient venir plus tôt le lendemain.

« Non, ne venez pas, répondit Ben. Je vous appellerai. »

Les yeux du Roi s'étaient refermés. Ben prit un livre, *Le Désert des Tartares*, de Buzzati, s'assit et se mit à lire.

Téléphone : Ugo.

« Ben, c'est encore Dietrich au sujet de sa foutue plus grande partie de tous les temps.

— Pas maintenant, dit Ben.

— Ben, tu n'es pas obligé de jouer cette partie.

— Pas maintenant.

— Tu veux que je vienne ?

— Non. »

Ben se remit à lire. Une heure passa : il n'y avait plus que la lumière de la lampe de marine en cuivre. Le bruit de la circulation s'apaisait. Téléphone : c'étaient encore des journalistes. Ben raccrocha sans répondre. Il se retourna et vit que les yeux du Roi étaient sur lui.

« Rien d'important. »

Mais le regard perçant avait une intensité exceptionnelle.

« Oui, moi aussi, dit Ben. Et tu vas me manquer. »

Il allongea la main et les extrémités de leurs doigts se touchèrent, demeurèrent en contact deux ou trois secondes, s'écartèrent.

Téléphone : Dietrich lui-même. Ben raccrocha. Puis décrocha, laissant le récepteur à côté de l'appareil.

Il voulut reprendre son livre mais ne parvenait pas à lire. Quelque chose effleura sa hanche. Il abaissa les yeux et vit la main du Roi.

« Oui, grand-père ? »

Les lèvres du Roi bougèrent, ne produisirent qu'un son rauque et incompréhensible. Ben se pencha sur le moribond, approcha son oreille.

« Seul, chuchota le Roi. Seul. »

Ben se redressa mais sans bouger davantage.

« Seul, répéta le Roi avec netteté, je veux mourir seul. »

Ben se détourna, cueillit le livre au passage, éteignit la lampe de marine, alla s'installer sur le balcon de bois. Il s'assit face à San Francisco et à la chaîne de lumière de l'Embarcadero, tournant le dos à la chambre. Il ouvrit le livre, sans paraître se rendre compte que l'obscurité l'empêchait de toute façon d'en distinguer les lignes. Derrière lui, il entendait le souffle rauque et heurté du Roi, émergeant de la pièce sombre. Les heures s'écoulèrent, les lumières s'éteignirent une à une, à Sausalito même, à San Francisco, sur l'île au Trésor et celle de Yerba Buena. Le silence acquit la densité écrasante du noir total, l'air devint plus froid, la nuit passa.

Une première clarté grise rampa sur les hauteurs de San Pablo et d'Alameda et le jour s'insinua peu à peu.

Le souffle s'interrompit à ce moment-là.

Benedict posa le livre ouvert, dont il n'avait rien lu. Il attendit une minute encore, contre toute espérance. Puis il revint à l'intérieur de la chambre, et ferma les paupières du Roi mort.

Il sortit peu de temps après, tandis que le téléphone ne cessait de sonner. Il courut d'abord sur Bridgeway Boulevard, puis sur l'U.S. 101, prit à gauche par deux fois. Le jour était tout à fait levé quand il déboucha sur les deux cents hectares aux séquoias géants. Dès lors, il ne cessa d'accélérer, à s'en faire éclater le cœur, jusqu'au moment où il s'abattit, pantelant, au pied d'un tronc gigantesque. Et là il se mit à hurler son chagrin.

2

Le 29 décembre, Benedict quitta les Etats-Unis pour l'Europe. Ugo l'accompagnait.

Juste avant leur départ de New York, dans un salon de Kennedy Airport, ils virent Calliope. Elle dit à Ben :

« Cette prétendue plus grande partie du monde cache un piège, je ne sais pas lequel. Pourtant... »

Il secoua la tête.

« Je ne jouerai pas. Je ne jouerai plus. »

Calliope demanda à Ugo de la laisser seule avec Benedict.

« Ben, il a failli se suicider. Je suis arrivée juste à temps. Joue cette partie et perds-la. »

Il sourit :

« Non.

— Ben, pour moi.

— Non.

— Il vont te forcer à la jouer. Ou bien ils te tueront. Il ne s'agit même plus d'Alex. Ils ont engagé Lance Beatty uniquement pour s'occuper de toi.

— Non.

— Alan et Peter-John veulent récupérer l'argent. Ils ne te lâcheront pas.

— Je ne l'ai plus.

— Comprends pas, dit-elle.

— J'ai versé deux cent cinquante millions de dollars au Fonds des Nations Unies pour les réfugiés. Moins les impôts. »

Un instant interdite, elle secoua la tête.

« Ça ne suffira pas. Ils te forceront à jouer. »

Il la prit dans ses bras, la serra contre lui.

« Tu vas l'épouser ? »

Elle acquiesça, les yeux fermés pour ne pas pleurer mais pleurant quand même.

« Epouse-le, dit Ben. Et oubliez-moi, tous les deux. »

Il sortit, rejoignit Ugo. Les journalistes aussitôt se ruèrent : « Est-ce que vous n'êtes pas en train de fuir, Sarkissian ? » « Est-il vrai que vous avez peur de jouer cette partie ? » « Il paraît que vous avez triché pour battre Van Heeren ? »

Le jour même de son arrivée à Londres, journaux américains et britanniques titrèrent : « Sarkissian en fuite » « Sarkissian affolé. »

3

A Londres, d'autres journalistes l'attendaient, en poste à Londres ou envoyés spéciaux. Ils lui posèrent les mêmes questions. Et ils allèrent plus loin : « Vous avez triché, Sarkissian ? » « Ben, t'as triché ? » « On vous offre une partie extraordinaire, et régulière, pourquoi la refuser ? Vous avez peur ? »

Ils ne le lâchèrent pas une minute.

Ben emmena Ugo chez le Peintre Fou, son seul ami sur place. Ugo et le Peintre Fou s'entendirent au premier coup d'œil : en commun, leur total manque de confiance dans l'espèce humaine et le goût du sarcasme.

« C'est pas tout ça, dit le Peintre Fou, mais avec tous ces cinglés sous nos fenêtres, on aura du mal à fermer l'œil. Le mieux si j'ose dire serait d'aller chez ma femme, à Leighton Buzzard. Il y a un jardin. »

Le jardin en question faisait trente ou quarante hectares, ce qui permit de tenir les journalistes à distance. Ben courut sur les trente hectares, Ugo joua au backgammon avec le beau-père du

Peintre Fou, lequel beau-père était amiral et lord et trouvait quand même le moyen de faire jaillir de ses yeux chassieux quelques lueurs d'intelligence. On resta là deux semaines, après lesquelles le Peintre Fou voulut changer d'air, ses devoirs conjugaux ayant été remplis bien en avance, pour les cinq années suivantes. « D'ailleurs Margaret doit commencer son entraînement pour le Grand National de Liverpool. Mais non, comme jockey. »

Ils partirent tous trois pour la France le 14 janvier.

Les journaux de Paris : « Sarkissian retrouvé », « Sarkissian se terre. »

Ils voulurent s'installer dans un appartement prêté, rue de l'Université, mais dans la demi-heure qui suivit les photographes étaient là, rameutés par une équipe de détectives privés.

Ç'aurait pu être drôle, cette formidable campagne n'ayant pas d'autre but que de pousser Benedict Sarkissian à jouer une partie de poker supplémentaire, une seule, la dernière, après celle-ci plus rien, on vous laissera tranquille. Au début, Ugo et le Peintre Fou en avaient hurlé de rire, et ils avaient tout fait, tout imaginé pour s'offrir la tête de leurs poursuivants. Mais ça avait fini par les fatiguer. Même eux.

A présent, ils en avaient assez.

Le Peintre Fou craqua le premier. Il avait un caractère à esquiver les difficultés. Il rentra en Angleterre, à Belgravia et se retrouva tranquille.

Ugo voulut en avoir le cœur net :

« On ne me fera pas croire que ces types de la presse vont nous suivre des semaines durant. Même si on a organisé une campagne autour de toi, les journaux finiront par se lasser. Voyageons.

— En tout cas, Ben, la partie n'est pas terminée, on dirait.

— Elle est finie.

— Ça saute aux yeux. »

Ils quittèrent Paris le 26 janvier, filèrent d'abord en Allemagne, dans le château de Titisee, à bord d'un petit avion privé. Les journalistes furent avant eux en Forêt Noire.

De la même façon, qu'ils furent avant eux à Megève, tous à pied d'œuvre, une semaine plus tard, et encore avant eux à Rome, en aucune façon trompés par les manœuvres compliquées inventées par Ugo cherchant à les dépister.

L'hôtel La Mamounia à Marrakech le 20 février : deux douzaines de reporters ravis. Qui expliquèrent à Ugo que tous leurs frais, leurs primes spéciales et jusqu'à leurs mensualités étaient acquittés non par les journaux qui les employaient d'habitude mais par une banque suisse, agissant au nom d'une fondation, très récemment créée, visant à « favoriser le développement de la presse et du reportage et leur indépendance ». Les reporters eux-mêmes, vu les primes qu'ils recevaient, affirmèrent être capables de tenir vingt ans à ce rythme.

Ben et Ugo essayèrent de faire croire à un voyage au long cours : de Marrakech à Madrid, comme s'ils rentraient en Europe puis, d'un seul coup, Bombay. Ils y furent le 27 février, et les quinze photographes installés dans le hall de l'hôtel Taj Mahal, à les attendre, leur firent un accueil sarcastique. Mais ce fut ce jour-là, le 27 février, que parut la première information réelle sur la partie : on annonça que les frères Nash en seraient, Warren et Jarrod, à eux deux pesant huit ou dix milliards de dollars, tous deux texans, tous deux réputés joueurs d'exception.

Ils volèrent de Bombay à Mandalay, puis à Colombo, puis dans une petite île philippine de Samar où Ugo connaissait quelqu'un qui connaissait quelqu'un qui avait une maison. On était le 10 mars, et ils crurent avoir dépisté leurs poursuivants : un yacht loué en Australie par Ugo, par un prête-nom, vint les chercher, à destination des Touamotou, via les Gilbert et les îles de la Ligne, qui étaient vraiment au fin fond du Pacifique. Ugo y avait fait venir quelques-unes de ses filles, parmi ses préférées. Il crut que la longue traque venait de prendre fin.

« Ils se sont lassés avant nous, en fin de compte. »

Mais le lendemain arrivait dans l'île un hydravion, qui débarqua les correspondants d'une centaine de journaux : loin de s'apaiser, le fantastique battage publicitaire organisé autour de la-plus-grande-partie-de-poker-jamais-jouée-dans-le-monde était au contraire relancé avec une incroyable vigueur. De semaine en semaine, de façon à entretenir l'intérêt du grand public, on avait distillé des informations supplémentaires :

La-plus-grande-partie-de-poker-jamais-jouée se jouerait à New York, sur la 5ᵉ Avenue, à la hauteur de Central Park, dans un appartement privé ;

— sept joueurs y prendraient part ;

— cette partie serait disputée à la décave, c'est-à-dire que chacun des sept participants disposerait d'une masse de jetons définitive, impos-

315

sible à renouveler. Tout joueur ayant perdu la
totalité de ses jetons serait éliminé. Par la force
des choses, les joueurs présents finiraient par
n'être plus que six, puis cinq, puis quatre... Viendrait un moment où un seul joueur demeurerait
assis à la table, et celui-là serait sacré vainqueur
et meilleur joueur du monde ;

— cette partie se jouerait aussi longtemps qu'il
y aurait des adversaires en présence ; elle allait
donc à n'en pas douter durer des heures, voire
des dizaines d'heures. Le rythme du jeu serait de
quatre heures, une heure de repos, quatre heures
de jeu, une heure de repos, quatre... et ainsi de
suite. Toute interruption du jeu par un joueur,
pour n'importe quelle raison, entraînerait l'élimination immédiate ;

— le montant de la cave unique et définitive
serait, par joueur, d'un million de dollars ;

— le montant de la mise minimale, du *chip*, à
avancer sur le tapis avant une donne serait de
mille dollars. Le chip serait obligatoire : chaque
joueur serait tenu de participer à chaque donne,
au moins par le chip, sous peine d'élimination
immédiate. (Tous les journaux soulignaient l'importance de cette disposition, qui avait pour
conséquence d'empêcher un joueur fatigué ou
poursuivi par la malchance de se retirer momen-
tanément du jeu.) En quatre heures de jeu, on
donnait à peu près deux cents fois, on jouait
donc autant de coups ; autrement dit, dans ce
même laps de temps de quatre heures, même un
joueur refusant systématiquement de relancer
serait contraint de miser à peu près deux cent
mille dollars, soit le cinquième de sa cave ;

— la partie se jouerait selon les modalités du

high seven cards stud-poker. Les cartes seraient normalement distribuées une à une ; chaque joueur recevrait tout d'abord deux cartes couvertes dont il serait seul à connaître la valeur, puis la première carte découverte. Les relances alors seraient possibles, dès l'apparition de cette troisième carte découverte, et ces relances se poursuivraient à chaque carte nouvelle ; un joueur recevant au total sept cartes, deux couvertes au début, les quatre suivantes découvertes, et la dernière cachée, chaque joueur ayant la possibilité, pour constituer la meilleure combinaison possible, de choisir cinq de ces sept cartes ;

— la partie se jouerait à cinquante-deux cartes. Jusqu'à la fin. Même quand deux joueurs seulement se retrouveraient face à face, seuls survivants du massacre ;

— chacun des sept joueurs se verrait remettre des jetons d'une couleur différente. Les couleurs seraient celles de l'arc-en-ciel : violet, indigo, bleu, vert, jaune, orange et rouge ;

— la place des joueurs à la table, l'attribution des couleurs, avaient fait l'objet d'un tirage au sort ;

— les noms des sept joueurs étaient en effet connus, chacun d'eux ayant la possibilité de se faire remplacer, à condition que ce remplacement intervienne *avant* et en aucun cas, bien entendu, *pendant* le déroulement de la partie. Ces sept joueurs étaient :

• le joueur numéro un, jetons rouges, Jarrod Nash, de Dallas, Texas, industriel ;

• le joueur numéro deux, jetons verts, Joseph A. Dietrich, industriel, La Nouvelle-Orléans, Louisiane ;

• le joueur numéro trois, jetons violets, Warren Nash, Dallas, Texas, industriel ;

• le joueur numéro quatre, jetons jaunes, Alexandre Wendell Van Heeren, New York, banquier ;

• le joueur numéro cinq, jetons indigo, Aaron Steinberg, Las Vegas, Nevada, avocat ;

• le joueur numéro six, jetons orange, Alvin S. Yarrow, Los Angeles, Californie, producteur de cinéma ;

• le joueur numéro sept, jetons bleus, Benedict Sarkissian, San Francisco, Californie, employé de banque ;

— au terme de la partie, la totalité des mises, quel que soit le vainqueur, serait versée à la recherche contre le cancer ;

— seul point encore inconnu : la date de la partie, le jour et l'heure de son début. Cette incertitude tenait uniquement à l'attitude du joueur numéro sept, Benedict Sarkissian, actuellement réfugié dans une île des mers du Sud et qui, après avoir dans un premier temps non seulement donné son accord mais encore demandé qu'une telle partie se tînt, semblait à présent craindre un tel match au sommet.

Et en vérité le fuyait. Malgré les totales garanties de loyauté qu'offraient les noms des autres joueurs. Peut-être à cause des bruits qui avaient couru et couraient encore quant à la régularité de la rencontre l'ayant opposé quelques mois plus tôt à Van Heeren.

318

4

A Papeete, Tahiti, les journalistes étaient là. Ils attendaient fort patiemment. « On a toujours su où vous étiez », dirent-ils à Ugo. Et à Ben : « Vous n'allez plus pouvoir vous dégonfler très longtemps. »

Leurs titres se firent extrêmement agressifs, parlant ouvertement de tricherie dans les parties passées. « Sarkissian est-il le plus grand tricheur qu'on ait connu ? »

Et de multiplier les témoignages sur l'invraisemblable dextérité de ses doigts, même et surtout en dehors des tables de jeu. On l'avait vu faire des choses miraculeuses avec des pièces de monnaie. Succession de gros plans sur ses mains, qui étaient en effet impressionnantes.

Ugo :

« Et naturellement tu ne veux même pas entendre parler d'un procès ?

— Non. »

Jubal Wynn l'avocat appela :

« Ben, il y a matière à un procès, que vous gagneriez aisément.

— Non. »

9 avril, coup de téléphone de Dietrich :

« Sarkissian, vous me connaissez. Je vous ai même aidé, dans votre match avec Van Heeren. Et je ne suis pour rien dans ces calomnies sur votre compte. Je vous garantis personnellement que la partie sera régulière. Acceptez et finissons-en.

-– Non.

— Van Heeren est cinglé. Mais pas moi, et pas davantage les deux Nash, ni Yarrow, ni Steinberg. Celui-ci en particulier, c'est un type de la mafia, vous vous en doutez. Et un fantastique joueur. Sarkissian...

— Non.

— Sarkissian, vous croyez que nous nous mouillerions dans une affaire où il n'y a rien à gagner, juste pour la gloire ? Sarkissian, ça va être une partie extraordinaire, nom de Dieu ! Je n'ai aucune chance de la gagner, je le sais, surtout face à vous ou à un Steinberg. Mais je veux être là et je suis prêt à payer un million de dollars pour ça. Et cela n'est pas déductible de mes impôts.

— Non. »

5

Le 11 avril, Honolulu ; le 13, San Francisco. Benedict alla sur la tombe du Roi, ne semblant même pas voir, ne voyant peut-être pas les dizaines et les dizaines de photographes rameutés comme des chiens pour l'hallali et qui ne cessèrent de faire éclater leurs flashes pendant qu'il se recueillait, piétinant la tombe sitôt qu'il s'en éloigna.

Le 13 au soir, appel de Calliope :

« Ben, tu vas jouer ? C'est pour ça que tu es rentré ?

— Non.

320

— Ben, ça a lieu chez moi, dans ma maison. J'ai tout contrôlé. Tu crois que je me prêterais à un piège ?

— La question n'est pas là.

— Ben, Alex est en train de devenir fou. Il va abandonner ses affaires, il m'a juré qu'il allait tout lâcher, sa vie actuelle et surtout toi. Il dit qu'il veut simplement jouer une dernière partie contre toi, pour en avoir le cœur net, avec les meilleurs joueurs qu'il a pu trouver et réunir. S'il y a un piège, je ne le vois pas. Ben, la partie sera régulière et tu le sais. Alors que crains-tu ?

— Je ne jouerai plus.

— Ben, je vais épouser Alex.

— Tu as raison de le faire.

— Réfléchis, Ben.

— Non.

— Ben !

— Non. »

A Sausalito, quelqu'un avait loué à prix d'or presque toutes les maisons environnant celle du Roi, les avait vidées de leurs occupants, les avait ensuite emplies de journalistes. Ugo était à bout de nerfs, il n'avait plus du tout le cœur à rire. « Ben, foutons le camp. — Je suis chez moi. » « Avec cinquante téléobjectifs braqués en permanence ? » « Ugo, va-t'en si tu veux. Regagne ton château. Ils ne t'y poursuivront pas. — Merde ! »

Le 19 avril arriva, une journée apparemment comme les autres. Ben alla courir, Ugo alla le regarder courir, les journalistes le suivirent. Du classique. A son retour, Ben se mit à lire, il lut une grande partie de l'après-midi, toute la soirée, une partie de la nuit, imperméable à tout hors *Guerre et Paix* de Tolstoï. Ugo alla rejoindre les journalistes, avec qui il avait noué des amitiés ; il leur gagna neuf cent cinquante et quelques dollars à l'écarté, qu'il leur avait appris. Il se coucha à une heure trente du matin. Le téléphone le réveilla vers quatre heures. Le temps d'ouvrir les yeux, et il vit Ben revenir du balcon où il lisait et décrocher.

Un temps.

Les yeux de Ben se voilèrent.

« Je vous écoute, Van Heeren », dit Ben.

Ugo se dressa. Silence, tandis que Van Heeren parlait. Mais Ugo ne percevait qu'un murmure indistinct.

« Continuez », dit Ben au téléphone.

Un brusque frisson secoua Ugo.

« Continuez », dit Ben.

Ugo se leva tout à fait. Il était nu ; il enfila un slip et se rassit, le cœur battant.

Les yeux de Ben, immobile, muet, regardaient la nuit. Et pourtant quelque chose allait arriver. L'exaltation submergea Ugo : « Ça y est ! Ça y est ! » Et, à la seconde suivante, Ben, très lentement, pivota, plaçant son corps entre Ugo et l'écouteur, sans doute inconsciemment, voûtant presque imperceptiblement les épaules ; sa voix changea aussi, prenant une douceur qu'Ugo ne lui avait jamais connue :

« Oui, Jamaïca », dit Ben.

Un temps.

« Je sais, Jamaïca. »

Ugo se releva, sortit sur le balcon. Aussitôt des téléobjectifs se braquèrent. Il leva une main, l'air de dire : « Inutile, ce n'est que moi. »

« Je ne sais pas, dit Ben au téléphone. Je ne sais vraiment pas. »

Un temps.

« Oui, dit Ben. Oui. »

Un autre silence, puis le tintement du récepteur qu'on raccrochait. Ugo s'accouda à la rambarde. Il sentit plus qu'il n'entendit Ben qui venait de le rejoindre. Dans son champ de vision, les mains de Ben apparurent et se posèrent sur la main courante.

« Le 21 avril, dit Ben de sa voix indifférente. Après-demain. Le 21 à dix heures du soir, heure de New York. Tu peux le leur annoncer. »

6

Il y avait foule sur le trottoir de la 5ᵉ Avenue. Elle s'ouvrit devant eux, dans le ronronnement des caméras de télévision, dans les éclairs de flashes.

A l'entrée de l'immeuble où habitait Calliope se trouvaient deux policiers en uniforme et deux gardes en civil ; tous quatre reconnurent Sarkissian. Ils s'écartèrent aussi pour lui laisser le passage ainsi qu'à Ugo, et refermèrent la porte de l'immeuble derrière eux.

Deux autres gardes privés devant l'ascenseur.

Deux autres sur le palier.

Il était dix heures et six minutes, le 21 avril au soir. A l'intérieur du hall de l'appartement, encore deux gardes et Calliope elle-même, qui embrassa

Ben sur la joue et lui dit : « Tu es en retard. Mais je sais bien que tu l'as fait exprès. Ils sont tous là. Ils t'attendent. » Elle lui indiqua la porte menant au salon, s'écarta un peu, scruta son visage, l'embrassa de nouveau sur la joue : « Va. » Elle prit ensuite le bras d'Ugo, l'entraîna vers l'escalier qui, du hall d'entrée, conduisait directement au deuxième étage du duplex. « Calliope... — Suivez-moi. » Ils escaladèrent les marches. En haut, il y avait des dizaines de personnes mangeant et buvant, bavardant avec une gaieté un peu nerveuse. « Venez, Ugo. » Calliope avançait, impériale ; elle l'amena dans la galerie tapissée de livres et ornée de tableaux, jusqu'à la balustrade, à laquelle il put s'appuyer et se pencher.

Il vit alors qu'on avait totalement isolé l'un de l'autre les deux étages du duplex, par le moyen d'une immense plaque de verre coupant le moindre son. En bas, au fond de cet amphithéâtre, la table ronde avec ses sept fauteuils, son tapis couleur de feuille morte. Là, en compagnie de deux ou trois douzaines d'invités privilégiés, Ugo allait pouvoir suivre la-plus-grande-partie-du-monde, pour reprendre l'outrancière formulation des journaux.

« D'en haut, comme d'un nuage, comme si j'étais Dieu soi-même. »

Ce fut alors qu'il éprouva, contre son épaule, le sentiment d'une présence. Il releva et tourna la tête, il découvrit Alex Van Heeren. Et leurs regards se rencontrèrent, s'unirent pour aller rechercher cette silhouette monstrueuse, pachydermique, répugnante au dernier degré, qui à l'instant approchait de la table et la première y prenait place, se répandant sur un fauteuil et le rebord de la table, avec des frémissements mous et presque des reptations de limace.

En Ugo, quoiqu'il ne sût strictement rien d'Hacek, flamboya soudain la certitude qu'un piège implacable venait à la seconde de se refermer sur Benedict Sarkissian.

7

A la droite de Benedict Sarkissian, et se suivant dans cet ordre, se trouvaient : Jarrod Nash, Joseph Dietrich, Warren Nash, puis ce gros homme bouffi et livide aux paupières closes, apparemment décidé à ne rien voir d'autre que la table, puis Aaron Steinberg et enfin Yarrow le Californien.

Six regards passant, plus ou moins vite, avec surprise et répulsion, sur cet homme inconnu.

Mais aucune question ne fut posée : il était prévu que chacun des joueurs pouvait être remplacé avant le début ; Van Heeren possédait ce droit comme tous.

On était convenu de la hiérarchie normale des combinaisons : paire, deux paires, brelan, quinte, couleur, full, carré, quinte flush.

Il revint à Benedict Sarkissian de donner en premier.

Il retira de la poche de son veston la montre de gousset, la remonta, la mit à zéro heure zéro minute, la plaça devant lui, les jetons bleus — chacun de cinq cents dollars — à sa gauche.

Et donna.

Il servit d'abord les deux cartes cachées, puis un roi de trèfle à Jarrod Nash, un valet de trèfle à Dietrich, un six de pique à Warren Nash, une dame de carreau au gros homme bouffi, un as de trèfle à Steinberg, un roi de carreau à Yarrow et reçut de lui-même un sept de trèfle.

D'un mouvement presque imperceptible de ses longs doigts, il s'assura de la valeur de ses cartes cachées : huit de trèfle et six de carreau.

Parlant le premier, puisque détenant la carte la plus forte (as) parmi les cartes découvertes, Steinberg passa. Yarrow passa. Ben passa. Jarrod Nash relança de dix mille dollars, Dietrich passa, Warren Nash passa, le gros homme aux yeux clos suivit très vite ; Steinberg sourit, hésita et suivit, Yarrow passa.

Ben suivit.

Il y eut alors sur la table quarante-sept mille dollars, en comptant les sept mille dollars de chips.

Ben donna les quatrièmes cartes : dame de cœur à Jarrod Nash, neuf de pique au gros homme, dix de pique à Steinberg, quatre de trèfle pour lui-même. Avec le six de carreau, les sept et huit de trèfle qu'il détenait déjà, c'était la triple possibilité d'une quinte, d'une couleur, voire d'une quinte flush à trèfle.

Parlant le premier, son jeu s'étant amélioré d'une dame, Jarrod Nash relança de cinquante mille dollars. Le gros homme suivit après une seconde d'hésitation. Steinberg suivit très vite.

Ben dit :

« Huit cent mille dollars. »

Trois secondes.

« Suivi », dit Jarrod Nash.

Le gros homme jeta ses cartes sans avoir soulevé ses paupières. Steinberg éclata de rire :

« La bombe atomique, hein ? dit-il. Passe. »

Ben servit les deux cinquièmes cartes : roi de pique pour Jarrod Nash, cinq de carreau pour lui-même. Il avait sa quinte : quatre-cinq-six-sept-huit.

Jarrod Nash passa.

« Tapis, dit Ben en poussant le reste de ses jetons vers le centre de la table, où se trouvaient déjà un million sept cent quatre-vingt-dix-sept mille dollars.

— Payé », dit Jarrod Nash d'une voix blanche.

Coup sur coup, Ben servit les sixièmes et septièmes cartes : dix de carreau et trois de trèfle pour Jarrod Nash, deux de cœur et huit de cœur pour lui-même.

On retourna les cartes cachées. Ben dévoila sa quinte, Jarrod son brelan de rois. Perdant.

Jarrod Nash avait, en s'asseyant, posé sur la petite table à côté de lui son étui à cigares réfrigéré. A la première carte, il avait choisi et retiré un cigare, l'avait coupé ; il s'était préparé à le fumer, à fumer ces cigares au cours des heures suivantes.

Il n'avait pas même eu le temps de l'allumer. La montre de gousset en argent cabossée en témoignait : entre le début de la première donne et sa fin, il ne s'était écoulé que soixante-quinze secondes.

Et Jarrod Nash était mort.

Le million de dollars en jetons rouges du Texan vint rejoindre les jetons bleus de Ben Sarkissian. Jarrod Nash se leva, s'en alla, quitta la pièce.

Ne restèrent plus que six joueurs.

Dietrich donna.

Dix de carreau à Warren Nash, deux de carreau au gros homme, neuf de cœur à Steinberg, dix de carreau à Yarrow, dame de pique à Ben, quatre de cœur à Dietrich.

On passa unanimement jusqu'au gros homme, qui relança de cinq mille sur son deux de carreau. Ben, Dietrich et Yarrow suivirent. Les quatrièmes cartes furent données.

« Cinquante mille, dit Benedict ayant alors en main as et roi de cœur cachés, dame de pique et neuf de carreau. »

Dietrich et Yarrow passèrent.

Les regards se portèrent tous sur le gros homme, répugnante et luisante montagne de chair livide, de laquelle émanait nettement une odeur de pourriture et de mort. Ces mêmes regards vinrent sur le trois venu en quatrième carte s'ajouter au deux de la même couleur. Le gros homme était rigoureusement immobile, ses grosses pattes, dont le suintement marquait le tapis, étaient inertes et croisées. On n'avait toujours pas vu ses yeux. Le gros homme dit :

« Tapis. »

Les mains de Ben Sarkissian étaient posées à plat ; son visage portait l'habituelle expression rêveuse, lointaine, aussi indéchiffrable qu'un nuage. Ben Sarkissian réfléchissait mais ça ne dura en temps réel que quelques dixièmes de seconde : le gros homme avait, depuis le début, misé cent dix-sept mille dollars. Son tapis valait donc un million moins ces cent dix-sept mille, soit huit cent quatre-vingt-trois mille dollars. Ben pouvait les payer ; il le pouvait puisqu'il avait devant lui, ou à sa gauche, les jetons rouges gagnés à Jarrod Nash ; même pas besoin d'utiliser ses propres jetons bleus.

Mais ce serait du pile ou face ; ce deux et ce trois de carreau pouvaient être une quinte flush. Et il y avait ce que disait le Roi : « Benedict, tu es et dois être un gagnant, pas un joueur qui prend la chance. Les joueurs perdent toujours. »

« Passe », dit Ben.

8

Techniquement, Aaron Steinberg était considéré et était probablement le meilleur joueur de poker du monde. Il n'y avait rien qu'il ne sût sur le sujet.

Il avait cinquante-huit ans. Officiellement, il était avocat. Il entretenait d'étroites relations avec les hommes de Vegas, avec les familles des deux côtes ou de Chicago. Très officieusement, il était connu comme l'instructeur et le manager des « lances », des joueurs professionnels utilisés par la mafia. Quand on l'avait invité à la partie, il avait aussitôt accepté, à la fois par curiosité réelle (il n'avait jamais rencontré Sarkissian) et aussi avec l'espoir d'une victoire qui l'eût consacré.

Or il venait d'assister à deux donnes en trois minutes de jeu, et il avait compris. Ce poker-là était d'une autre planète. Tout comme il sut avec une irrémédiable certitude qu'il n'avait pas sa place, même lui ; sans parler de ce Yarrow, de ce Dietrich, ou de ces frères Nash dont le plus jeune venait, en moins de cent secondes, d'exploser en chaleur et lumière. « J'ai affaire à deux monstres. » Son regard courut du jeune San franciscain, décidément très beau, à ce gros homme bouffi sur sa gauche, dont il ignorait tout sinon qu'il jouait en lieu et place de Van Heeren. « Cet homme est malade, à n'en pas douter. On dirait qu'il pourrit sur place. Il pue à soulever le cœur. » Mais la riposte de ce semi-cadavre avait été fulgurante, s'agissant de répondre à la glaciale offensive de Sarkissian. Du tac au tac : « Attention, je suis là et je te vaux. » La panthère et le caïman. En une seconde, entre le « tapis » lancé par le gros homme et le « passe » de Sarkissian, Aaron Steinberg avait perçu, entendu presque physiquement, le claquement monstrueux d'une mâchoire se refermant à vide, la panthère ayant bondi hors d'atteinte.

Mais les heures à venir promettaient.

Steinberg sut dès lors quelle allait être sa propre stratégie : durer. Durer le plus longtemps possible, sans espoir de victoire mais à seule fin de demeurer au maximum sur le terrain.

Il adressa un sourire à Sarkissian, qui ne parut au reste même pas le voir, mais qu'il trouvait sympathique. Ensuite de quoi son regard revint naturellement sur le gros homme. Et celui-ci ouvrit alors les yeux pour la première fois. Il souleva ses paupières et son regard blanc d'aveugle apparut, fixant Sarkissian avec une agressivité, un mépris véritablement terrifiants :

« Je suis Hacek La Limace, l'homme de Chicago. »

9

Les heures à venir promettaient, avait pensé Steinberg. Ces heures-là s'accumulèrent. Quatre heures de jeu, pause, quatre heures de jeu, pause, quatre heures... Alvin Yarrow sauta dans le milieu de la troisième manche et moins d'une heure plus tard, sur un brelan de dix auquel il avait trop cru ; le deuxième des Nash explosa comme son frère précédemment.

Et le temps passa. Il s'était écoulé vingt-cinq heures et trente minutes quand Dietrich dut se retirer à son tour. Le Louisianais avait fait de son mieux pour durer, appliquant — avec moins de technique — la même tactique qu'Aaron Steinberg.

Dès lors, ils ne furent plus que trois à la table, trois seulement, et le sort parut s'en contenter longtemps, comme s'il reprenait son souffle.

Ce fut Hacek qui proposa que désormais la valeur du chip obligatoire fût portée à deux mille dollars.

Aaron Steinberg savait avec certitude, que ses moments étaient comptés. Aucun doute dans son esprit : il serait le prochain à mourir. Pendant trente heures, il s'en tint à sa tactique : durer. Ce qu'il fit avec une science consommée.

Trente heures ou à peu près.

Et puis ça arriva.

Steinberg y pensa beaucoup par la suite, avec fascination — Steinberg en vint à cette conclusion que la première fêlure se produisit quand Hacek La Limace se mit à parler de quelqu'un appelé Sol.

« Sol, dit Hacek en fixant comme jamais Benedict Sarkissian. S'appelait Sol, la petite pute, Sol Quelque Chose, un nom youpin en tout cas.

— Passe, dit Ben.

— Quelque chose en witch, dit Hacek. Un petit youpin, m'en rappelle. Quinze mille. »

A l'endroit où se posaient les mains et les avant-bras nus d'Hacek, bien qu'on eût changé de tapis à chaque pause, une tache sombre s'élargissait sans cesse, sa sueur. Car il suintait comme une gigantesque plaie, dégageant une sanie qui n'était pas que de la sueur mais autre chose de visqueux, qui puait. A trois reprises déjà, durant les pauses, un médecin était venu lui faire une piqûre.

« Suivi », dit Aaron Steinberg, dont l'œil intelligent courait de l'un à l'autre de ces « monstres ».

Son calendographe indiquait que la partie avait commencé depuis vingt-neuf heures et quarante et une minutes. Les positions aux jetons étaient alors les suivantes : Sarkissian, sur les sept millions de cave, en avait accumulé quatre environ, Hacek en détenait un peu plus de deux et demi et lui, Steinberg possédait évidemment la différence, soit quatre cent et quelques mille dollars. Steinberg pensait qu'il allait sauter avant la pause dans le pire des cas, au cours des quatre heures suivantes, en étant optimiste.

« Passe, dit Ben.

— Abramowitch, dit Hacek. Vraie petite pute de youpin. Où c'est que je l'ai rencontré ? Me souviens pas. Cent mille.

— Suivi, dit Steinberg, qui avait deux dix cachés, un troisième dix en quatrième carte, un six en cinquième, un neuf en sixième et qui, au vu des cartes découvertes, n'eût pas été outre mesure surpris de se voir attribuer un full aux dix par quelque chose. Il y avait sur la table...

— L'a brûlé, la petite pute, dit Hacek. Brûlé vivant, qu'on m'a dit. »

... Il y avait sur la table deux cent quarante-huit mille dollars.

Les yeux d'aveugle étaient sur Ben Sarkissian, ne cillant pas, chargés comme des pistolets de tout le mépris du monde. Et cette odeur...

« Vivant, dit Hacek. L'avait les yeux ouverts. Qu'on m'a dit.

— Suivi », dit Ben Sarkissian.

Il n'avait bougé en aucune façon ; il n'avait pas tressailli ; et son regard rêveur avait conservé la même expression.

Steinberg et Hacek le surent pourtant : le « suivi » de Ben Sarkissian, dans les conditions de jeu de cette donne-là, était une erreur, la première enregistrée dans la partie, la première peut-être qu'il eût jamais commise.

Tout se passa comme si la machine soudain s'était mise à tourner à vide.

Agé ou non, professionnel ou non, Aaron Steinberg était un joueur. L'évidente et très réelle sympathie qu'il éprouvait pour Sarkissian lui inspira d'abord de la pitié. Cette pitié flamboya, puis s'éteignit, feu de paille. Un joueur est un joueur ; et Hacek semblait bel et bien détenir une arme contre Sarkissian, quelque chose dans le passé. Mais peu importait : quelle que fût cette arme, elle existait et était efficace, et cela seul comptait. Si bien que Steinberg discerna d'un coup l'espoir, miraculeux, de sa propre victoire.

« J'aide ce tas puant d'ordure à sortir le gamin et ensuite je m'attaque au dernier monstre survivant. Contre lui, j'aurais une chance. Alors que contre Sarkissian je n'en aurais eu aucune. »

Signe supplémentaire : un autre six lui vint en septième carte ; il se trouva alors nanti d'un full aux dix par les six et ramena à lui trois cent quarante-huit mille dollars de jetons.

La pause. La septième, le 23 avril entre huit heures dix et neuf heures dix du matin — à cause du retard initial de Sarkissian, on ne jouait pas aux heures pleines, mais dix minutes après. On était à la table depuis trente-quatre heures, sur lesquelles il y avait eu vingt-huit heures de jeu réel.

A la première seconde de cette septième pause, Aaron Steinberg se leva, quitta la table, alla prendre une douche, se changea complètement. Il mangea posément, deux tranches de gigot froid, sans sel, et un peu de pain azyme. Il but un grand verre d'eau dans lequel il versa cinquante gouttes de carbamate de méthylpenthymol, de l'oblivon qui le calmait, et dont il avait déjà pris une dose identique la veille. Il était un peu fatigué mais sans plus. Il se sentait capable de jouer douze heures encore. Il revint dans le salon, à la table : Hacek n'en avait apparemment pas bougé ; le médecin venu lui faire deux nouvelles piqûres repartit en silence. Steinberg releva la tête pour considérer la plaque de verre du plafond, ne distingua rien des visages qui semblaient se pencher sur eux. Puis il abaissa son regard et croisa le regard d'aveugle d'Hacek.

Hacek qui dit :

« Vous y trompez pas, youpin. Pas besoin de vous. »

Et comme Steinberg le fixait, stupéfait par cette agressivité soudaine, Hacek ajouta :

« Le tuerai seul. Sans vous. D'ailleurs, tuerai vous d'abord, lui ensuite. »

La pause prit fin ; on se remit au jeu. A cet instant de la partie, Aaron Steinberg était revenu à presque neuf cent mille dollars, uniquement pris à Sarkissian, qui avait en outre perdu sur Hacek, Sarkissian qui perdait et allait perdre encore. A cet instant, Steinberg pouvait entretenir un espoir, qui s'amenuisait au fil des minutes.

Aaron Steinberg mourut comme un seigneur, revenu en souriant à sa certitude première : il lui était impossible de vaincre. Il lâcha ses cent mille derniers dollars sur une grotesque paire de trois, qu'il étala dans un grand éclat de rire, au moment des comptes.

Sortant du salon, il gagna la galerie, la trouva submergée par les spectateurs. Dietrich vint à sa rencontre, et ces deux hommes qui ne se connaissaient pas deux jours plus tôt se retrouvèrent avec chaleur, anciens combattants blessés **au** champ d'honneur. Dietrich dit :

« Vous avez fait beaucoup. »

Steinberg sourit gaiement :

« Tout ce que j'ai pu. Mais ça n'était pas assez.

Leurs regards descendirent sur le salon, sur la table ronde, où ils n'étaient plus que deux. Dietrich demanda :

— La même impression que moi ?

— Oui. Sarkissian craque. Il y a quelque chose entre eux, qui tient au passé. J'ignore quoi. Mais il craque bel et bien, quoiqu'il se défende et lutte contre lui-même admirablement. Ça va prendre des heures mais il perdra. Quel type repoussant, ce Hacek !

— Dommage ! » dit Dietrich après un temps.

Steinberg secoua la tête, oubliant — mais c'était le jeu — oubliant que, trois heures plus tôt, il avait envisagé d'aider ce même type repoussant.

« Pas seulement dommage, dit-il. C'est triste. »

10

Calliope dormait depuis à peu près cinq heures. On l'éveilla. Elle ouvrit les yeux et reconnut Alex Van Heeren.

« C'est fini », dit le banquier.

Il était maigre, avait l'air épuisé et vieilli.

Un froid mortel mais aussi du soulagement envahirent Calliope Jordaan.

« La partie est terminée ?

— Peu s'en faut. C'est presque fait. »

Calliope se dressa dans le lit.

« Tu devrais te coucher et dormir, Alex. Allez, viens. »

Il acquiesça. Elle demanda, le ton neutre :

« Heureux ? »

Il s'assit sur le lit, s'allongea, posa sa tête sur l'oreiller, ferma les yeux, et son visage revêtit cette expression presque enfantine des hommes dans le sommeil.

« Excuse-moi, dit Calliope doucement, je n'aurais pas dû te poser cette dernière question. Mais Dieu merci, c'est fini. La fin d'une longue course comme seuls les hommes sont assez stupides pour en inventer. »

Un temps.

« Mais tu m'as fait une promesse, Alex. A moi et à Ben. »

Il dit sans ouvrir les yeux :

« Elle est en route. Elle sera ici d'une minute à l'autre. Et j'ai signé tous les papiers d'émancipation. Ils pourront se marier dans une heure, s'ils le souhaitent.

— Et tu viendras à ce mariage. Nous irons. »

Il acquiesça, les yeux toujours fermés.

L'appartement au-dessous du duplex de Calliope appartenait à un antiquaire. Il avait hésité à céder la place pour trois jours, mais la demande lui avait été faite par Calliope elle-même, répondant personnellement des meubles et objets d'art.

« Ceci est un coffre de mariage, dit Calliope. La richesse de l'ornementation et de l'exécution sont exceptionnelles et, au-dessus, cette sorte de grande assiette est également italienne : c'est un plat de Faenza qui date de 1491, un an avant la découverte de l'Amérique. »

Jamaïca se retourna, n'ayant à l'évidence même pas entendu.

« Où est-il ? demanda-t-elle.

— Il va venir. Et il aura besoin de vous. »

Elles se dévisagèrent, de ce regard particulier des femmes qui se jaugent. Jamaïca secoua la tête.

« Expliquez-moi, dit-elle. Pourquoi a-t-il accepté ? Il nous aurait suffi d'attendre huit mois et nous aurions pu nous marier ou vivre ensemble sans que Papa puisse s'y opposer. »

Calliope s'assit, fatiguée. Elle se massa le visage, la nuque, les paupières.

« Je me suis aussi posé la question, dit-elle. La vérité est qu'il tenait à jouer cette partie, qui sera sûrement sa dernière, la jouer et la gagner. Parce que c'est Benedict Sarkissian. »

Soudain, elle sourit à Jamaïca et ses yeux violets resplendirent :

« Ce qu'il ne sait pas lui-même, pas plus que cet autre idiot d'Alex, c'est qu'il importe peu qu'il la gagne ou non, à présent. Entre Alex et lui... »

Elle s'étala dans l'admirable fauteuil sculpté de style « seicento » de l'époque de Bernini. Elle poussa un profond soupir d'aise et de satisfaction :

« Ils finiront par aller l'un vers l'autre, Jamaïca. Et nous serons là pour les y aider. »

338

11

Ce que disait le Roi :

« Benedict, j'imagine la vie comme une roue immense, réglée peut-être par la loi des grands nombres. Et pourquoi pas ? Par exemple. Ou bien le temps tel que nous le connaissons n'y existe pas et huit heures de sommeil équivalent à une seconde de souffrance. Imagine que, pour chacun de nous, une place existe sur cette roue, déterminée de toute éternité ; imagine que cette place soit de la durée maximum idéale d'une existence humaine, cent quarante ans. Imagine-nous projetés, par la main de quelque croupier aveugle, sur cette place, cette plage à nous seuls réservée. Mais vivons-nous cent quarante ans ? Nenni. Nous ne vivons que six mois, cinq ans, quarante ou cent ans, jamais plus. Voilà qui laisse un trou, Benedict, un grand morceau de vie qui ne servira jamais à rien. Mais quel morceau ? Tout le mystère est là. Et si notre chance était dans ce morceau-là, comme la fève dans un gâteau ? Ou bien imagine que nous mourions le jour même où, enfin, notre parcours sur notre plage privée allait enfin déboucher sur notre part de bonheur ? C'est l'homme qui meurt à la dernière seconde d'une guerre, ou la veille du jour où on découvrira le vaccin qui l'aurait sauvé. Ça prouve quoi, Benedict ? Rien. Sinon le hasard. Mais aussi que la roue pourra se remettre à tourner à l'instant même où tu la croiras définitivement immobile. »

« Passe », dit Ben.

A son tour de donner. Il donna. Soixante-douze mille dollars sur la table.

« Passe », dit Hacek.

Le mépris fantastiquement ironique jaillissant de ses prunelles. Il n'avait même pas regardé la troisième carte que Ben venait de lui servir, pas davantage examiné ses deux cartes cachées. Il fixait Sarkissian et rien d'autre.

« Passe », dit Ben impassible.

Hacek donna. Soixante-seize mille dollars de chips sur la table.

« Passe, dit Ben.

— Passe », dit Hacek.

Ben donna. Quatre-vingt mille dollars.

« Passe », dit Hacek.

Ben détourna la tête, comme si le regard d'aveugle obstinément fixé sur lui, comme si ce regard le brûlait. On était toujours le 23 avril, mais depuis qu'Aaron Steinberg avait été éliminé, aux alentours de midi, il s'était écoulé huit heures d'horloge. La partie durait depuis quarante-trois heures et, du fait qu'ils n'étaient plus que deux face à face, le nombre de coups joués en l'espace de quatre heures avait fantastiquement augmenté, passant de deux cents environ quand ils étaient sept à huit ou neuf cents à présent.

Le « passe » d'Hacek était le vingtième consécutif. A aucun de ces vingt derniers coups il n'avait seulement regardé ses cartes. Sa tactique était claire : il passait par principe, a priori : il tablait sur l'obligation d'engager à chaque donne deux mille dollars de chips. Avec l'assurance formelle, si la partie suivait son cours comme elle semblait

340

le faire, que viendrait fatalement un moment où le San franciscain n'aurait plus rien : à une heure de la fin de cette neuvième partie, Ben Sarkissian n'avait plus devant lui que huit cent soixante mille dollars.

Contre six millions cent quarante mille à Hacek.

Benedict en perdit encore deux cent quarante-cinq mille avant même la pause. La seule fois où il tenta une relance, qu'Hacek suivit, son carré de roi se brisa contre le carré d'as du monstre puant.

Ce n'était pas un effondrement : il cédait pas à pas, centimètre après centimètre, sans doute intérieurement affolé, mais non détruit, la machine qu'il était continuant à tourner peut-être par la force de l'habitude et d'un entraînement inouï.

Sur son visage, rien, sinon une pellicule presque invisible de transpiration. Mais qui n'était rien comparée à l'écœurante, l'innommable sanie dégoulinante de Hacek écroulé dans son fauteuil, s'y vautrant, s'y répandant de plus en plus, et sur la table qu'il trempait, soutenu par des drogues mais pourtant agressif, toujours plus agressif, méprisant, gagnant encore en confiance au fil des heures, à mesure que la machine en face de lui baissait progressivement sa cadence.

A la pause, six cent quinze mille dollars pour Ben Sarkissian, contre six millions trois cent quatre-vingt-cinq mille.

Sur la table, après cinquante-deux « passe » consécutifs, il y avait deux cent huit mille dollars de chips.

« C'est fini », dit Aaron Steinberg.

Ugo lui sourit gentiment :

« Pourquoi n'iriez-vous pas vous pendre ? dit-il. Vous me feriez tellement plaisir. »

Il se lança dans l'escalier du duplex, fut en bas juste à temps pour rejoindre Ben, qui sortait du salon.

« Ben !

— Pas maintenant.

— Ce n'est pas si grave, Ben. »

Ben l'écarta sans même le regarder, comme il aurait écarté une chaise ; il passa dans le hall.

Où était Calliope.

« Elle est là, Ben. Elle t'attend. L'étage en dessous. »

Il ne parut même pas entendre. Il sortit sur le palier, négligea l'ascenseur. On s'écarta devant lui, devant cette aura de drame qui l'enveloppait. Il prit par l'escalier. Il marchait pourtant sans hâte, le visage impassible, avec son air de somnanbule. Calliope l'avait suivi.

« Ben, arrête. Jamaïca est là. Tout commence pour vous. »

Elle avait cru et espéré qu'il allait entrer dans l'appartement de l'antiquaire. Elle s'y attendait et l'avait même précédé pour lui en pousser la porte, déjà entrebâillée. Mais il passa, n'ayant rien vu.

« Ben ! »

Elle tenta de lui agripper le bras. Il ne marqua qu'un très bref temps d'arrêt.

« Pas maintenant.

— Arrête.

— Pas maintenant. »

Il se dégagea, il acheva de descendre l'escalier, sortit sur la 5ᵉ Avenue. Il se mit à courir. Calliope puis Ugo, sortis derrière lui, le virent qui s'éloignait, le buste droit, les mains à la hauteur des hanches souples, développant une foulée large et mécanique. En direction de Manhattan downtown.

Il courut tout au long de la 5ᵉ, son visage immobile reflétant tour à tour les lumières des gratte-ciel éclairés mais déserts, rejoint, accompagné quelques mètres puis abandonné par des meutes de taxis jaunes en chasse. Des balayeurs noirs ou portoricains le hélèrent. Il dépassa Saint Patrick et Rockfeller Center, laissa sur sa droite l'Empire State Building. Il courait droit sur l'arc de triomphe de Washington Square.

Il en exécuta le tour, provoquant un envol de pigeons noirs éveillés en sursaut. Sans ralentir, il reprit la 5ᵉ Avenue en sens inverse, cette fois droit sur Central Park.

Il fut de retour cinquante-neuf minutes plus tard, ayant à tout instant consulté la montre de gousset.

Qu'il reposa sur la table en reprenant sa place.
Il donna.
Deux cartes cachées pour Hacek, deux pour lui-même.

Il haletait encore par l'effet de sa course, et la transpiration l'inondait

Il donna les troisièmes cartes d'une donne qui allait devenir célèbre : as de carreau pour Hacek, deux de carreau pour lui-même.

« Passe », dit Hacek sans même regarder ses cartes.

Ben consulta les siennes, reprenant peu à peu

son souffle : deux de trèfle, deux de pique. Un brelan.

« Passe », dit Ben.

Il servit les quatrièmes cartes : roi de carreau pour Hacek, sept de cœur pour lui-même.

« Passe, dit Hacek.

— Cinquante mille », dit Ben.

Silence. La nuque livide d'Hacek s'enfonça encore un peu plus dans les replis monstrueux et luisants de son corps. Hacek sourit :

« Suivi. »

Cinquièmes cartes : dame de trèfle pour Hacek, deux de cœur pour Ben.

Carré de deux.

« Passe », dit Ben.

Il jeta les sixièmes cartes : as de trèfle pour Hacek, huit de cœur pour lui-même.

« Passe, dit Hacek en souriant.

— Tapis », dit Ben de sa voix lointaine.

Il jeta les septièmes cartes : roi de pique pour Hacek... ... as de cœur pour lui même.

Nouveau silence.

Hacek se mit à rire, et du coup son énorme masse de chairs bouffies s'agita de tremblements, exhalant des relents ignobles. Mais son regard blanc se voila soudain. Il cessa de rire. Il hésita, pour la première fois depuis des dizaines d'heures. Il finit par dire, comme à regret :

« Suivi .»

Un temps. Ben ne bougeait absolument pas. Hacek avança une patte livide et grasse, retourna d'un air de mépris ses cartes cachées.

As de pique et roi de trèfle. Au total trois as et trois rois, full aux as par les rois.

Ben montra son carré gagnant de deux.

Il y avait sur la table un million quatre cent trente-huit mille dollars.

Benedict Sarkissian allongea lentement, délicatement, la main et prit entre ses longs doigts la montre du Roi Hov. La montre se coula dans sa paume, comme d'elle-même. Ben posa ses deux coudes sur la table, joignit ses poings fermés, sur lesquels il appuya son menton. Ses yeux bleu sombre fixaient le vide obscur du salon, quelque part derrière Hacek.

« J'ai également connu quelqu'un qui s'appelait Sol Abramowicz, dit-il sur le ton de quelqu'un se parlant à lui-même. Il y a des années de cela. Mais ce n'est certainement pas cet homme dont vous me parliez tout à l'heure. J'en serais surpris. Le Sol Abramowicz que j'ai connu, aux abattoirs de San Francisco, avait un talent infini mais... »

Ben tourna lentement son regard et le posa sur Hacek.

« ... mais le Sol Abramowicz que j'ai connu n'était qu'un enfant très doué, qui serait à jamais resté un enfant. Il manquait de nerfs et de courage ; ce n'était pas un homme. Au point... »

Il sourit à Hacek :

« Au point que, le croiriez-vous ? un jour, il a tenté de tricher aux cartes. Il en a été puni, et cruellement. Mais il avait transgressé la règle, une règle que je n'ai jamais transgressée. »

Un temps. Accentuant son sourire :

« Même en pensée. »

Il ouvrit son poing droit, considéra la montre. Il la mit avec lenteur dans la poche de son veston. Il dit encore :

« Et je crois qu'il est temps de mettre fin à cette partie. Le croiriez-vous ? On m'attend. »

À compter de cet instant, il n'y eut plus personne pour imaginer un seul instant que Benedict Sarkissian pût être vaincu.

Même pas Hacek. Surtout pas Hacek.

Deux heures et vingt minutes plus tard, il s'écroulait sur la table, ayant à ce moment-là perdu plus de cinq millions de dollars, lancé dans une irrémédiable descente aux enfers, face à une machine d'une effrayante perfection.

12

Il y avait beaucoup de vent, arrivant irrégulièrement du Pacifique. La toile du blouson de Ben claquait comme une voile.

Il marcha tout au long de l'allée et s'immobilisa devant la tombe.

L'herbe qui la couvrait était uniforme, soigneusement entretenue. Quelques feuilles mortes d'eucalyptus la parsemaient.

Ben s'agenouilla.

Il dit :

« Roi Hov... J'ai gagné. »

Il renversa sa tête vers le ciel et considéra les nuages. Puis il creusa un trou minuscule et rectangulaire, découpé avec soin, et déplaça la motte de gazon.

Dans le trou, il déposa la montre d'argent. Il reboucha le trou et remit la motte en place.

Alors il se releva et s'en alla.

Dehors, il monta dans la voiture, posa sa tête sur l'épaule de Jamaïca, qui tenait le volant, et dit :

« Où tu voudras. »

TABLE DES MATIERES

Composition réalisée par COMPOFAC - PARIS

IMPRIMÉ EN FRANCE PAR BRODARD ET TAUPIN
Usine de La Flèche (Sarthe).
LIBRAIRIE GÉNÉRALE FRANÇAISE - 6, rue Pierre-Sarrazin - 75006 Paris.
ISBN : 2 - 253 - 03365 - 0